블록 코딩에서 텍스트 코딩으로!

엔트리파이선

HB 한빛아카데미
Hanbit Academy, Inc.

엔트리파이선 블록 코딩에서 텍스트 코딩으로!

초판발행 2018년 06월 30일
2쇄발행 2019년 09월 20일

지은이 정영식, 홍은미, 김슬기, 김성훈 / **펴낸이** 김태헌
펴낸곳 한빛아카데미(주) / **주소** 서울시 서대문구 연희로2길 62 한빛아카데미(주) 2층
전화 02-336-7112 / **팩스** 02-336-7199
등록 2013년 1월 14일 제25100-2017-000063호 / **ISBN** 979-11-5664-394-4 93000

총괄 김현용 / **책임편집** 변소현 / **전산편집** 김미현
디자인 표지 이아란 내지 천승훈, 이아란
영업 이윤형, 길진철, 주희, 김태진, 김성삼, 이정훈, 임현기, 이성훈, 김주성 / **마케팅** 김호철

이 책에 대한 의견이나 오탈자 및 잘못된 내용에 대한 수정 정보는 아래 이메일로 알려주십시오.
잘못된 책은 구입하신 서점에서 교환해 드립니다. 책값은 뒤표지에 표시되어 있습니다.

홈페이지 www.hanbit.co.kr / **이메일** question@hanbit.co.kr

지금 하지 않으면 할 수 없는 일이 있습니다.
책으로 펴내고 싶은 아이디어나 원고를 메일(writer@hanbit.co.kr)로 보내주세요.
한빛아카데미(주)는 여러분의 소중한 경험과 지식을 기다리고 있습니다.

한빛아카데미(주)는 한빛미디어(주)의 대학교재 출판 부문 자회사입니다.

정영식

현) 전주교육대학교 컴퓨터교육과 교수
현) 한국정보교육학회 이사
(주)커넥트 2017 엔트리파이선 프로젝트 연구 참여
「소프트웨어 교육 활성화를 위한 엔트리 교육 개발 방안」 연구
「2015 개정 교육과정 중등 정보 교과서, 지도서」 집필
2016~2018 교육부 2015 개정 교육과정 심의회 위원

홍은미

현) 만정중학교 정보 교사
(주)커넥트 2017 엔트리파이선 프로젝트 연구 참여
「2015 개정 교육과정 중등 정보 교과서, 지도서」 집필
「ENTER 수학편(코딩 첫걸음! 엔트리로 놀자)」 집필
컴퓨팅 사고력(CT)에 디자인 싱킹(DT)을 활용한 「엔트리 & 햄스터」 집필
2014 교육 정보화 발전 공로 부총리 겸 교육부 장관 표창

김슬기

현) 선부초등학교 교사
(주)커넥트 2017 엔트리파이선 프로젝트 연구 참여
「모두의 엔트리 with 엔트리파이선」 집필
「스크래치 창의 컴퓨팅」 집필
「창의 컴퓨팅 가이드북, 창의 컴퓨팅 워크북」 집필
2016 소프트웨어 교육 발전 공로 부총리 겸 교육부 장관 표창

김성훈

현) 청성초등학교 교사
고려대학교 컴퓨터학과 석박사 통합과정
2016~2017 교육부 SW교육 선도 교원
「모두의 엔트리 with 엔트리파이선」 집필
「코딩 몬스터 1, 2권」 집필
「로봇 활용 소프트웨어 교육」 집필
2015 소프트웨어 교육 발전 공로 부총리 겸 교육부 장관 표창

활용자^{player}가 될 것인가?
아니면, 창조자^{maker}가 될 것인가?

최근, 인공지능과 빅데이터를 중심으로 한 소프트웨어 기술은 새로운 부가가치를 만들어내고 있으며, 우리 생활을 보다 편리하게 만드는 핵심적인 역할을 하고 있습니다. 소프트웨어를 활용하면 컴퓨터나 스마트폰을 통해 원하는 자료를 수집하고, 저장하고, 공유할 수 있을 뿐만 아니라 자율주행 자동차를 통해 원하는 곳에도 갈 수 있습니다. 이러한 소프트웨어의 중요성이 강조됨에 따라 2018년에는 중학교에서 2019년부터는 초등학교에서 소프트웨어를 직접 만들 수 있는 프로그래밍 교육이 시작됩니다.

프로그램은 컴퓨터가 문제를 해결하도록 만든 명령어의 집합입니다. 그리고 프로그래밍은 그러한 프로그램을 작성하는 일을 말합니다. 따라서 프로그래밍 교육은 일상생활에서 발생하는 여러 가지 문제를 해결하기 위해 컴퓨터가 이해할 수 있는 프로그램을 설계하고, 작성하고, 실행하고, 수정하는 방법을 체계적으로 배우는 것입니다. 이러한 프로그램을 작성하려면 컴퓨터가 알아들을 수 있는 프로그래밍 언어를 알아야 합니다.

현재 초등학교와 중학교에서는 대부분 엔트리(Entry), 스크래치(Scratch)와 같은 블록 프로그래밍 언어를 사용하고 있습니다. 블록 프로그래밍 언어는 블록으로 만들어진 명령어를 마우스로 끌어다가 퍼즐을 맞추면서 프로그램을 완성합니다. 하지만 블록 프로그래밍 언어는 극소수의 주어진 명령어 블록만 사용할 수 있어 원하는 프

로그램을 작성하는 데 한계가 있습니다. 또한 마우스를 이용하여 명령어 블록을 하나씩 끌어 맞춰야 하므로, 프로그램을 작성하는 데 시간이 많이 걸립니다. 따라서 실제 개발자들은 블록 프로그래밍 언어보다는 주로 파이선(Python)이나 C와 같은 텍스트 프로그래밍 언어를 사용합니다. 고등학교에서도 대부분 이러한 텍스트 프로그래밍 언어를 가르치고 있습니다.

따라서 본 책에서는 초·중·고 학생 모두가 원하는 프로그램을 쉽고 편리하게 작성할 수 있도록 '엔트리파이선'을 프로그래밍 언어로 채택하였습니다. 엔트리파이선은 2016년에 엔트리교육연구소에서 개발한 텍스트 프로그래밍 언어입니다. 엔트리파이선은 블록 프로그래밍 언어인 엔트리를 이용하므로 초보자도 쉽게 프로그램을 작성할 수 있습니다. 뿐만 아니라 텍스트 프로그래밍 언어인 파이선과 유사한 문법을 사용하고 있으므로 복잡한 프로그램도 쉽고 빠르게 작성할 수 있습니다.

본 책에 제시된 모든 예제는 초보자들도 엔트리파이선 프로그램을 쉽게 이해할 수 있도록 텍스트로 된 엔트리파이선 명령어와 함께 엔트리 블록 명령어를 수록하였습니다. 또한 초중고 소프트웨어 교육의 목적인 컴퓨팅 사고력을 키우기 위해 프로그래밍 과정을 문제 이해하기, 전략 수립하기, 문제 해결하기 등 3단계로 구성하였고, 프로그램의 궁금증을 해결할 수 있도록 다양한 질문과 답변을 포함하였으며, 관련된 지식을 확장시키기 위해 '쉬어가는 페이지'를 제시하였습니다.

본 책은 다음과 같이 워밍업, 트레이닝, 프로젝트의 3부로 구성하였습니다.

먼저 워밍업 단계에서는 엔트리파이선의 소개와 함께 기본적인 문법을 제시하였습니다. 엔트리파이선의 변수, 연산자, 입출력 함수, 내장 함수 등을 이용하여 간단한 프로그램을 작성함으로써 엔트리파이선의 기본 문법을 충실하게 익힐 수 있도록 하였습니다.

트레이닝 단계에서는 엔트리파이선의 제어 구조와 사용자 정의 함수를 제시하였습니다. 순차, 반복, 선택, 중첩 반복, 중첩 선택과 같은 제어 구조뿐만 아니라, 리스트, 사용자가 직접 만든 사용자 정의 함수 등을 이용하여 보다 복잡한 프로그램을 작성할 수 있도록 하였습니다.

프로젝트 단계에서는 일상생활의 문제를 해결할 수 있도록 프로그램의 설계와 개발 절차를 제시하였습니다. 이벤트, 지역변수, 전역변수, 랜덤함수 등을 이용하여 데이터를 시각적으로 표현하거나, 정렬과 탐색 알고리즘을 이용하여 데이터를 가공하고, 수학과 과학의 원리를 기반으로 다양한 시뮬레이션과 게임을 만들 수 있도록 하였습니다.

프로그래밍 언어는 가상의 세계에서 컴퓨터와 소통할 수 있는 제3외국어입니다. 미

래 사회에 살아갈 우리들은 인공지능과 자유롭게 대화할 수 있는 능력이 필요합니다. 그러나 이러한 능력은 저절로 길러지는 것이 아닙니다. 미래 사회에서 인공지능의 주어진 기능만 재생하는 활용자(player)가 될 것인가, 아니면 명령어를 입력하여 새로운 기능을 만드는 창조자(maker)가 될 것인가는 여러분에게 달려 있습니다. 다만, 이 책은 여러분들이 창조자가 되는 지름길을 안내할 것입니다. 감사합니다.

저자 일동

강의 보조 자료 한빛아카데미 홈페이지에서 '교수회원'으로 가입하신 분은 인증 후 교수용 강의 보조 자료를 제공받을 수 있습니다. 한빛아카데미 홈페이지 상단의 〈교수전용공간〉 메뉴를 클릭해 주세요.

http://www.hanbit.co.kr/academy

예제 소스 실습에 필요한 예제 소스는 다음 주소에서 다운로드할 수 있습니다.

http://www.hanbit.co.kr/src/4394

실습 환경 • 엔트리 웹 서비스는 인터넷 접속이 가능한 모든 PC에서 이용 가능합니다.
• 엔트리는 인터넷 익스플로러 10 이상의 브라우저와 크롬 브라우저를 공식 지원하며, 인터넷 익스플로러 9 이하의 브라우저는 지원하지 않습니다.
• 서비스 이용 시 성능 차이가 발생할 수 있으므로 최신 버전의 크롬 사용을 권장합니다.
• 파이어폭스, 사파리, 오페라 등의 브라우저도 이용 가능하지만 문제가 발생할 수 있습니다.

| PART 01 | 워밍업 단계

CHAPTER 01

엔트리파이선 소개

CHAPTER 02

엔트리파이선 문법 이해하기

| PART 02 | 트레이닝 단계

| PART 03 | 프로젝트 단계

엔트리는 무료로 사용할 수 있는 블록 프로그래밍 언어이면서, 동시에 웹 페이지를 통해 학습 · 제작 · 공유 · 커뮤니티 기능을 제공하는 소프트웨어 교육 플랫폼입니다. 이 책에서 배울 엔트리파이선은 텍스트 프로그래밍 언어의 형태로 엔트리에 포함된 교육용 스크립트 프로그래밍 언어입니다. 블록 프로그래밍 언어인 엔트리를 사용하다가 텍스트 프로그래밍 언어인 엔트리파이선 모드로 전환하면, 엔트리 블록이 파이선 문법에 맞게 전환되기 때문에 누구나 부담 없이 텍스트 프로그래밍 언어를 익힐 수 있습니다. 이때 사용되는 텍스트 프로그래밍 언어는 파이선 2.7 기본 문법을 활용합니다. 엔트리파이선은 블록 명령어를 전환하는 것을 목적으로 개발되었기 때문에 파이선의 모든 문법과 기능을 지원하지는 않습니다.

블록 프로그래밍 언어	중간다리 역할	텍스트 프로그래밍 언어
엔트리	엔트리파이선	파이선

파이선(Python)은 귀도 반 로섬(Guido van Rossum)이 개발하여 1991년에 발표한 프로그래밍 언어입니다. 한 줄씩 실행하고, 그 결과를 바로 확인할 수 있어 데이터 분석뿐만 아니라 교육용 프로그래밍 언어로도 많이 활용되고 있습니다. 현재 파이선에는 2.7.x 버전과 3.6.x 버전이 있는데, 예전 시스템과의 호환을 위해 2.7.x 버전이 여전히 많이 사용되고 있습니다.

TIP_ 스크립트 프로그래밍 언어란?

스크립트 프로그래밍 언어(scripting programming language)는 응용 프로그램의 언어와 다른 언어로 사용되어 응용 프로그램의 동작을 사용자가 제어할 수 있게 해 줍니다. 엔트리파이선은 블록 프로그래밍 도구인 '엔트리'를 블록 명령어가 아닌 텍스트 명령어를 이용하여 제어함으로써 보다 빠르고 편하게 프로그래밍할 수 있습니다.

엔트리파이선 소개

STEP 01 >>> 엔트리파이선 설치하기

엔트리파이선은 엔트리에 종속된 프로그래밍 언어로, 엔트리파이선을 사용하려면 반드시 엔트리 홈페이지에 접속하여 온라인 에디터를 활용하거나, 사용자의 컴퓨터에 오프라인 에디터를 설치해야 합니다. 이번 시간에는 엔트리 온라인 버전과 오프라인 버전을 설치해 봅시다.

1 문제 이해하기

엔트리파이선을 이용하여 [그림 1-1]에 제시한 것과 같이 '안녕'이라는 간단한 인사말을 출력해 봅시다. 인사말을 출력하려면 엔트리 홈페이지에 접속하거나, 오프라인 엔트리 버전을 내 컴퓨터에 설치해야 합니다.

그림 1-1 엔트리파이선에서 '안녕' 출력하기

2 전략 수립하기

엔트리파이선을 이용하여 '안녕'이라는 인사말을 출력하려면 먼저 엔트리파이선을 실행하고, 프로그램을 작성한 후 실행해야 합니다. 절차대로 진행하면서 도움말이나 관련 매뉴얼을 통해 엔트리의 구체적인 기능을 살펴봅시다.

엔트리파이선 실행하기	프로그램 작성하기	프로그램 실행하기
• 엔트리 홈페이지 접속 • 회원 가입 • 로그인	• 엔트리로 프로그램을 만든 후 엔트리파이선 모드로 전환 • 명령어 입력	• [▶시작하기] 클릭 • 실행 결과 확인

그림 1-2 엔트리파이선에서 '안녕'을 출력하는 절차

③ 문제 해결하기

❶ 엔트리파이선 실행

엔트리파이선의 웹 서비스는 인터넷 접속이 가능한 모든 컴퓨터에서 이용할 수 있지만, 인터넷 익스플로러의 경우 버전이 10 이상인 경우에만 가능하고, 9 이하의 브라우저는 지원하지 않습니다. 크롬 브라우저는 공식적으로 지원하긴 하지만 버전에 따라 성능 차이가 있을 수 있으므로 가급적 최신 버전을 내려받는 게 좋습니다. 파이어폭스, 사파리, 오페라 등의 브라우저도 사용할 수 있지만 예기치 못한 문제가 발생할 수 있습니다.

최신 버전의 크롬 브라우저 내려받기 : https://www.google.com/chrome

엔트리파이선을 실행하려면 웹브라우저에 엔트리 홈페이지 주소(https://playentry.org)를 입력한 후 [Enter]를 누릅니다. 엔트리 홈페이지는 학습하기, 만들기, 공유하기, 커뮤니티 등 네 개의 상위 메뉴로 구성되어 있습니다.

그림 1-3 엔트리 홈페이지의 메인 화면

엔트리파이선은 회원 가입 없이 누구나 사용할 수 있지만, 자신이 만든 프로그램을 저장하거나 이전에 작업했던 프로그램을 불러오기 위해서는 회원으로 등록하는 것이 좋습니다. 회원 가입을 하려면 화면 오른쪽 위에 있는 [회원가입] 버튼을 클릭한 후 제시된 절차대로 진행합니다.

- **1단계** : 회원 유형은 학생과 선생님으로 구분됩니다. 회원 유형을 선택한 후 이용 약관과 개인정보 수집 및 이용에 대한 안내를 꼼꼼하게 읽어 보고 동의 여부를 선택합니다. 엔트리의 이용 약관과 개인정보 수집 및 이용에 동의해야만 다음 단계로 넘어갈 수 있습니다.

- **2단계** : 아이디와 비밀번호를 입력합니다. 엔트리파이선의 아이디에는 4~20자의 영문이나 숫자를 사용할 수 있습니다. 비밀번호는 5자 이상의 영문과 숫자 등을 조합하여 사용할 수 있으며, 실수로 비밀번호를 잘못 입력하는 것을 방지하기 위해 한 번 더 입력합니다. 비밀번호의 보안성을 높이려면 생년월일이나 전화번호, 아이디와 중복된 문자 등을 피하고, 가급적 특수문자를 함께 사용하는 것이 좋습니다.

- **3단계** : 작품을 공유학고 싶은 학급과 성별, 이메일 주소를 입력합니다. 학급은 자신이 만든 작품을 공유할 대상을 구분하기 위해 '학년' 또는 '일반'으로 선택할 수 있으며, 성별은 필수, 이메일 주소는 선택으로 입력합니다. 엔트리파이선의 학급은 선생님이 학생들의 학습 관리를 할 수 있는 서비스입니다. 따라서 선생님만 학급을 만들 수 있으며, 학생들은 반드시 우리 선생님의 초대가 맞는지 확인한 후 초대 요청에 수락해야 합니다.

만약 인터넷을 사용할 수 없는 곳에 있다면, 미리 엔트리파이선 오프라인 버전 프로그램을 내려받아 내 컴퓨터에 설치하여 사용할 수 있습니다. entry 메뉴에서 [다운로드]를 선택하면 [그림 1-4]와 같은 '엔트리 오프라인 다운로드' 화면으로 이동합니다. 엔트리파이선은 Windows 7 이상의 32비트 또는 64비트 운영체제와 Mac 10.8 이상의 운영체제에서 실행됩니다. 또한 엔트리파이선 오프라인 버전을 실행하려면 최소한 500MB 이상의 디스크 여유 공간이 필요합니다.

그림 1-4 엔트리 오프라인 다운로드 화면

Q. **엔트리 홈페이지 주소에 https를 사용하는 이유는 무엇인가요?**

https(Hypertext Transfer Protocol over Secure Socket Layer)는 통신의 인증과 암호화를 통해 일반적으로 사용되는 http(HyperText Transfer Protocol)의 문제점을 보완하고, 보안을 강화시킨 규약입니다. 주로 전자 상거래나 교육 사이트에서 많이 활용됩니다.

❷ 프로그램 작성하기

엔트리 홈페이지에서 로그인한 후 [만들기] 메뉴에서 [작품 만들기]를 클릭하면 엔트리봇(🐾)을 이동 방향으로 10만큼 움직일 수 있는 기본 프로그램이 만들어져 있습니다. 엔트리파이선으로 프로그램을 작성하려면 다음과 같은 두 가지 방법을 사용합니다.

- **블록 코딩 후 엔트리파이선으로 모드 전환** : 엔트리 블록 코딩으로 프로그램을 작성한 후 엔트리파이선 모드로 전환하는 방법입니다. 엔트리파이선 명령어를 사용해보지 않은 초보자들도 손쉽게 엔트리파이선 프로그램을 작성할 수 있습니다. [그림 1-5]와 같이 초기 화면에 제시된 블록을 제거하고, 〈'안녕!'을(를) 말하기〉 블록을 추가한 후 모드 전환 아이콘(🔁)을 클릭합니다.

그림 1-5 블록 코딩 후 엔트리파이선 모드로 전환하기

[작품 만들기] 화면에서 엔트리로 블록 코딩을 하다가 모드 전환 아이콘을 클릭하면 엔트리파이선으로 전환되고, 엔트리파이선으로 프로그램을 작성하다가 모드 전환 아이콘을 클릭하면 블록 코딩으로 전환됩니다. 엔트리파이선의 명령어나 문법을 잘 모를 경우 블록 코딩과 병행하면서 프로그램을 작성하면 쉽게 엔트리파이선 프로그램을 작성할 수 있습니다. 하지만 블록 코딩만 사용하면 파이선 문법을 익힐 수 없으므로 적절하게 사용해야 합니다.

- **엔트리파이선 모드 전환 후 텍스트 코딩** : 엔트리파이선 모드로 전환한 후 엔트리파이선 코드를 직접 입력하는 방법입니다. 엔트리파이선의 기본 문법과 명령어를 충분히 이해한 경우 텍스트 코딩을 사용하면 프로그램을 빠르게 작성할 수 있습니다. [그림 1-6]과 같이 초기 화면에서 모드 전환 아이콘을 클릭한 후 엔트리파이선 모드로 전환하여 불필요한 구문을 제거하고, `Entry.print("안녕")` 코드를 작성합니다.

그림 1-6 엔트리파이선 모드로 전환한 후 텍스트 코딩하기

저장 아이콘()을 클릭하면 현재까지 작성한 프로그램을 엔트리 서버에 저장할 수 있습니다. 저장 방법에는 '저장하기', '복사본으로 저장하기', '내 컴퓨터에 저장하기'가 있습니다. '내 컴퓨터에 저장하기'를 클릭하면, 내 컴퓨터에 작성 중인 '작품이름.ent' 파일이 자동으로 생성됩니다.

> **Q.** **프로그램을 작성하다가 저장하지 않고 웹 브라우저를 종료하면 어떻게 될까요?**
>
> 엔트리파이선에서 프로그램을 저장하지 않았어도 자동 복구 프로그램으로 복원할 수 있습니다. 엔트리 홈페이지에서 자동 복구 기능을 이용하려면 [작품 만들기]를 클릭하세요. [그림 1-7]과 같이 '저장되지 않은 작품이 있습니다. 여시겠습니까?'라는 안내 창이 뜹니다. 이때 확인 버튼을 클릭하면 직전에 만들었던 작품이 자동 복구됩니다.
>
> 이때 [취소] 버튼을 누르면 작품이 저장되지 않고 새로운 페이지가 열리므로 주의해야 합니다. 자동 복구 프로그램은 웹 브라우저의 설정과 인터넷 환경에 따라 작동되지 않을 수 있으므로, 프로그램을 작성한 후에는 반드시 저장 아이콘()을 클릭하여 프로그램을 저장하는 습관을 갖도록 합니다.
>
> **그림 1-7** 작품 복구 안내 창

❸ 프로그램 실행하기

작성한 프로그램을 실행하려면 [▶시작하기] 버튼을 클릭합니다. 실행 화면에서 엔트리봇에 '안녕!'이라는 글자가 출력된 것을 확인할 수 있습니다. 실행을 정지하려면, 좌측 결과창에서 [■ 정지하기] 버튼을 클릭하거나, 우측의 텍스트 창을 클릭합니다.

그림 1-8 프로그램 실행 화면

작성된 프로그램의 이름을 변경하려면 왼쪽 상단에 위치한 엔트리 로고의 우측을 클릭합니다. 프로그램 이름을 '안녕'이라고 수정하고, 저장 아이콘()을 클릭한 후 [저장하기]를 선택합니다. 또는

[내 컴퓨터에 저장하기]를 선택하여 '안녕.ent' 파일을 저장합니다.

그림 1-9 프로그램 이름 변경하기

컴퓨터에 저장된 프로그램을 실행하려면 문서 아이콘(◉)을 클릭한 후 [오프라인 작품 불러오기]를 선택합니다. [열기] 창에서 원하는 엔트리 파일을 찾아 열면 해당 프로그램이 실행됩니다.

STEP
02 >>> 엔트리파이선 기능 살펴보기

엔트리파이선은 파이선 문법에 따라 텍스트 프로그래밍이 가능한 프로그래밍 도구로, 프로그램을 작성할 때 필요한 다양한 기능을 제공합니다. 이번 시간에는 엔트리파이선의 전체적인 화면 구성과 텍스트 창에서 제공하는 기능을 알아봅시다.

1 문제 이해하기

엔트리파이선을 이용하여 프로그램을 작성하려면, 엔트리파이선의 화면 구성과 프로그램을 작성할 때 도움을 주는 다양한 기능을 활용할 수 있어야 합니다. 그리고 콘솔창에서 출력된 결과도 확인할 수 있어야 합니다. 엔트리파이선의 주요 기능을 살펴봅시다.

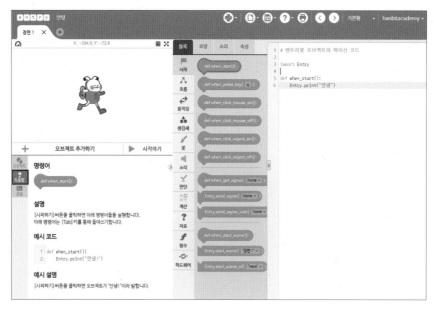

그림 1-10 엔트리파이선에서 도움말 기능 활용하기

② 전략 수립하기

엔트리파이선의 기능을 제대로 활용하려면 [그림 1-11]과 같이 화면의 전체 구조를 이해하고, 프로그램을 입력하는 텍스트창의 기능을 알아야 합니다. 또한, 프로그램의 실행 결과를 출력하는 콘솔창도 확인할 수 있어야 합니다. 엔트리파이선의 화면 구성과 세부 기능을 살펴봅시다.

그림 1-11 엔트리파이선의 기능 살펴보기

③ 문제 해결하기

❶ 화면 구성 이해하기

엔트리파이선의 화면은 [그림 1-12]와 같이 메뉴창, 결과창, 텍스트창, 블록/모양/소리/속성창, 오브젝트/도움말/콘솔창 등 크게 다섯 부분으로 구분됩니다.

그림 1-12 엔트리파이선의 화면 구성

• **메뉴창** : 엔트리 메인 화면으로 이동할 수 있는 로고, 프로그램 이름, 모드 전환 아이콘, 문서 아이콘, 저장 아이콘, 도움말 아이콘, 인쇄 아이콘, 이전/이후 버튼, 기본형/교과형 전환 버튼, 마이페이지 메뉴, 언어 전환 메뉴, 버그 리포트 메뉴 등으로 구성되어 있습니다.

- **결과창 :** 엔트리파이선 프로그램의 실행 결과를 확인할 수 있습니다.

- **텍스트창 :** 엔트리파이선의 명령어를 직접 입력하거나, 커서가 있는 위치에 블록을 끌어다 놓으면 명령어를 입력할 수 있습니다. 모드 전환 아이콘을 이용하여 엔트리로 전환할 경우 블록을 끌어다 조립할 수 있습니다.

- **블록/모양/소리/속성창 :** 블록 탭을 클릭하면 텍스트창에서 사용할 수 있는 다양한 함수와 이벤트, 흐름, 움직임, 생김새, 붓, 소리, 판단, 계산, 자료 등을 선택할 수 있습니다. 모양 탭을 클릭하면 오브젝트의 크기나 색 등을 변경할 수 있고, 소리 탭을 클릭하면 효과음이나 배경음을 추가할 수 있습니다. 속성 탭을 클릭하면 변수, 신호, 리스트, 함수 등을 추가할 수 있습니다.

- **오브젝트/도움말/콘솔창 :** 오브젝트창에서는 선택한 오브젝트의 현재 상태를 확인하고, 위치, 크기, 방향, 이동 방향, 회전 방식 등을 수정할 수 있습니다. 도움말창에서는 각 명령어에 대한 설명과 예시 코드, 예시 설명 등을 확인할 수 있습니다. 콘솔창에서는 결과창과 마찬가지로 실행 결과를 확인할 수 있습니다.

메뉴창에서 도움말 아이콘(?)을 클릭한 후 [블록 도움말]을 선택하면, [그림 1-13]과 같이 도움말창에 '블록을 클릭하면 블록에 대한 설명이 나타납니다.'라는 메시지가 출력됩니다. 이때 원하는 명령어를 선택하면 해당 명령어에 대한 설명과 함께 필요한 요소(매개 변수), 예시 코드, 예시 설명 자료 등을 확인할 수 있습니다.

도움말 아이콘 클릭

↓

명령어 블록 선택

그림 1-13 엔트리파이선 도움말 기능 활용하기

❷ 텍스트창 활용하기

명령어를 입력하여 프로그램을 작성하는 엔트리파이선의 텍스트창은 [그림 1-14]와 같이 줄번호와 프로그래밍 코드로 구분됩니다. 1행은 엔트리파이선에서 기본으로 제공하는 주석이며, 사용자가 임의로 삭제하거나 수정할 수 없습니다. 3행은 엔트리와 관련된 라이브러리를 불러오는 명령어로, 이것 역시 수정하거나 삭제할 수 없습니다. 사용자는 4행부터 프로그램을 작성할 수 있지만, 일반적으로 한 행을 비워 놓고 5행부터 엔트리파이선 코드를 입력합니다.

```
1  # 엔트리봇 오브젝트의 파이선 코드
2
3  import Entry
4
5  def when_start():
6      Entry.print("안녕!")
```

그림 1-14 엔트리파이선의 텍스트창

엔트리파이선 텍스트창에 명령어를 입력하는 방법에는 두 가지가 있습니다.

- **명령어 블록 드래그하기** : 명령어를 입력할 부분에 커서를 위치시킨 후 블록창에서 원하는 명령어 블록을 선택하여 텍스트창으로 드래그하면 해당 명령어가 입력됩니다. 이 방법을 사용하면 엔트리파이선의 명령어를 잘 모르더라도 쉽게 프로그래밍을 할 수 있습니다.

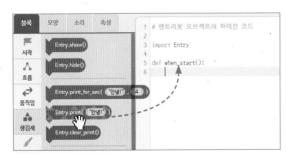

그림 1-15 명령어 블록 드래그하기

- **직접 명령어 입력하기** : 키보드를 이용하여 엔트리파이선 명령어를 직접 입력합니다. 명령어를 복사하여 붙여넣기 할 수 있으므로 프로그램을 빠르게 작성할 수 있습니다. 특히 사용 가능한 함수의 이름을 표시해 주는 콜팁(calltip) 기능을 활용하면 모든 명령어를 알지 못하더라도 쉽게 입력할 수 있습니다. 예를 들어 [그림 1-16]과 같이 명령어의 일부를 입력하면 해당 글자로 시작하는 모든 명령어의 리스트가 나타납니다. 이때 키보드의 화살표를 눌러 원하는 명령어를 선택한 후 [Enter]를 누르면 커서가 위치한 곳에 해당되는 명령어가 입력됩니다.

그림 1-16 엔트리파이선의 콜팁(calltip) 기능

❸ 콘솔창 활용하기

엔트리파이선으로 작성한 프로그램의 실행 결과를 확인하는 방법에는 결과창을 확인하는 방법과 콘솔창을 확인하는 방법이 있습니다. 예를 들어 '안녕'이라는 인사말을 출력하기 위해 **Entry. print("안녕!")**을 입력한 후 [▶시작하기] 버튼을 클릭하면 결과창에서는 엔트리봇의 말풍선에 '안녕!'이라는 문구가 나타나고, 콘솔창을 클릭하면 '안녕!'이라는 문자열이 출력된 것을 확인할 수 있습니다.

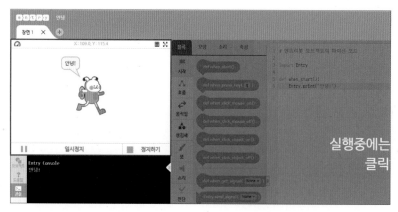

그림 1-17 엔트리파이선의 실행 결과 확인하기

텍스트창에 잘못된 명령어를 입력하면 어떻게 될까요? 예를 들어 **Entry.print("안녕!"**이라고 괄호를 닫지 않은 채 명령어를 실행하면, 텍스트창 하단에 '문법 오류' 메시지가 출력됩니다. 오류 메시지에는 문법 오류 유형뿐만 아니라 발생한 위치와 해결 방법까지 간단히 제시됩니다.

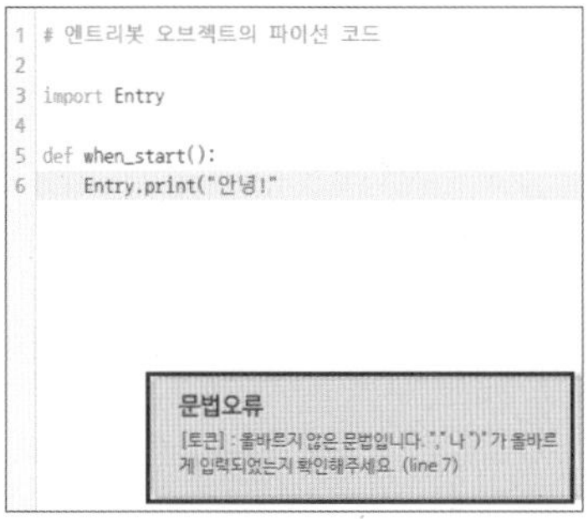

```
1  # 엔트리봇 오브젝트의 파이선 코드
2
3  import Entry
4
5  def when_start():
6      Entry.print("안녕!")
```

문법 오류
[토큰] : 올바르지 않은 문법입니다. '.' 나 ')' 가 올바르게 입력되었는지 확인해주세요. (line 7)

그림 1-18 문법 오류 메시지

CHAPTER 01

사용자가 편리하게 프로그램을 작성할 수 있도록 엔트리파이선에서는 다양한 단축키를 제공합니다. Windows 운영체제에서 제공하는 단축키의 종류를 알아보고, 실제로 단축키를 활용하면서 프로그램을 작성해 봅시다.

기능	단축키
들여쓰기/내어쓰기 단계 조정	Tab , Shift + Tab
블록/모양/소리/속성 탭 선택	Alt + 1 , Alt + 2 , Alt + 3 , Alt + 4
이전/다음 오브젝트 선택	Alt + [, Alt +]
블록 코딩/엔트리파이선 모드 변경	Ctrl + [, Ctrl +]
실행	Ctrl + R

Q. 결과창과 콘솔창의 차이는 무엇일까요?

콘솔창과 결과창 모두 프로그램의 실행 결과를 확인할 수 있지만, 콘솔창에서는 Entry.print() 함수의 출력 결과만 확인할 수 있습니다. 오브젝트의 움직임이나 모양의 변화는 결과창에서만 확인할 수 있습니다.

엔트리파이선은 2.7.x 버전의 파이선 문법을 기본으로 사용합니다. 하지만 엔트리파이선은 엔트리의 블록 명령을 파이선 문법에 따라 변환한 것이기 때문에 일반적인 파이선 문법과 맞지 않는 경우도 있습니다.

이번 장에서는 엔트리파이선의 문법을 이해하고, 그것을 이용하여 간단한 프로그램을 만들어 봅시다. 특히 엔트리파이선 문법 중에서 자주 사용되는 이벤트, 제어 구조, 변수와 리스트, 연산자, 신호와 함수 등을 중심으로 살펴보겠습니다.

| 엔트리 | 엔트리파이선 |

이 책에서는 블록 프로그래밍 언어에 익숙한 사용자들이 자연스럽게 텍스트 프로그래밍 언어에 적응할 수 있도록 엔트리 블록 프로그램과 엔트리파이선 텍스트 프로그램을 함께 제시했습니다. 또한, 엔트리파이선 문법과 파이선 문법이 서로 다르거나 적용할 때 제약 조건이 있을 경우에는 다양한 예제를 통해 최대한 상세하게 설명하여 본격적인 파이선 학습에 도움이 되도록 구성했습니다.

TIP_ 파이선과 엔트리파이선은 어떻게 다른가요?

엔트리파이선은 온라인 또는 오프라인 엔트리 환경에서만 동작하는 스크립트 언어입니다. 반면 파이선은 해당 컴파일러가 탑재되어 있는 다양한 개발 도구에서 사용할 수 있습니다. 엔트리파이선은 기본적으로 파이선 문법을 따르고 있지만, 일부 다른 점도 있기 때문에 그 차이를 이해하고 차근차근 학습한다면 훗날 파이선으로 프로그래밍을 할 때 좀 더 쉽게 익숙해질 수 있습니다.

엔트리파이선
문법 이해하기

STEP
01 >>> 이벤트 이해하기

대부분의 엔트리파이선 프로그램은 이벤트 구문으로 시작합니다. 엔트리파이선의 이벤트는 프로그램을 시작할 때, 마우스를 클릭할 때, 오브젝트를 클릭할 때, 키보드를 눌렀을 때, 장면을 바꿀 때, 사용자가 만든 신호가 호출될 때로 구분할 수 있습니다. 이러한 이벤트는 윈도 기반의 프로그램에서 동시에 여러 가지 활동을 병렬로 수행하는 프로그램을 개발할 때 유용하게 사용됩니다.

1 문제 이해하기

엔트리파이선의 이벤트 구문을 활용하여 간단한 프로그램을 작성해 봅시다. [▶시작하기] 버튼을 클릭하면 엔트리봇의 크기가 커지고, 키보드의 왼쪽 화살표를 누르면 엔트리봇이 왼쪽으로, 오른쪽 화살표를 누르면 오른쪽으로 움직이는 프로그램입니다. 이렇게 만든 간단한 프로그램을 조금씩 수정하면서 이벤트 구문을 좀 더 상세하게 알아봅시다.

그림 2-1 엔트리파이선에서 이벤트 활용하기

2 전략 수립하기

엔트리파이선의 다양한 이벤트 구문을 학습하기 위해 [그림 2-2]와 같이 프로그램을 시작할 때 호출되는 이벤트, 키보드를 눌렀을 때 발생하는 이벤트, 마우스를 클릭하고 해제했을 때 발생하는 이벤트, 오브젝트를 클릭하고 해제했을 때 발생하는 이벤트 등을 활용하여 간단한 프로그램을 만들어 봅시다.

그림 2-2 엔트리파이선 이벤트 활용

③ 문제 해결하기

① 시작하기 이벤트 활용하기

엔트리파이선으로 작성된 프로그램을 실행하려면 반드시 [▶시작하기] 버튼을 클릭해야 합니다. 이때 발생되는 이벤트가 when_start( )입니다. 엔트리파이선은 프로그램이 시작될 때마다 when_start( )를 호출할 수 있습니다. 프로그램이 시작될 때 [그림 2-3]과 같이 엔트리봇의 크기를 50만큼 키우는 프로그램을 작성해 봅시다.

그림 2-3 프로그램이 시작될 때 엔트리봇 크기 변경하기 실행 화면

엔트리파이선의 오브젝트 창에서는 현재 선택한 오브젝트의 위치와 크기, 방향, 이동 방향, 회전 방식 등 다양한 속성 값을 보여줍니다. 프로그램을 시작하기 전에는 엔트리봇의 크기가 100.0으로 나타나지만, [▶시작하기] 버튼을 클릭하면 엔트리봇의 크기가 150.0으로 커집니다. 이런 결과가 나타나게 하려면 엔트리파이선 프로그램을 어떻게 작성해야 할까요? 〈예제 2-1〉과 같이 엔트리 블록을 활용하여 간단한 프로그램을 만들고, 엔트리파이선 모드로 전환하여 코드를 확인해 봅시다.

예제 2-1 프로그램이 시작될 때 엔트리봇 크기 변경하기 프로그램

엔트리 블록 프로그램	엔트리파이선 프로그램
▶ 시작하기 버튼을 클릭했을 때 크기를 50 만큼 바꾸기	1　# 엔트리봇 오브젝트의 파이선 코드 2 3　import Entry 4 5　def when_start(): 6　　　Entry.add_size(50)

- **엔트리 블록으로 프로그램 만들기** : 프로그램을 시작할 때 호출되는 〈시작하기 버튼을 클릭했을 때〉 블록을 블록 조립소에 끌어다 놓습니다. 엔트리봇의 크기를 증가시키기 위해서는 두 가지 블록을 사용할 수 있습니다. 하나는 〈크기를 ~만큼 바꾸기〉 블록입니다. 이 블록을 사용하면 현재 상태의 엔트리봇 크기에 주어진 숫자만큼 더하여 크기를 키웁니다. 다른 하나는 〈크기를 ~(으)로 정하기〉 블록입니다. 이 블록은 엔트리봇의 현재 크기와 상관없이 주어진 숫자의 크기로 변경합니다. 이번 프로그램에서는 〈크기를 ~만큼 바꾸기〉 블록을 사용합니다.

- **엔트리파이선 모드로 전환하기** : 엔트리파이선 모드로 전환한 후 프로그램을 확인합니다. 1행에서 현재 작성 중인 오브젝트가 '엔트리봇'임을 확인할 수 있습니다. 3행은 엔트리파이선 이벤트를 사용하기 위해 Entry 라이브러리를 불러오는 구문입니다. 1~3행에 있는 프로그램은 사용자가 삭제하거나 수정할 수 없습니다. 실제 프로그램은 5행부터 시작됩니다.

- **이벤트를 정의하는 명령어 확인하기** : 〈시작하기 버튼을 클릭했을 때〉 블록은 def when_start():로 변환되었습니다. def는 엔트리파이선에서 이벤트를 정의(definition)할 때 사용하는 예약어입니다. 예약어란 프로그래밍 언어에서 미리 정의된 키워드를 말하며, 사용자들이 다른 용도로 사용할 수 없습니다. def 문은 뒤에 이벤트이름()을 쓰고 반드시 콜론(:)을 붙여야 합니다. 콜론 다음에는 반드시 들여쓰기를 해야 하는데, 이때 일반적으로 4칸 정도의 빈칸을 입력하기 위해 Tab 을 누릅니다. 이렇게 들여쓰기를 한 명령어들은 이벤트의 몸체에 해당하는 명령어로 사용됩니다. 만약 이벤트를 정의할 명령어가 더 이상 없을 때에는 내어쓰기를 하면 됩니다. 따라서 엔트리파이선에서 들여쓰기와 내어쓰기는 매우 신중하게 사용해야 합니다.

```
def 이벤트이름():
    실행할 명령어 1
    실행할 명령어 2
```

- **엔트리봇의 크기를 변경하는 명령어 확인하기** : 〈크기를 50만큼 바꾸기〉 블록은 Entry.add_size(50)으로 변환되었습니다. 이 명령어는 엔트리봇의 크기를 100에서 50만큼 키워 150으로

만듭니다. 이와 동일한 효과를 나타내기 위해 `Entry.set_size(150)` 명령어를 사용할 수도 있습니다.

엔트리파이선에서 사용되는 명령어 중에는 엔트리 모드로 전환했을 경우 엔트리 블록으로 바뀌는 것들이 있습니다. 〈예제 2-1〉의 `Entry.add_size(50)` 문을 엔트리 모드로 전환하면 〈크기를 ~ 만큼 바꾸기〉 블록으로 변환됩니다. 이러한 구문들은 다음과 같은 구조로 이루어져 있습니다.

```
Entry.메소드명(매개변수)
```

이때 Entry는 엔트리 블록과 관련된 패키지(package)이름입니다. 패키지 이름 다음에는 사용하고자 하는 메소드명을 마침표(.)로 연결합니다. 메소드(method)는 특정 패키지에 종속된 함수(function)들을 의미하며, 일부 메소드는 특정 일을 처리하기 위해 매개 변수를 사용하기도 합니다. 예를 들어, `Entry.add_size(50)`에서 `add_size` 메소드는 엔트리봇의 크기를 변경하기 위해 50이라는 매개 변수를 받아 기존 엔트리봇 크기에 이 값을 더하여 엔트리봇의 크기를 150으로 변경하는 기능을 합니다.

엔트리파이선에서 사용되는 패키지 이름은 Entry와 같이 대문자로 시작합니다. 반면 메소드 이름은 일반적으로 소문자로 시작합니다. 메소드 이름은 일반적으로 그 기능을 유추할 수 있게 지어져 있습니다. 엔트리 블록과 호환되는 메소드들은 대부분 여러 개의 단어로 연결되어 있는데, 이때 각각의 단어를 밑줄(_)로 연결하여 하나의 메소드 이름을 만듭니다. 참고로, 엔트리파이선의 패키지나 메소드 등의 이름에는 공백 문자가 들어갈 수 없습니다.

Q. **2개 이상의 `when_start()` 이벤트를 사용하면 어떻게 될까요?**

엔트리파이선은 오브젝트마다 각각의 이벤트를 가질 수 있습니다. 또한 같은 오브젝트 내에 동일한 이벤트를 여러 개 포함할 수도 있습니다. 하지만 프로그램의 가독성을 높이기 위해 하나의 오브젝트에 동일한 이벤트는 가급적 한 개만 사용합니다. 만약 동일한 이벤트 여러 개가 포함될 경우 프로그램에 먼저 제시된 이벤트부터 실행됩니다. 이벤트의 실행 순서를 확인할 수 있는 간단한 프로그램을 작성해 봅시다.

❷ 키보드 이벤트 활용하기

키보드의 화살표를 이용하여 엔트리봇의 움직임을 조정하려면 어떻게 해야 할까요? 엔트리파이 선에는 키보드를 누를 때마다 호출되는 when_press_key( ) 이벤트가 있습니다. when_press_ key( ) 이벤트는 [▶시작하기] 버튼을 클릭한 후 사용자가 키보드를 누를 때마다 발생합니다. 이 이 벤트를 이용하여 [그림 2-4]와 같이 왼쪽 화살표 키 또는 오른쪽 화살표 키를 눌러 엔트리봇을 이동시 켜 봅시다.

| 왼쪽 화살표키를 눌렀을 때 | 처음 위치 | 오른쪽 화살표 키를 눌렀을 때 |

그림 2-4 왼쪽 또는 오른쪽 화살표 키를 눌러 엔트리봇 이동시키기 실행 화면

엔트리파이선의 오브젝트 창에 표시된 엔트리봇의 위치를 살펴보면, 처음 위치는 x:0.0, y:0.0으 로 설정되어 있습니다. 이때 오른쪽 화살표 키를 누르면 엔트리봇이 오른쪽으로 움직이면서 위치가 x:100.0, y:0.0으로 이동합니다. 마찬가지로 왼쪽 화살표 키를 누르면 엔트리봇이 왼쪽으로 움직 이면서 위치가 x:−100.0, y:0.0으로 이동합니다. 이러한 결과가 나타나게 하려면 엔트리파이선 프 로그램을 어떻게 작성해야 할까요? 우선 〈예제 2-2〉와 같이 엔트리 블록으로 프로그램을 만들고, 엔트리파이선 모드로 전환하여 코드를 확인한 후 실행해 봅시다.

예제 2-2 왼쪽 또는 오른쪽 화살표 키를 눌러 엔트리봇 이동시키기 프로그램

엔트리 블록 프로그램	엔트리파이선 프로그램
| 오른쪽 화살표 키를 눌렀을 때<br>이동 방향으로 100 만큼 움직이기<br><br>왼쪽 화살표 키를 눌렀을 때<br>이동 방향으로 -100 만큼 움직이기 | ```
1   # 엔트리봇 오브젝트의 파이선 코드
2
3   import Entry
4
5   def when_press_key(right):
6       Entry.move_to_direction(100)
7
8   def when_press_key(left):
9       Entry.move_to_direction(-100)
``` |
```

- **1~4행** : 엔트리파이선에서 자동으로 생성되는 코드입니다. 사용자가 수정하거나 삭제할 수 없으므로 이후의 엔트리파이선 프로그램 설명에서는 생략합니다. 참고로 when_start( ) 이벤트 안에 프로그램을 작성하고 싶지 않을 때에는 when_start( ) 이벤트를 따로 정의하지 않아도 됩니다. 하지만 프로그램을 실행할 때에는 반드시 [▶시작하기] 버튼을 클릭해야 합니다.

- **5행과 8행** : 오른쪽 화살표 키를 눌렀을 때 호출되는 이벤트는 when_press_key(right)입니다. 매개 변수 right는 키보드에서 오른쪽 화살표 키를 눌렀을 때 호출되도록 이벤트를 정의합니다. right 대신 쓸 수 있는 매개 변수는 도움말창에서 해당 명령어를 클릭하면 확인할 수 있으며, 알파벳 대문자와 소문자, 숫자, 특수키, 방향키 중 하나로 바꿀 수 있습니다.

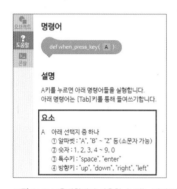

그림 2-5 도움말창에서 사용할 수 있는 매개 변수 확인

- **7행** : 프로그램을 작성하면서 적절하게 행갈이를 하면 프로그램의 가독성이 높아집니다. 5~6행에서 정의된 이벤트가 끝나고 새로운 이벤트를 정의하기 전에 한 행을 비워 두었습니다. 이렇게 비어 있는 행을 추가하더라도 프로그램은 동일하게 실행됩니다.

- **6행과 9행** : Entry.move_to_direction(n) 메소드는 엔트리봇이 이동 방향 화살표가 가리키는 쪽으로 n만큼 움직이게 합니다. 결과창에 있는 엔트리봇을 클릭하면 [그림 2-6]과 같이 노란색 화살표가 나타나는데, 이 화살표가 가리키는 방향이 이동 방향입니다. 오브젝트창에서 이동 방향을 보면 90.0도임을 확인할 수 있습니다. 따라서 6행의 실행 결과는 엔트리봇을 90도 방향으로 100만큼(앞으로 100만큼) 이동하게 하고, 9행의 실행 결과는 엔트리봇을 90도 방향으로 −100만큼(뒤로 100만큼) 이동하게 합니다.

그림 2-6 엔트리봇 오브젝트의 이동 방향 화살표

실제 프로그램을 작성한 후 왼쪽 화살표 키와 오른쪽 화살표 키를 차례로 누르면서 엔트리봇의 움직임을 관찰해 봅시다. 또한 위쪽 화살표 키와 아래쪽 화살표 키를 눌렀을 때 엔트리봇이 위 또는 아래로 이동하도록 프로그램을 수정해 봅시다.

Q. **when_press_key()의 매개 변수에 사용할 수 있는 특수키에는 어떤 것들이 있을까요?**

엔트리파이선의 키보드 이벤트에는 대소문자와 숫자 외에 11개의 특수키를 입력받을 수 있습니다. 해당 키를 눌렀을 때 동작하는 프로그램을 작성하려면 when_press_key(매개변수)와 같이 괄호 안에 원하는 값을 전달해야 합니다. 예를 들어 Enter 를 눌렀을 때 동작하는 프로그램을 작성하려면 when_press_key(enter)라고 이벤트를 정의해야 합니다.

키 이름	매개 변수 값	키 이름	매개 변수 값	키 이름	매개 변수 값
탈출 키	esc	쉬프트 키	shift	왼쪽 화살표 키	left
탭 키	tab	알트 키	alt	오른쪽 화살표 키	right
스페이스바	space	컨트롤 키	ctrl	위쪽 화살표 키	up
엔터 키	enter			아래쪽 화살표 키	down

❸ 마우스 이벤트 활용하기

일반적으로 마우스를 클릭한다는 것은 마우스 버튼을 눌렀다가 떼는 것을 의미합니다. 엔트리파이선에서는 마우스를 클릭할 때 두 가지 이벤트가 발생합니다. 첫 번째 이벤트는 마우스 버튼을 눌렀을 때 발생하는 when_click_mouse_on( )이고, 두 번째 이벤트는 눌러진 마우스 버튼을 뗐을 때 발생하는 when_click_mouse_off( )입니다. 마우스 클릭과 관련된 두 이벤트를 이용하여 [그림 2-7]과 같이 마우스 버튼을 누르면 엔트리봇이 클릭한 지점을 쳐다보다가 마우스 버튼을 떼면 마우스 포인터가 있는 위치로 엔트리봇을 움직이게 하는 프로그램을 만들어 봅시다.

| 처음 위치 | 마우스 버튼을 눌렀을 때 | 마우스 버튼을 놓았을 때 |

그림 2-7 엔트리봇을 마우스 포인터 쪽으로 이동시키기 실행 화면

엔트리파이선의 오브젝트 창에 제시된 엔트리봇의 위치를 살펴보면, 처음 위치에서 방향은 0.0도 입니다. x:117.0, y:82.5 지점에서 마우스 버튼을 클릭하면 엔트리봇의 방향이 324.8도로 바뀌고, 마우스 버튼을 놓으면 엔트리봇이 마우스 포인터의 위치인 x:117.0, y:82.5로 이동합니다. 〈예제 2-3〉과 같이 엔트리 블록으로 프로그램을 만들어 보고, 엔트리파이선 모드로 전환하여 코드를 확인한 후 실행해 봅시다.

예제 2-3 엔트리봇을 마우스 포인터 쪽으로 이동시키기 프로그램

엔트리 블록 프로그램	엔트리파이선 프로그램
마우스를 클릭했을 때 마우스포인터▼ 쪽 바라보기 마우스 클릭을 해제했을 때 마우스포인터▼ 위치로 이동하기	```5 def when_click_mouse_on():6 Entry.look_at("mouse_pointer")78 def when_click_mouse_off():9 Entry.move_to("mouse_pointer")```

- **5행 :** 마우스 버튼을 누르고 있을 때 호출되는 이벤트는 when_click_mouse_on( )입니다. when_click_mouse_on( ) 이벤트는 별도의 매개 변수를 갖고 있지 않습니다.

- **6행 :** 마우스 버튼을 눌렀을 때 엔트리봇이 마우스 포인터 쪽을 바라보게 하려면 Entry.look_ at(매개변수) 메소드를 사용합니다. Entry.look_at( ) 메소드의 도움말을 확인해 보면 매 개 변수에 오브젝트의 이름을 입력하거나 'mouse_pointer' 또는 '마우스포인터'의 값이 사용 될 수 있다는 것을 알 수 있습니다. 엔트리봇이 마우스 포인터를 바라보게 하려면 Entry.look_ at("mouse_pointer")라고 입력하거나, Entry.look_at("마우스포인터")라고 입력하면 됩니다. 이때 "마우스포인터"는 빈칸 없이 써야 하며, 실행 후 "mouse_pointer"로 변경됩니다.

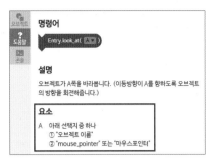

그림 2-8 도움말창에서 사용할 수 있는 매개 변수 확인

- **8행** : 누르고 있던 마우스 버튼을 뗐을 때 호출되는 이벤트는 `when_click_mouse_off( )`입니다. `when_click_mouse_off( )` 이벤트는 별도의 매개 변수를 갖고 있지 않습니다.

- **9행** : 마우스 버튼을 떼는 순간 엔트리봇이 마우스 포인터가 있는 곳으로 이동하게 하려면 `Entry.move_to(매개변수)` 메소드를 사용합니다. `Entry.move_to( )` 메소드의 도움말을 확인해 보면 `Entry.look_at( )` 메소드와 마찬가지로 매개 변수에 오브젝트의 이름을 입력하거나, "mouse_pointer" 또는 "마우스포인터"의 값이 사용될 수 있다는 것을 알 수 있습니다. 엔트리봇을 마우스포인터 쪽으로 이동시키려면 `Entry.move_to("mouse_pointer")`라고 입력하거나, `Entry.move_to("마우스포인터")`라고 입력하면 됩니다.

Q. **매개 변수 "마우스포인터"를 "마우스 포인터"라고 띄어 쓰면 어떻게 될까요?**

`Entry.move_to()`나 `Entry.look_at()` 메소드의 매개 변수에 "마우스 포인터"라고 띄어 쓸 경우 엔트리파이션은 이것을 "마우스 포인터"라는 오브젝트 이름으로 인식하게 됩니다. 따라서 아래 그림과 같이 "블록에서 지정한 오브젝트가 존재하지 않습니다."라는 실행 오류 메시지를 출력합니다.

실행 오류
블록에서 지정한 오브젝트가 존재하지 않습니다.

이와 같이 엔트리파이션에서 미리 정해둔 단어를 '예약어(reserved words)'라고 하는데, 이러한 단어는 띄어쓰기를 정확하게 표현해야 합니다. 하지만 영문자의 경우 대소문자를 구분하지는 않습니다. 만약 대문자로 썼다면 프로그램을 실행한 후 모두 소문자로 변경됩니다.

❹ 오브젝트 이벤트 활용하기

특정 오브젝트 위에 마우스 포인터를 올려 놓고 마우스 버튼을 클릭하면 두 가지 이벤트가 발생합니다. 첫 번째 이벤트는 오브젝트 위에서 마우스 버튼을 눌렀을 때 발생하는 when_click_object_on( )이고, 두 번째 이벤트는 오브젝트 위에서 눌러진 마우스 버튼을 뗐을 때 발생되는 when_click_object_off( )입니다. 두 이벤트를 이용하여 [그림 2-9]와 같이 엔트리봇 위에서 마우스 버튼을 누르면 엔트리봇 모양이 상하로 뒤집어지고, 마우스 버튼을 떼면 엔트리봇 모양이 좌우로 바뀌는 프로그램을 만들어 봅시다.

그림 2-9 엔트리봇 위에서 마우스 버튼을 클릭하여 모양 바꾸기 실행 화면

엔트리파이선에서 [▶시작하기] 버튼을 클릭한 후 엔트리봇 위에서 마우스 버튼을 누르면 엔트리봇 모양이 상하로 뒤집어지고, 마우스 버튼을 떼면 엔트리봇 모양이 좌우로 바뀝니다. 〈예제 2-4〉와 같이 엔트리 블록으로 프로그램을 만들고, 엔트리파이선 모드로 전환하여 코드를 확인한 후 실행해 봅시다.

예제 2-4 엔트리봇 위에서 마우스 버튼을 클릭하여 모양 바꾸기 프로그램

엔트리 블록 프로그램	엔트리파이선 프로그램
오브젝트를 클릭했을 때 상하 모양 뒤집기 오브젝트 클릭을 해제했을 때 좌우 모양 뒤집기	``` 5 def when_click_object_on(): 6 Entry.flip_horizontal() 7 8 def when_click_object_off(): 9 Entry.flip_vertical() ```

- **5행** : 엔트리봇 위에서 마우스 버튼을 누르고 있을 때 호출되는 이벤트는 when_click_object_on( )입니다. when_click_object_on( ) 이벤트는 별도의 매개 변수를 갖고 있지 않습니다.

- **6행** : 엔트리봇 위에서 마우스 버튼을 눌렀을 때 엔트리봇의 모양이 상하로 뒤집어지게 하려면 `Entry.flip_horizontal( )` 메소드를 사용합니다.

- **8행** : 엔트리봇 위에서 마우스 버튼을 뗐을 때 호출되는 이벤트는 `when_click_object_off( )` 입니다. `when_click_object_off( )` 이벤트는 별도의 매개 변수를 갖고 있지 않습니다.

- **9행** : 엔트리봇 위에서 마우스 버튼을 뗐을 때 엔트리봇의 모양이 좌우로 바뀌게 하려면 `Entry.flip_vertical( )` 메소드를 사용합니다.

Q. **오브젝트의 속성 값 중에서 방향과 이동 방향은 어떻게 다를까요?**

엔트리파이선의 오브젝트창에 표시되는 속성 값에는 방향과 이동 방향이 있습니다. [그림 2-10]에서 첫 번째 엔트리봇의 방향은 0.0도입니다. 여기서 방향을 90.0도로 변경하면 엔트리봇이 90도 회전합니다. 이처럼 방향을 바꾸면 오브젝트의 방향이 변경되어 회전하게 됩니다. 이때 이동 방향은 변함 없이 90.0도를 유지하고 있습니다. 엔트리봇이 90.0도 회전하였으므로 이동 명령을 내리면 아래 방향으로 움직이게 됩니다. 이동 방향을 0.0도로 변경하면, 엔트리봇은 아래를 향한 채 오른쪽 방향으로 이동하게 됩니다.

방향 : 0.0, 이동 방향 : 90.0   방향 : 90.0, 이동 방향 : 90.0   방향 : 90.0, 이동방향 : 0.0

그림 2-10 오브젝트 속성 값에서 방향과 이동 방향의 차이

STEP 02 >>> 변수와 리스트 이해하기

엔트리파이선에서 사용자가 입력한 값을 저장하려면 변수와 리스트를 사용해야 합니다. 변수에는 하나의 값만 저장할 수 있고, 다른 값을 저장하면 기존의 값은 사라집니다. 반면 리스트에는 여러 개의 값을 저장할 수 있고, 기존 값을 유지한 채 추가로 입력할 수 있을 뿐만 아니라, 기존 값을 수정하거나 삭제할 수도 있습니다. 이번 시간에는 변수와 리스트의 장단점을 고려하여 친구들의 이름이나 전화번호를 저장하는 프로그램을 만들어 봅시다.

1 문제 이해하기

엔트리파이선의 변수와 리스트를 활용하여 다음과 같이 이름을 입력하는 프로그램을 작성해 봅시다. 먼저 변수를 이용하여 친구들의 이름을 묻고 저장해 봅시다. 여러 명의 친구 이름을 저장할 때 변수의 단점이 무엇인지 생각해 보고, 그것을 리스트로 작성하면 어떻게 달라지는지 확인해 봅시다.

그림 2-11 리스트 활용하기

2 전략 수립하기

엔트리파이선에서는 사용자가 입력한 값을 받을 수 있는 입력창을 제공합니다. 입력창을 통해 사용자로부터 입력받은 값을 출력하거나, 변수나 리스트에 저장해 봅시다. 또한 변수를 만들 때 유의할 점을 고려하여 쓰임에 따라 알맞은 변수를 만들어 보고, 변수를 보이게 하거나 감추게 하여 현재 상태의 변수 값을 확인한 후 수정하는 방법도 알아봅시다.

입력창 활용하기		변수 활용하기		리스트 활용하기
• Entry.input() • Entry.answer() • Entry.print()	⇒	• 변수 만들기 • 변수 값 변경하기	⇒	• 리스트 만들기 • 리스트 추가와 삭제하기 • 리스트 참조하기 • 리스트 변경하기

그림 2-12 변수와 리스트의 이해와 활용

동일한 기능을 하는 변수를 여러 개 만들었을 때 발생할 수 있는 문제점을 해결하려면 리스트를 써야 합니다. 용도에 맞게 리스트를 만들어 보고, 리스트를 보이게 하거나 감추는 방법, 리스트에 항목을 추가하거나 삭제하는 방법, 특정 위치에 있는 항목 값을 참조하는 방법 등을 알아봅시다.

③ 문제 해결하기

❶ 입력창 활용하기

전화번호부와 같은 프로그램을 개발하려면, 사용자의 이름과 전화번호를 입력받아야 합니다. 이럴 때 사용하는 메소드가 Entry.input( )입니다. Entry.input( )은 특정 메시지를 출력한 후 [그림 2-13]과 같이 사용자가 입력한 값을 '대답'이라는 변수에 저장하고, Entry.answer( ) 메소드를 통해 그 값을 불러올 수 있습니다.

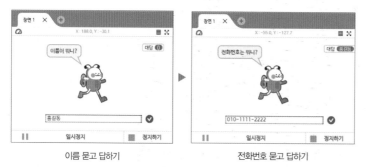

이름 묻고 답하기   전화번호 묻고 답하기

그림 2-13 입력창을 이용하여 이름과 전화번호 묻고 답하기 실행 화면

엔트리파이선에서 [▶시작하기] 버튼을 클릭하면, 엔트리봇이 사용자에게 "이름이 뭐니?"라는 질문을 하고, 입력할 수 있는 창이 나타납니다. 사용자가 이름을 입력한 후 Enter 를 누르면 '대답'이라는 변수에 사용자가 입력한 이름이 저장됩니다. 이어서 엔트리봇이 "전화번호는 뭐니?"라는 질문을 하고, 사용자가 입력창에 전화번호를 입력하면 마찬가지로 '대답'이라는 변수에 사용자가 입력한 전화번호가 저장됩니다. 〈예제 2-5〉와 같이 엔트리 블록으로 프로그램을 만들어 보고, 엔트리파이선 모드로 전환하여 코드를 확인한 후 실행해 봅시다.

엔트리 블록 프로그램	엔트리파이선 프로그램
| 시작하기 버튼을 클릭했을 때<br>이름이 뭐니? 을(를) 묻고 대답 기다리기<br>대답 을(를) 말하기▼<br>전화번호는 뭐니? 을(를) 묻고 대답 기다리기<br>대답 을(를) 말하기▼ | ```
5    def when_start():
6        Entry.input("이름이 뭐니?")
7        Entry.print(Entry.answer())
8        Entry.input("전화번호는 뭐니?")
9        Entry.print(Entry.answer())
``` |

- **6행, 8행 :** 엔트리봇이 사용자에게 이름 또는 전화번호를 묻고 입력창을 나타내기 위해서는 `Entry.input()` 메소드를 사용합니다. `Entry.input()` 메소드는 다음과 같이 질문 내용을 매개 변수로 활용합니다. 예를 들어 이름을 묻는 질문을 하려면 `Entry.input("이름이 뭐니?")`라고 프로그램을 작성합니다.

> Entry.input(질문내용)

- **7행, 9행 :** 엔트리파이선은 사용자가 입력한 값을 별도의 저장 공간에 저장합니다. 그리고 그 값을 읽어 오려면 반드시 `Entry.answer()`라는 메소드를 사용해야 합니다. 7행에서 사용자가 이름을 입력하면 그 값을 `Entry.answer()` 메소드를 통해 불러올 수 있습니다. 이 값을 엔트리봇의 말풍선에 나타내려면 `Entry.print()` 메소드를 활용합니다. `Entry.print()` 메소드는 다음과 같이 출력 내용을 매개 변수로 활용합니다. 예를 들어 사용자가 입력한 값을 엔트리봇의 말풍선에 나타내려면 `Entry.print(Entry.answer())`와 같이 프로그램을 작성합니다.

> Entry.print(출력내용)

Q. **<예제 2-5>의 7행에서 앞에 한 칸을 더 들여쓰기하면 어떻게 될까요?**

엔트리파이선에서 들여쓰기는 블록의 범위를 나타내기 때문에 매우 중요합니다. 예를 들어 [그림 2-14]와 같이 7행의 맨 앞에 빈칸을 하나 추가한 후 [▶시작하기] 버튼을 클릭하면 '[띄어쓰기] : 문법에 맞지 않는 문자가 포함되어 있습니다. (line 7)'이라는 메시지가 출력되며 문법 오류가 발생합니다. 이는 7행에 잘못된 들여쓰기(띄어쓰기)를 했다는 것을 의미합니다.

그림 2-14 들여쓰기의 중요성
```

❷ 변수 활용하기

Entry.input( )을 통해 입력받은 값은 계속 보관되지 않습니다. 새로운 값을 입력받으면 새로운 값이 이전 값을 지우고 덮어쓰게 됩니다. 예를 들어 〈예제 2-5〉에서 이름을 입력받아 출력하고, 이어서 전화번호를 입력받으면 사용자가 Entry.answer( ) 메소드를 이용하여 이름을 출력하고 싶어도 가장 최근에 입력받은 전화번호만 출력됩니다. 따라서 입력된 값을 계속 보관하려면 [그림 2-15]와 같이 변수를 만들어서 그 값을 저장해야 합니다. 엔트리파이선은 특정 값을 저장하기 위해 저장 공간을 확보합니다. 이때 그 공간의 이름을 사용자가 임의로 정할 수 있는데, 이를 '변수'라고 합니다. 변수에는 숫자와 문자 값을 저장할 수 있습니다.

| 변수 name에 입력하기 | 변수 phone에 입력하기 | 말풍선에 출력하기 |

그림 2-15 변수에 입력 값 저장하기 실행 화면

엔트리파이선에서 [▶시작하기] 버튼을 클릭하면, 엔트리봇이 사용자에게 "이름이 뭐니?"라는 질문을 하고 입력창이 나타납니다. 사용자가 이름을 입력한 후 Enter 를 누르면 'name'이라는 변수에 이름이 저장됩니다. 이어서 엔트리봇이 "전화번호는 뭐니?"라는 질문을 하고 입력창이 나타납니다. 사용자가 전화번호를 입력하면 'phone'이라는 변수에 전화번호가 저장됩니다. 〈예제 2-6〉과 같이 엔트리 블록으로 프로그램을 만들어 보고, 엔트리파이선 모드로 전환하여 코드를 확인한 후 실행해 봅시다.

예제 2-6 변수에 입력 값 저장하기 프로그램

엔트리 블록 프로그램	엔트리파이선 프로그램
▶ 시작하기 버튼을 클릭했을 때 이름이 뭐니? 을(를) 묻고 대답 기다리기 name ▼ 을 대답 로 정하기 전화번호는 뭐니? 을(를) 묻고 대답 기다리기 phone ▼ 을 대답 로 정하기 (name ▼ 값 + , + phone ▼ 값)을(를) 말하기	``` 5 name = 0 6 phone = 0 7 8 def when_start(): 9 Entry.input("이름이 뭐니?") 10 name = Entry.answer() 11 Entry.input("전화번호는 뭐니?") 12 phone = Entry.answer() 13 Entry.print(((name + ",") + phone)) ```

- **5행, 6행** : 입력한 이름을 저장할 변수 name과 전화번호를 저장할 변수 phone을 만듭니다. 변수명을 만들 때에는 다음과 같이 변수명과 초깃값을 입력합니다. 변수의 초깃값을 별도로 지정하지 않으면 0으로 설정됩니다. 변수명에는 한글이나 영문자를 사용할 수 있지만, [Spacebar]나 [Tab] 키를 눌러서 생기는 공백 문자는 사용할 수 없습니다. 또한, 엔트리파이선에서 사용되는 예약어를 변수명으로 사용할 수 없습니다. 예를 들어 def나 Entry 등의 예약어를 사용하면 문법 오류가 발생합니다.

> 변수명 = 초깃값

- **10행, 12행** : 9행에서 사용자가 입력한 이름을 `Entry.answer( )` 메소드가 불러와서 변수 name에 저장합니다. 마찬가지로 12행에서는 사용자가 입력한 전화번호를 변수 phone에 저장합니다. 이렇게 저장된 이름과 전화번호는 각 변수를 이용하여 언제든지 불러올 수 있습니다.

- **13행** : 변수 name에 저장된 이름과 변수 phone에 저장된 전화번호를 콤마(,)로 연결하여 엔트리봇의 말풍선에 출력합니다. 엔트리파이선은 블록 명령어와 1:1로 치환하기 위해 ( ) 안에 더하기(+) 연산자를 한 번만 사용할 수 있습니다. 만약 엔트리파이선에서 왼쪽과 같이 더하기(+) 연산자를 계속 사용하여 문자열을 연결하면, 엔트리파이선이 실행된 후 자동으로 오른쪽과 같이 바뀝니다.

```
Entry.print(name + "," + phone)
```
➡
```
Entry.print(((name + ",") + phone))
```

엔트리파이선 모드에서는 변수를 삭제할 수 없습니다. 예를 들어 pphone이라는 변수가 잘못 만들어졌을 때 이 변수를 엔트리파이선 모드에서 삭제한 후 [▶시작하기] 버튼을 클릭하여 프로그램을 실행했다가 중지하면 pphone 변수가 다시 나타납니다. 따라서 잘못 만든 변수의 경우 [그림 2-16]과 같이 반드시 엔트리 모드로 전환한 후 속성 창에서 삭제해야 합니다.

그림 2-16 엔트리 모드의 속성 창에서 변수 삭제하기

새로운 변수를 만든 후 한 번도 [▶시작하기] 버튼을 클릭하지 않았다면, 엔트리파이선에서도 잘못된 변수를 삭제할 수 있습니다. 엔트리파이선은 [▶시작하기] 버튼을 클릭한 후 변수를 생성하기 때문입니다. 따라서 [▶시작하기] 버튼을 클릭하여 프로그램을 실행한 적이 있다면, 반드시 엔트리 모드로 전환해서 삭제해야 합니다.

Q. **변수명이나 리스트명에 공백 문자가 포함되어 있으면 어떻게 될까요?**

엔트리에서는 변수명으로 공백 문자를 사용할 수 있지만, 엔트리파이선에서는 사용할 수 없습니다. 엔트리에서 공백 문자가 포함된 변수를 만든 후 엔트리파인선으로 모드를 전환하면 다음과 같이 '등록된 변수 중에 공백(띄어쓰기)이 포함된 변수가 있으면 모드 변환을 할 수 없습니다.'라는 알림 메시지가 출력됩니다.

그림 2-17 변수명에 공백 문자를 사용했을 경우

❸ 리스트 활용하기

여러 명의 이름과 전화번호를 입력하여 관리할 수 있는 전화번호부를 만들어 봅시다. 만약 변수를 사용한다면 입력할 이름과 전화번호 수만큼 새로운 변수를 만들어야 합니다. 예를 들어 10명의 이름을 입력할 수 있는 저장공간을 만들려면 name1, …, name10과 같이 10개의 변수를 만들고, 각각의 변수에 이름을 저장해야 합니다. 그런데 이렇게 많은 변수를 만드는 일은 매우 번거롭습니다. 이와 같이 동일한 유형의 값 여러 개를 저장할 때에는 변수보다는 리스트를 사용하는 것이 편합니다.

엔트리파이선에서 제공하는 리스트에는 다양한 메소드를 이용하여 손쉽게 자료를 추가하거나 삭제할 수 있습니다. [그림 2-18]과 같이 이름을 넣을 수 있는 리스트 names와 전화번호를 넣을 수 있는 리스트 phones를 만들어 봅시다. 여기에 여러 개의 이름과 전화번호를 입력한 후 특정 값을 수정하거나 삭제해 봅시다.

리스트에 이름을 입력하기 전

리스트에 이름을 입력한 후

그림 2-18 리스트에 자료 저장하기 실행 화면

엔트리파이선에서 [▶시작하기] 버튼을 클릭하면 엔트리봇이 "이름이 뭐니?"라는 질문을 하고, 입력창이 나타납니다. 사용자가 이름을 입력한 후 Enter 를 누르면 'names'라는 리스트에 이름이 저장됩니다. 이어서 엔트리봇이 "전화번호는 뭐니?"라는 질문을 하고, 사용자가 입력창에 전화번호를 입력하면 'phones'라는 리스트에 전화번호가 저장됩니다. 〈예제 2-7〉과 같이 엔트리 블록으로 프로그램을 만들어 보고, 엔트리파이선 모드로 전환하여 코드를 확인한 후 실행해 봅시다.

예제 2-7 입력 값을 리스트에 저장하기 프로그램

오브젝트	엔트리 블록 프로그램
엔트리봇	

엔트리파이선 프로그램

```
5      names = []
6      phones = []
7
8      def when_start():
9          Entry.input("이름이 뭐니?")
10         names.append(Entry.answer())
11         Entry.input("전화번호는 뭐니?")
12         phones.append(Entry.answer())
13         Entry.input("이름이 뭐니?")
14         names.append(Entry.answer())
15         Entry.input("전화번호는 뭐니?")
16         phones.append(Entry.answer())
17         Entry.print((((("첫번째: + names[0]) + ",") + phones[0]))
18         Entry.wait_for_sec(1)
19         Entry.print((((("두번째:" + names[1]) + ",") + phones[1]))
```

- **5행, 6행 :** 리스트 names와 리스트 phones를 선언합니다. 리스트의 초깃값은 아무것도 사용하지 않고, 단지 리스트임을 선언하기 위해 [ ] 연산자를 사용했습니다.

- **10행, 12행, 14행, 16행** : 리스트 변수에 특정 값을 추가하려면 append( ) 메소드를 사용합니다. 예를 들어 리스트 names에 1을 추가하려면 names.append(1)이라고 쓰면 됩니다. 10행에서는 리스트 names에 사용자가 입력한 값을 추가하기 위해 names.append(Entry.answer( ))라고 작성했습니다. 마찬가지로 리스트 phones에도 전화번호를 추가하기 위해 phones.append(Entry.answer( ))라고 작성합니다.

> 리스트명.append(값)

- **17행, 19행** : 리스트에 있는 특정 값을 읽으려면 인덱스 연산자인 [ ]를 사용합니다. names[0]은 리스트 names의 첫 번째 값을 읽어 옵니다. names[1]은 리스트 names의 두 번째 값을 읽어 옵니다. 이때 리스트의 인덱스 값은 항상 0부터 시작한다는 점에 유의하세요. 첫 번째 값을 읽으려면 반드시 [0]을 사용해야 합니다.

- **18행** : 일정 시간 동안 실행을 중지하려면 Entry.wait_for_sec( ) 메소드를 사용합니다. Entry.wait_for_sec( ) 메소드는 기다릴 시간(초) 값을 매개 변수로 사용합니다. 따라서 1초 동안 프로그램을 중지하려면 Entry.wait_for_sec(1)이라고 입력합니다. 만약 18행의 Entry.wait_for_sec(1)을 생략하면 17행에서 출력한 내용이 순식간에 19행에서 출력한 내용으로 바뀌기 때문에 확인하기 어려워집니다. 따라서 17행을 실행한 후 1초 정도 멈췄다가 19행이 실행되도록 합니다.

> Entry.wait_for_sec(초)

[리스트에서 사용할 수 있는 다양한 메소드]

리스트의 특정 위치에 입력된 값을 삭제하려면 pop( ) 메소드를 사용합니다. 예를 들어 names 리스트의 첫 번째 값을 삭제하려면 names.pop(0)을 입력하면 됩니다.

> 리스트명.pop(위치)

※ 위치는 0부터 시작

리스트의 특정 위치에 원하는 값을 추가하려면 insert( ) 메소드를 사용합니다. 예를 들어 names 리스트의 첫 번째에 '홍길동'이라는 이름을 추가하려면 names.insert(0, "홍길동")이라고 입력하면 됩니다.

```
리스트명.insert(위치, 값)
```

리스트의 특정 위치에 입력된 값을 다른 값으로 변경하려면 인덱스 연산자인 [ ]를 사용합니다. 예를 들어 리스트 names의 첫 번째의 값을 '이몽룡'으로 변경하려면 names[0] = "이몽룡"이라 고 입력하면 됩니다.

```
리스트명[ ] = 값
```

Q. **만약 <예제 2-7>의 10행에 names[0]="홍길동"이라고 추가하면 어떻게 될까요?**

<예제 2-7>의 5행에서 리스트 names에 어떠한 값도 초깃값으로 설정하지 않았기 때문에 names[0]의 값에 접근할 수 없습니다. 따라서 [▶시작하기] 버튼을 클릭하면 경고 메시지를 출력합니다. 하지만 11행에 names[0]="홍길동"이라고 추가하면 사용자가 첫 번째로 입력한 이름이 '홍길동'으로 변경됩니다.

```
10    names[0] = "홍길동"
11    names.append(Entry.answer())
```

```
10    names.append(Entry.answer())
11    names[0] = "홍길동"
```

⬇

경고 메시지 출력

⬇

사용자가 입력한 이름이 '홍길동'으로 변경됨

03 >>> 연산자 이해하기

엔트리파이선에서 제공하는 연산자에는 가감승제와 같은 산술 연산자뿐만 아니라, 숫자의 크기를 비교할 수 있는 비교 연산자, 참과 거짓을 판단할 수 있는 논리 연산자 등이 있으며, 문자열을 연결하거나 추출할 수 있는 연산자도 포함되어 있습니다.

1 문제 이해하기

엔트리파이선에서는 [그림 2-19]와 같이 산술 연산자, 비교 연산자, 논리 연산자가 주로 사용됩니다. 먼저 유형별로 사용할 수 있는 연산자에는 어떤 것들이 있는지 알아봅시다. 연산자의 우선순위를 고려하여 계산 결과를 예측하고, 프로그램을 작성하여 실행한 후 자신의 생각과 비교해 봅시다. 만약 결과 값에 차이가 난다면 왜 그렇게 되는지 이유를 파악해 봅시다. 또한 문자열에서 특정 문자열을 추출하거나, 다른 문자열로 변경하는 방법도 알아봅시다.

| 산술 연산자 | 비교 연산자 | 논리 연산자 | 문자열 처리 |

그림 2-19 엔트리파이선에서 사용되는 연산자

2 전략 수립하기

엔트리파이선에서 제공하는 연산자에는 산술 연산자, 비교 연산자, 논리 연산자, 문자열 연산자 등이 있습니다. 산술 연산자를 활용하면 가감승제뿐만 아니라 거듭제곱과 몫을 구하는 프로그램을 만들 수 있고, 비교 연산자를 활용하면 입력된 값의 크기를 비교할 수 있습니다. 비교 연산자의 결과 값은 참과 거짓으로 출력되며, 출력된 값의 논리 연산을 통해 보다 복잡한 판단이 가능합니다. 또한, 문자열 연결 연산자와 인덱스 연산자, 문자열과 관련된 메소드 등을 활용하여 다양한 문자열 처리가 가능합니다.

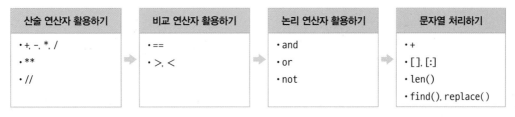

산술 연산자 활용하기	비교 연산자 활용하기	논리 연산자 활용하기	문자열 처리하기
• +, -, *, / • ** • //	• == • >, <	• and • or • not	• + • [ ], [:] • len() • find(), replace()

그림 2-20 엔트리파이선에서 사용되는 연산자

③ 문제 해결하기

❶ 산술 연산자 활용하기

엔트리파이선에서 제공하는 산술 연산자에는 할당(=), 더하기(+), 빼기(−), 곱하기(∗), 나누기 (/), 거듭제곱(∗∗2), 몫(//), 나머지(%) 등이 있습니다. 할당 연산자(=)는 우측에 있는 값을 좌측의 저장 공간에 저장할 때 사용하며, 연산자 우선순위가 가장 낮습니다.

연산자 우선순위	연산자	사용법	결과	의미
가장 낮음	=	a = 1	a에 1을 저장	할당
중간	+	2 + 3	5	덧셈
	−	2 − 3	−1	뺄셈
가장 높음	*	2 * 3	6	곱셈
	**	2 ** 2	4	거듭제곱
	/	2 / 3	0.667	나눗셈
	%	2 % 3	2	나머지
	//	2 // 3	0	몫

※ 엔트리파이선의 제곱 연산자(**)는 2의 제곱승만 가능하므로 '거듭제곱 연산자'라고 표현합니다.

〈예제 2-8〉의 프로그램을 실행하면, 엔트리봇이 6.2의 값을 출력합니다. 〈예제 2-8〉과 같이 엔트리 블록으로 프로그램을 만들어 보고, 엔트리파이선 모드로 전환하여 코드를 확인한 후 실행해 봅시다. 이상이 없으면 주어진 수식을 변형하여 넣어 보고, 그 결과도 확인해 봅시다.

예제 2-8 산술 연산자 활용하기 프로그램

오브젝트	엔트리 블록 프로그램
엔트리봇	![시작하기 버튼을 클릭했을 때 / result ▼ 를 (1 + 2 x 3 - 4 / 5) 로 정하기 / result ▼ 값 을(를) 말하기]

엔트리파이선 프로그램
5   result = 0
6
7   def when_start():
8   result = 1 + 2 * 3 - 4 / 5
9   Entry.print(result)

- **5행** : result는 수식의 결과를 저장할 변수입니다. 초깃값을 0으로 설정했습니다.

- **7행** : [▶시작하기] 버튼을 클릭하면 엔트리파이선이 1+2*3-4/5를 계산하여 결과 값을 변수 result에 저장합니다. 연산자 우선순위에 따라 곱하기와 나누기를 먼저 계산한 후 더하기, 빼기를 계산하고, 마지막에 할당 연산자(=)를 실행하므로, [■정지하기] 버튼을 클릭하면 result=((1+(2*3))−(4/5))와 같이 자동으로 수식이 바뀝니다. 산술 연산자를 활용하여 다양한 수식을 표현해 보고, 결과를 확인해 봅시다.

엔트리파이선의 산술 연산자에 대해 좀 더 구체적으로 살펴보기 위해 8행의 수식을 다음과 같이 수정한 후 실행해 봅시다.

수식	괄호 포함 식	결과 값
100 // 10 % 6	((100 // 10) % 6)	4
-2 // 3	(-2 // 3)	-1
2 ** 2 ** 2	((2 ** 2) ** 2)	16
2 ** 3	변환 오류 발생	실행되지 않음
1 = result	문법 오류 발생	실행되지 않음
result += 1	result += 1	1

- 100을 10으로 나눈 몫은 10이고, 그것을 6으로 나누면 나머지가 4가 되어 결과 값은 4로 출력됩니다. 나머지 연산자(%)는 엔트리파이선의 계산 블록에는 포함되어 있지 않지만, 파이선에서 기본적으로 제공하는 연산자이므로 엔트리파이선에서도 지원합니다.

- 2//3의 계산 결과는 0이지만, −2//3의 계산 결과는 −1이 됩니다.

- 거듭제곱 연산자(**)를 이용하여 2**2**2를 계산하면 ((2**2)**2)로 변환되며, 그 결과는 2^2의 결과인 4를 제곱한 16이 됩니다.

- 엔트리파이선의 거듭제곱 연산자(**)는 오로지 2의 제곱승만 계산할 수 있기 때문에 2**3의 수식을 실행하면 변환 오류가 발생합니다. 엔트리파이선에서 다음에 제시한 제곱의 실행 결과를 살펴보면 파이선으로 실행했을 때와 전혀 다른 결과가 나타납니다. 엔트리파이선은 2**2=2^2=4,

$2**2**2=4^2=16$, $2**2**2**2=16^2=256$으로 계산하지만, 파이선에서는 $2**2=2^2=4$, $2**2**2=2^4=16$, $2**2**2**2=2^{16}=65536$이 됩니다. 이와 같이 엔트리파이선의 거듭제곱 연산자와 파이선의 제곱 연산자는 그 기능이 전혀 다르다는 점을 기억해 두어야 합니다.

엔트리파이선		파이선	
수식	결과 값	수식	결과 값
2 ** 2 ** 2 ** 2	256	2 ** 2 ** 2 ** 2	65536

· 할당 연산자(=)의 좌우측 값을 바꾸면 문법 에러가 발생합니다. 예를 들어 1=result를 실행하면 "문법에 오류가 있습니다."라는 에러 메시지가 출력됩니다. 1이라는 상수 값에 result라는 값을 저장할 수 없기 때문입니다.

· result=result+1을 축약하여 result+=1로 표현할 수 있습니다. 이와 같이 +, −, *, /와 같은 산술 연산자는 모두 result+=1, result−=1, result*=1, result/=1과 같이 축약하여 사용할 수 있습니다. 하지만 **, //를 축약해서 사용하면 문법 오류가 발생합니다.

Q. **엔트리파이선과 파이선의 산술 연산자 기능은 어떻게 다른가요?**

파이선은 정수와 실수의 계산 결과를 항상 실수로 표현하지만, 엔트리파이선은 계산 결과에 따라 실수 또는 정수로 표현합니다. 예를 들어 파이선은 2+3.0의 결과 값을 5.0으로 출력하지만, 엔트리파이선은 정수인 5로 출력합니다. 또한, 파이선은 정수와 정수의 계산 결과를 항상 정수로 표현하지만, 엔트리파이선은 계산 결과에 따라 다르게 표현합니다. 예를 들어 2/3의 계산 결과인 0.6666...을 파이선(2.7 버전의 경우)은 정수 0으로 표현하지만, 엔트리파이선은 소수 넷째 자리에서 반올림하여 0.667로 표현합니다.

엔트리파이선		파이선	
수식	결과 값	수식	결과 값
2 + 3.0	5	2 + 3.0	5.0
2 * 3.0	6	2 * 3.0	6.0
2 / 3	0.667	2 / 3	0
2 / 3.0	0.667	2 / 3.0	0.6666666666666666

※ 파이선 3.x 버전에서는 2/3의 결과 값이 0.6666666666666666으로 표현됩니다.

❷ 비교 연산자 활용하기

엔트리파이선에서 제공하는 비교 연산자에는 같다(==), 크다(>), 작다(<), 크거나 같다(>=), 작거나 같다(<=) 등이 있습니다. 같다(==) 연산자는 할당(=) 연산자와 전혀 다른 기능을 하는 연산자이므로 사용할 때 유의해야 합니다. 파이선에서 제공하는 같지 않다(!=) 연산자는 엔트리파이선에서 제공되지 않기 때문에 이 연산자를 사용할 경우 아무것도 실행되지 않습니다.

연산자	사용법	결과	의미
==	1 == 1	true	같다
!=	지원 안함	지원 안함	같지 않다
>	1 > 2	false	크다
<	1 < 2	true	작다
>=	1 >= 2	false	크거나 같다
<=	1 <= 1	true	작거나 같다

〈예제 2-9〉의 프로그램을 실행하면, 엔트리봇이 1초 간격으로 true, false, true, false, true를 출력합니다. 그런데 한 가지 주의할 점은 엔트리 모드에서 Entry.print( ) 메소드에 비교 연산자 블록을 추가할 수 없다는 사실입니다. 따라서 엔트리파이선 모드에서 Entry.print( ) 메소드에 비교할 값들을 직접 입력해야 합니다. 엔트리파이선에서 〈예제 2-9〉의 프로그램을 작성하고, 엔트리 모드로 전환하여 코드를 확인한 후 실행해 봅시다.

예제 2-9 비교 연산자 활용하기 프로그램

엔트리 블록 프로그램	엔트리파이선 프로그램
	``5 def when_start():
6   Entry.print((1 == 1))
7   Entry.wait_for_sec(1)
8   Entry.print((1 > 2))
9   Entry.wait_for_sec(1)
10   Entry.print((1 < 2))
11   Entry.wait_for_sec(1)
12   Entry.print((1 >= 2))
13   Entry.wait_for_sec(1)
14   Entry.print((1 <= 1))```

· **6행 :** 같다(==) 연산자는 양쪽의 값이 동일할 때 True, 거짓일 때 False를 반환합니다. 이때 Entry.print( ) 메소드는 True 값을 "true", False 값을 "false"로 바꿔서 출력합니다.

· **7행, 9행, 11행, 13행 :** 다음 행을 실행하기 전에 1초 동안 기다립니다.

· 8행, 10행, 12행, 14행 : 크기를 비교한 후 값이 참이면 "true" 문자열을, 거짓이면 "false" 문자열을 출력합니다.

> **Q. 엔트리파이선에서는 True와 False를 어떻게 표현할까요?**
>
> 엔트리파이선에서 True와 true는 전혀 다른 값입니다. True는 참을 의미하지만, true는 단순한 문자열로 처리합니다. 엔트리파이선에서는 내부적으로 True를 1로 처리하고, False는 0으로 처리합니다. 다음에 제시한 실행 결과를 확인해 보세요.
>
> | | 프로그램 | 실행 결과 |
> |---|---|---|
> | 1 | Entry.print(True) | true |
> | 2 | Entry.print(True + 2) | 3 |
> | 3 | Entry.print(true) | 변환 오류 |
> | 4 | Entry.print(true + 2) | true2 |
> | 5 | Entry.print(False) | false |
> | 6 | Entry.print(False + 2) | 2 |
> | 7 | Entry.print(false) | 변환 오류 |
> | 8 | Entry.print(false + 2) | false2 |
>
> · 1행 : True를 참으로 인식하여 문자열 "true"를 출력합니다.
> · 2행 : 산술 연산자(+)에 의해 True를 1로 인식하고, 여기에 2를 더하여 3을 출력합니다.
> · 3행 : true를 문자열 변환하여 변수로 인식하는데, 그 변수가 선언되지 않았으므로 변환 오류가 발생합니다.
> · 4행 : true라는 변수가 선언되어 있으면 산술 연산자(+)에 의해 그 값에 2를 더하지만, 그렇지 않으면 "true"라는 문자열로 변환한 후 2와 연결하여 "true2"로 출력합니다.

❸ 논리 연산자 활용하기

엔트리파이선에서 제공하는 논리 연산자에는 and, or, not이 있습니다. and 연산자는 값1과 값2가 모두 True일 때에만 True이고, 그렇지 않으면 모두 False입니다. or 연산자는 값1과 값2 중에서 어느 하나만 True이어도 True가 됩니다. not 연산자는 값1의 값을 역으로 치환합니다. 즉 True이면 False로, False이면 True로 바꿔 줍니다.

값1	값2	논리 연산자		
		and	**or**	**not**
True	True	True	True	False
True	False	False	True	False
False	True	False	True	True
False	False	False	False	True

※ not 연산자는 값1에 대한 결과 값입니다.

엔트리파이선에서 [▶시작하기] 버튼을 클릭한 후 〈예제 2-10〉에 제시한 프로그램을 실행하면, 엔트리봇은 순식간에 결과를 처리한 후 false만을 보여줍니다. 이럴 때 실행 결과를 1초씩 끊어서 보여줄 수 있도록 `Entry.wait_for_sec(1)` 메소드를 사용할 수 있지만, 콘솔창에서 결과를 확인하면 보다 편리합니다. 콘솔창에서의 실행 결과를 확인해 보면 false, true, false, false가 차례대로 출력된 것을 확인할 수 있습니다.

예제 2-10 논리 연산자 활용하기 프로그램

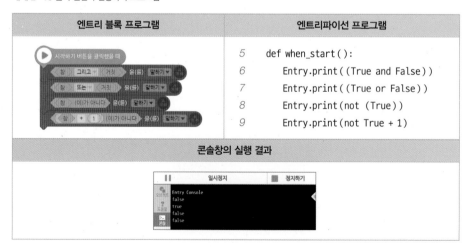

엔트리 블록 프로그램	엔트리파이선 프로그램

```
5    def when_start():
6        Entry.print((True and False))
7        Entry.print((True or False))
8        Entry.print(not (True))
9        Entry.print(not True + 1)
```

콘솔창의 실행 결과

- **6행** : True와 False를 and 연산자로 연결하면 False가 되어 문자열 "false"를 출력합니다.

- **7행** : True와 False를 or 연산자로 연결하면 True가 되어 문자열 "true"를 출력합니다.

- **8행** : True를 not 연산자로 연결하면 False가 되어 문자열 "false"를 출력합니다.

- **9행** : not True+1은 not(True+1)로 처리되어 True+1을 먼저 계산합니다. 산술 연산자 +는 True+1을 2로 처리합니다. not 연산자는 우측의 값을 논리 값으로 먼저 치환하는데, 0이면 false로 처리하고, 그 외의 값은 True로 처리합니다. 또한 문자열 "", "0", 빈칸만 있는 " "는 False로, 그 외의 문자열은 True로 처리합니다. 따라서 (True+1)은 값이 2이므로 True가 되고, 그 값을 역으로 치환하면 False가 됩니다. 따라서 not True+1의 결과 값은 문자열 "false"로 출력됩니다.

	프로그램	실행 결과
1	Entry.print(not 1)	false
2	Entry.print(not 1 + 2.5)	false
3	Entry.print(not 0)	true
4	Entry.print(not 1 - 1)	true
5	Entry.print(not "korea")	false
6	Entry.print(not "")	true
7	Entry.print(not "0")	true
8	Entry.print(not " ")	true

Q. **엔트리파이선에서 논리 연산자의 우선순위는 어떻게 될까요?**

엔트리파이선에서 and, or, not과 같은 논리 연산자는 산술 연산자보다 우선순위가 낮습니다. 따라서 not True+1은 not (True+1)과 동일합니다. 다음 프로그램을 실행하고, 그 결과를 확인해 봅시다.

	프로그램	실행 결과
1	Entry.print(not False + 1)	false
2	Entry.print((not False) + 1)	2

- **1행** : not False+1은 우선순위에 따라 not (False+1)로 처리됩니다. 산술 연산자 +는 False를 0으로 처리하므로 (False+1)은 (0+1)이 되어 1이 됩니다. not (1)은 not (True)가 되므로 결과는 False가 되어 "false"를 출력합니다.

- **2행** : (not False)+1은 (not False)가 먼저 처리되어 True가 됩니다. 산술 연산자 +에 의해 True는 1로 변환되어 1+1로 처리됩니다. 따라서 결과는 2가 됩니다.

❹ 문자열 처리하기

엔트리파이선에서 제공하는 문자열 처리 연산자에는 문자열 연결 연산자 +, 문자열 인덱스 연산자 [ ], 문자열 추출 연산자 [:] 등이 있습니다. + 연산자는 두 개의 문자열을 연결하여 하나의 문자열로 만들어 줍니다. 즉 "love" + " you"는 "love"문자열과 " you" 문자열을 하나의 문자열로 연결하여 "love you"로 만들어 줍니다. [n] 연산자는 문자열의 (n+1)번째 위치에 있는 문자열을 추출합니다. 예를 들어 "love"[0]은 첫 번째 문자인 "l"을 추출합니다. [n1:n2]는 문자열에서 (n1+1)번째 문자열부터 n2번째 문자열까지 추출합니다. 예를 들어 "love"[1:3]은 "love" 문자열에서 두 번째부터 세 번째 문자열인 "ov"를 출력합니다.

연산자	사용법	결과	의미
+	"love" + " you"	love you	문자열 연결
[n]	"love"[0]	l	첫 번째 문자 읽기
[n1:n2]	"love"[1:3]	ov	두 번째에서 세 번째 문자열 읽기

〈예제 2-11〉에 제시한 프로그램을 실행하면, 엔트리봇이 love Korea, l, o, re, orea를 차례로 출력하며, 이 결과 값은 콘솔창에서도 확인할 수 있습니다. 〈예제 2-11〉과 같이 엔트리파이선 코드를 작성하여 실행해 봅시다.

예제 2-11 문자열 처리하기 프로그램

엔트리 블록 프로그램	엔트리파이선 프로그램

```
5    str = 0
6    n = 0
7
8    def when_start():
9        str = "Korea"
10       Entry.print(("love " + str))
11       Entry.print("love "[0])
12       Entry.print(str[1])
13       Entry.print(str[2:4])
14       n = len(str)
15       Entry.print(str[1:n])
```

콘솔창의 실행 결과

- **5행~6행** : "Korea"라는 문자열을 저장할 변수 str과 str의 문자 개수를 저장할 변수 n을 선언하고 초깃값을 0으로 설정합니다.

- **10행** : "love" 문자열과 변수 str에 저장된 "Korea"를 합쳐 "love Korea"를 출력합니다.

- **11행** : "love" 문자열에서 첫 번째 문자열 "l"을 추출하여 출력합니다. 문자열 인덱스 연산자 [ ]는 첫 번째 값이 0부터 시작됩니다.

- **12행** : 변수 str에 저장된 "Korea"에서 두 번째 문자인 "o"를 추출하여 출력합니다.

- **13행** : 변수 str에 저장된 "Korea"의 세 번째 문자와 네 번째 문자에 해당하는 "re"를 추출하여 출력합니다.

- **14행** : 변수 str에 저장된 "Korea"의 문자열 길이(문자 개수)를 추출합니다. "Korea"에 포함된 문자 개수는 5이므로 n에는 5가 저장됩니다.

- **15행** : 변수 str에 저장된 "Korea"의 두 번째 문자부터 마지막 문자까지 추출하여 "orea"를 출력합니다. 문자열에서 특정 위치 이후에 있는 문자열을 모두 추출할 때 len( ) 함수를 사용하면 편리합니다. len( ) 함수는 엔트리파이선에서 언제든지 호출하여 사용할 수 있는 내장 함수입니다.

Q. **엔트리파이선에서 특정 문자열을 수정하려면 어떻게 해야 할까요?**

replace() 메소드는 문자열에 포함된 특정 문자열을 다른 문자열로 바꿔 줍니다. 예를 들어 "I love Korea".replace("love", "like")를 실행하면, 문자열에 포함된 "love"를 "like"로 수정하여 "I like Korea"를 출력합니다.

```
문자열.replace(값1, 값2)
```

특정 문자열의 빈칸을 모두 삭제하려면 **문자열.replace(" ", "")**을 실행합니다. 예를 들어 "I love Korea".replace(" ", "")를 실행하면 "IloveKorea"를 출력합니다. 보통 이런 함수는 공백 문자를 제거한 후 두 문자열이 서로 일치하는지 판단할 때 사용합니다. 같은 방법으로 문자열을 모두 대문자 또는 소문자로 바꿔서 비교할 수도 있습니다. 특정 문자열을 모두 대문자로 바꾸려면 **문자열.upper()** 메소드를 사용하고, 모두 소문자로 바꾸려면 **문자열.lower()** 메소드를 사용합니다. 예를 들어 "love".upper()를 실행하면 "LOVE"가 출력됩니다.

04 >>> 제어 구조 이해하기

엔트리파이선의 명령어는 문제 상황에 따라 다양한 흐름을 가질 수 있습니다. 일반적으로 제시된 순서에 따라 프로그램이 실행되지만, 동일하거나 유사한 명령어들이 반복될 경우에는 그 명령어를 간단하게 축약하여 표현할 수 있고, 특정 조건을 만족할 때에만 명령을 실행하거나 중지시킬 수 있습니다. 이런 프로그램의 흐름을 제어 구조라고 합니다. 엔트리파이선에서 제공하는 제어 구조에는 순차 구조, 반복 구조, 선택 구조 등이 있습니다.

1 문제 이해하기

엔트리파이선의 순차 구조는 명령어들이 제시된 순서에 따라 실행되게 하거나, 일정 시간 동안 정지하게 할 수 있습니다. 이렇게 시간 흐름을 제어함으로써 장면에 다양한 오브젝트를 추가하여 서로 대화하듯이 말을 주고받게 표현할 수 있습니다. 또한, 여러 오브젝트들과 대화하면서 반복적으로 사용되는 인사말은 반복 구조를 사용하여 보다 단순하게 표현할 수 있고, 특정 조건에 해당할 때에만 오브젝트가 나타나게 할 수도 있습니다. 이와 같이 엔트리파이선의 제어 구조를 활용하면 보다 생동감 있는 프로그램을 작성할 수 있습니다. 엔트리파이선에서 제공하는 순차 구조, 반복 구조, 선택 구조를 표현할 수 있는 명령어를 다양하게 활용하여 [그림 2-21]과 같이 두 명 이상의 사람과 대화하는 프로그램을 만들어 봅시다.

간호사와 인사말 나누기

두 명 이상의 사람과 대화하기

그림 2-21 제어 구조 활용하기 실행 화면

2 전략 수립하기

엔트리파이선의 다양한 제어 구조를 학습하기 위해 [그림 2-22]와 같이 순차 구조, 반복 구조, 선택 구조를 활용한 프로그램을 만들어 봅시다. 순차 구조에서는 시간의 흐름을 제어하거나 출력을 제어하는 프로그램을 작성하고, 반복 구조에서는 일정 횟수만큼 반복하거나 무한 반복하는 구문, 특정 조건을 만족할 때에만 반복하거나 만족하지 않을 때에만 반복하는 구문, 반복문을 무조건 종료시키는 구문 등을 학습합니다. 선택 구조에서는 조건을 만족할 때에만 실행하거나 그렇지 않을 때 실행하는 프로그램을 작성합니다.

순차 구조 활용하기	반복 구조 활용하기	선택 구조 활용하기
• Entry.wait_for_sec() • Entry.print_for_sec()	• for i in range() • while • break • while not	• if • if ~ else

그림 2-22 엔트리파이선의 제어 구조

3 문제 해결하기

❶ 순차 구조 활용하기

엔트리파이선을 이용하여 엔트리봇과 간호사가 제시된 번호 순서에 따라 대화하는 장면을 만들어 봅시다. 여기서 엔트리봇이나 간호사와 같은 이미지를 '오브젝트'라고 합니다. 각 오브젝트는 별도의 명령어를 가질 수 있으며, 그 명령어들은 [▶시작하기] 버튼을 클릭하면 동시에 실행됩니다.

엔트리봇	대화 내용	간호사
	① 안녕하세요? ② 누구세요? ⑤ 저는 엔트리봇이에요.	 ③ 안녕! 난 간호사야. ④ 너는 누구니?	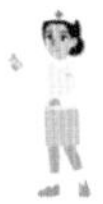

엔트리파이선에서 [+ 오브젝트 추가하기] 버튼을 클릭하면 [그림 2-23]과 같이 오브젝트 추가하기 창이 열립니다. 왼쪽의 메뉴에서 사람을 선택한 후 '간호사(2)'를 선택하고 [적용하기] 버튼을 누르면 결과창에 간호사 오브젝트가 추가됩니다. 엔트리봇과 간호사가 적당히 떨어져서 마주 보도록 배치합니다.

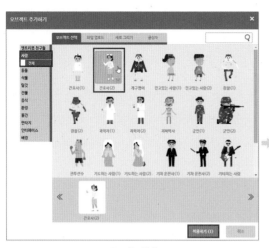
오브젝트 선택

결과창에 추가

그림 2-23 간호사 오브젝트 추가하기

〈예제 2-12〉에 제시한 프로그램을 엔트리봇과 간호사 오브젝트에 각각 작성한 후 프로그램을 실행하면, 결과창에는 "저는 엔트리봇이에요."라는 엔트리봇의 말풍선과 "너는 누구니?"라는 간호사의 말풍선만 표시됩니다. 엔트리파이선은 마지막 명령문만 실행한 걸까요? 그렇지 않습니다. 콘솔창을 확인해 보면 엔트리봇과 간호사가 대화를 나눈 내용이 모두 차례대로 표시되어 있습니다. 이와 같이 엔트리파이선으로 작성한 명령어들은 제시된 순서에 따라 실행되는데, 이것을 '순차 구조'라고 합니다.

예제 2-12 순차 구조로 대화하는 프로그램

오브젝트	엔트리 블록 프로그램	엔트리파이선 프로그램
간호사	시작하기 버튼을 클릭했을 때 / 안녕! 난 간호사야. 을(를) 말하기 / 너는 누구니? 을(를) 말하기	5 def when_start(): 6 Entry.print("안녕! 난 간호사야.") 7 Entry.print("너는 누구니?")
엔트리봇	시작하기 버튼을 클릭했을 때 / 안녕하세요? 을(를) 말하기 / 누구세요? 을(를) 말하기 / 저는 엔트리봇이에요. 을(를) 말하기	5 def when_start(): 6 Entry.print("안녕하세요?") 7 Entry.print("누구세요?") 8 Entry.print("저는 엔트리봇이에요.")

결과창의 실행 결과	콘솔창의 실행 결과
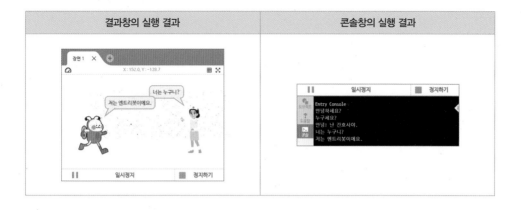	

둘이 대화는 하고 있는데, 서로 각자의 말만 하고 있네요. 엔트리봇과 간호사가 자연스럽게 서로 대화를 주고받는 것처럼 표현하려면 어떻게 해야 할까요? 컴퓨터가 명령을 실행하는 속도는 매우 빠릅니다. 따라서 특별한 제어 없이 순차적으로 명령어를 제시할 경우 우리는 맨 마지막 실행 결과만 볼 수 있습니다. 이러한 문제를 해결하기 위해 엔트리파이선은 일시적으로 프로그램을 중지시키는 여러 가지 명령어들을 포함하고 있습니다. 엔트리봇과 간호사 오브젝트에 〈예제 2-13〉과 같이 프로그램을 작성하고, [실행하기] 버튼을 클릭한 후 콘솔창에서 실행 결과를 확인해 봅시다. 두 오브젝트 모두 [▶시작하기] 버튼을 클릭했을 때 실행되도록 프로그래밍 되어 있지만, 오브젝트창에 간호사가 위에 있으므로 간호사 오브젝트에 입력한 명령어들이 먼저 실행됩니다.

예제 2-13 순서에 따라 대화하는 프로그램

오브젝트	엔트리 블록 프로그램	엔트리파이선 프로그램
간호사	시작하기 버튼을 클릭했을 때 2 초 기다리기 안녕! 난 간호사야. 을(를) 말하기 ▼ 1 초 기다리기 너는 누구니? 을(를) 말하기 ▼	5 def when_start(): 6 Entry.wait_for_sec(2) 7 Entry.print("안녕! 난 간호사야.") 8 Entry.wait_for_sec(1) 9 Entry.print("너는 누구니?")
엔트리봇	시작하기 버튼을 클릭했을 때 안녕하세요? 을(를) 말하기 ▼ 1 초 기다리기 누구세요? 을(를) 말하기 ▼ 3 초 기다리기 저는 엔트리봇이에요. 을(를) 말하기 ▼	5 def when_start(): 6 Entry.print("안녕하세요?") 7 Entry.wait_for_sec(1) 8 Entry.print("누구세요?") 9 Entry.wait_for_sec(3) 10 Entry.print("저는 엔트리봇이에요.")

결과창의 실행 결과	콘솔창의 실행 결과
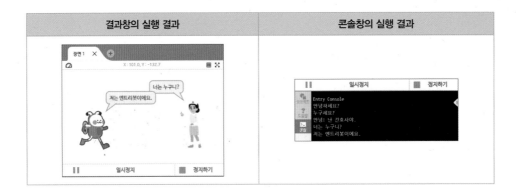	

- **간호사의 6행** : 프로그램이 시작되자마자 간호사는 Entry.wait_for_sec(2)를 실행합니다. 이 메소드는 엔트리봇이 "안녕하세요?"라는 인사말과 "누구세요?"라는 질문을 하는 데 걸리는 시간(2초) 동안 다음 명령어(7행)를 실행하지 못하도록 기다리게 합니다. 이 메소드는 대기 시간을 매개 변수로 전달받은 후 그 시간 동안 프로그램의 실행을 중지시킵니다. 이때 프로그램 실행을 중지시킨다는 것은 현재의 오브젝트에 제시된 프로그램 내에서 다음 명령어인 7행을 실행하지 않고 기다린다는 의미입니다.

```
Entry.wait_for_sec(대기시간)
```

- **엔트리봇의 7행** : 프로그램이 시작되자마자 엔트리봇이 "안녕하세요?"라는 인사말을 하고 Entry.wait_for_sec( ) 메소드를 이용하여 1초 동안 기다리게 합니다.

- **엔트리봇의 9행** : 엔트리봇이 "누구세요?"라고 말한 후 간호사가 말할 수 있도록 3초 동안 기다립니다. 그런데 [그림 2-24]와 같이 엔트리봇의 대화가 끝나도 말풍선이 사라지지 않기 때문에 간호사의 말풍선과 겹칠 수 있습니다.

그림 2-24 엔트리봇과 간호사의 말풍선이 겹치는 문제

- 이 문제를 해결하려면 어떻게 해야 할까요? 엔트리봇이 8행에서 "누구세요?"라는 질문을 출력한 후 9행에서 1초 동안만 기다리게 하고 메시지를 삭제한 후 나머지 2초 동안 기다리게 하면 됩니

다. 이와 같이 말풍선을 삭제하고 싶을 때 사용하는 메소드는 Entry.clear_print( )입니다. 다음과 같이 엔트리봇과 간호사의 프로그램을 수정하여 실행한 후 메시지가 겹치지 않고 출력되는지 확인해 봅시다.

오브젝트	수정 전		수정 후	
엔트리봇	9	Entry.wait_for_sec(3)	9	Entry.wait_for_sec(1)
	10	Entry.print("저는 엔트리봇이에요.")	10	Entry.clear_print()
			11	Entry.wait_for_sec(2)
			12	Entry.print("저는 엔트리봇이에요.")
간호사	9	Entry.print("너는 누구니?")	9	Entry.print("너는 누구니?")
			10	Entry.wait_for_sec(1)
			11	Entry.clear_print()

• **간호사의 7행~9행** : 엔트리봇이 3초 동안 기다리는 동안에 간호사는 "안녕! 난 간호사야."라고 말합니다. 이러한 대기 시간은 자신이 말한 시간과 상대가 말한 시간 등을 고려해서 설정해야 자연스럽게 대화를 주고받듯이 표현할 수 있습니다.

엔트리파이선에서 연속된 대화를 표현할 때 일정 시간 동안 대기하지 않으면 순식간에 명령어가 실행되어 사용자들이 대화 내용을 볼 수 없게 됩니다. 따라서 대화를 표현할 때 Entry.print( )와 Entry.wait_for_sec( )은 늘 함께 사용하게 됩니다. 엔트리파이선에서는 이 두 메소드를 축약해서 표현할 수 있도록 Entry.print_for_sec( ) 메소드를 제공합니다. 이 메소드는 메시지와 대기 시간을 매개 변수로 받아 메시지를 출력한 후 원하는 시간 동안 기다리게 합니다. 예를 들어 엔트리봇의 6행과 7행은 Entry.print_for_sec("안녕하세요?", 1)과 같이 수정할 수 있습니다.

```
Entry.print_for_sec(메시지, 대기시간)
```

이 메소드를 사용하여 수정한 최종 결과물은 다음과 같습니다. 엔트리봇과 간호사 오브젝트의 프로그램을 수정하고, [▶시작하기] 버튼을 클릭하여 실행 결과를 확인해 봅시다.

오브젝트	수정 전		수정 후	
엔트리봇	6	Entry.print("안녕하세요?")	6	Entry.print_for_sec("안녕하세요?", 1)
	7	Entry.wait_for_sec(1)	7	Entry.print_for_sec("누구세요?", 1)
	8	Entry.print("누구세요?")	8	Entry.clear_print()
	9	Entry.wait_for_sec(1)	9	Entry.wait_for_sec(2)
	10	Entry.clear_print()	10	Entry.print("저는 엔트리봇이에요.")
	11	Entry.wait_for_sec(2)		
	12	Entry.print("저는 엔트리봇이에요.")		

| 간호사 | 6   Entry.wait_for_sec(2)
7   Entry.print("안녕! 난 간호사야.")
8   Entry.wait_for_sec(1)
9   Entry.print("너는 누구니?")
10 Entry.wait_for_sec(1)
11 Entry.clear_print() | 6   Entry.wait_for_sec(2)
7   Entry.print_for_sec("안녕! 난 간호사야.", 1)
8   Entry.print_for_sec("너는 누구니?", 1)
9   Entry.clear_print() |

Q. 여러 개의 오브젝트가 있을 때 어떤 오브젝트의 명령어가 먼저 실행될까요?

엔트리파이선에서 프로그램의 흐름을 일시적으로 중지시키는 Entry.wait_for_sec(), Entry.wait_until(), Entry.stop_code()와 같은 명령어가 별도로 사용되지 않는 한 프로그램의 실행 순서는 오브젝트창에 제시된 순서와 같습니다. 예를 들어 <예제 2-12>에 제시된 프로그램에서 오브젝트창의 엔트리봇과 간호사의 순서를 변경하면 콘솔창에 엔트리봇의 대화글이 먼저 표시됩니다.

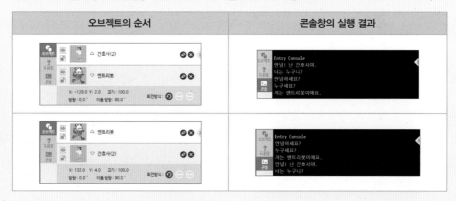

오브젝트의 순서	콘솔창의 실행 결과

오브젝트의 순서는 오브젝트가 서로 겹쳤을 때 보이고 가려지는 것도 결정합니다. 즉, 두 개의 오브젝트 중에서 위에 있는 것은 보이고, 아래에 있는 것은 가려지게 됩니다.

❷ 반복 구조 활용하기

<예제 2-13>에서 작성한 프로그램에 선생님 오브젝트를 추가하여 엔트리봇과 선생님이 제시된 번호 순서에 따라 대화하는 장면을 만들어 봅시다. 이때 엔트리봇은 "안녕하세요?", "누구세요?", "저는 엔트리봇이에요."라는 인사말을 반복하게 됩니다.

엔트리봇	대화	간호사
	① 안녕하세요? ② 누구세요? ③ 안녕! 난 간호사야. ④ 너는 누구니? ⑤ 저는 엔트리봇이에요.	

선생님	대화	엔트리봇
 ⑧ 안녕! 난 선생님이야. ⑨ 너는 누구니?	⑥ 안녕하세요? ⑦ 누구세요? ⑩ 저는 엔트리봇이에요.	

엔트리봇과 간호사, 선생님 오브젝트에 〈예제 2-14〉의 프로그램을 각각 작성한 후 [▶시작하기]
버튼을 클릭하여 프로그램을 실행해 봅시다.

예제 2-14 세 명이 함께 대화하는 프로그램

오브젝트	엔트리 블록 프로그램	엔트리파이선 프로그램
| 간호사 | | ```
5   def when_start():
6       Entry.wait_for_sec(2)
7       Entry.print_for_sec("안녕! 난 간호사야.", 1)
8       Entry.print_for_sec("너는 누구니?", 1)
9       Entry.clear_print()
``` |
| 엔트리봇 | | ```
5   def when_start():
6       Entry.print_for_sec("안녕하세요?", 1)
7       Entry.print_for_sec("누구세요?", 1)
8       Entry.clear_print()
9       Entry.wait_for_sec(2)
10      Entry.print_for_sec("저는 엔트리봇이에요.", 1)
11      Entry.flip_vertical()
12      Entry.print_for_sec("안녕하세요?", 1)
13      Entry.print_for_sec("누구세요?", 1)
14      Entry.clear_print()
15      Entry.wait_for_sec(2)
16      Entry.print_for_sec("저는 엔트리봇이에요.", 1)
``` |
| 선생님 | | ```
5   def when_start():
6       Entry.wait_for_sec(6)
7       Entry.print_for_sec("안녕! 난 선생님이야.", 1)
8       Entry.print_for_sec("너는 누구니?", 1)
9       Entry.clear_print()
``` |
```

결과창의 실행 결과	콘솔창의 실행 결과
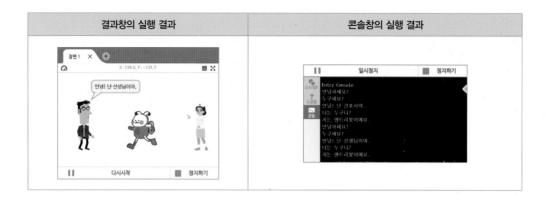	

- **엔트리봇의 6행~10행 :** 프로그램이 시작되면 엔트리봇이 간호사에게 인사하고, 자신의 이름을 소개합니다.

- **엔트리봇의 11행 :** 화면 오른쪽에 있는 간호사를 바라보던 엔트리봇이 대화가 끝난 후 왼쪽에 있는 선생님을 바라봅니다. `Entry.flip_vertical()` 메소드를 사용하면 엔트리봇의 좌우 모양을 바꿀 수 있습니다.

- **엔트리봇의 12행~16행 :** 간호사와 대화할 때 사용한 명령어가 반복적으로 사용됩니다.

만약 엔트리봇이 간호사와 선생님 외에 여러 명의 사람들을 만나서 같은 인사말을 반복해야 한다면, 동일한 프로그램을 계속 복사해서 붙여넣기 해야 할까요? 그렇게 하면 엔트리봇의 소스 코드가 지나치게 길어져서 프로그램을 이해하는 데 어려움이 있을 것입니다. 게다가 엔트리봇의 인사말을 수정해야 할 경우 붙여넣기 한 모든 소스 코드를 똑같이 수정해야 합니다.

이처럼 반복되는 명령어를 줄여서 표현하는 제어 구조가 있는데, 이것을 반복 구조라고 합니다. 엔트리파이선에서는 반복 구조를 어떻게 표현하는지 알아봅시다.

예제 2-15 for 문을 활용하여 대화하는 프로그램

오브젝트	엔트리 블록 프로그램	엔트리파이선 프로그램
엔트리봇	시작하기 버튼을 클릭했을 때 2 번 반복하기 안녕하세요? 을(를) 1 초 동안 말하기 누구세요? 을(를) 1 초 동안 말하기 말하기 지우기 2 초 기다리기 저는 엔트리봇이에요. 을(를) 1 초 동안 말하기 좌우 모양 뒤집기	``` 5 def when_start(): 6 for i in range(2): 7 Entry.print_for_sec("안녕하세요?", 1) 8 Entry.print_for_sec("누구세요?", 1) 9 Entry.clear_print() 10 Entry.wait_for_sec(2) 11 Entry.print_for_sec("저는 엔트리봇이에요.", 1) 12 Entry.flip_vertical() ```

- **for i in range(횟수) 문** : 〈예제 2-15〉의 6행과 같은 **for i in range(횟수)** 문은 매개 변수로 반복 횟수를 갖습니다. 따라서 7행부터 12행까지를 두 번 반복 실행하여 간호사뿐만 아니라 선생님과도 대화를 할 수 있게 됩니다. 이때 **for in range(2)** 뒤에는 반드시 콜론(:)을 찍어야 합니다. 구문 뒤에 콜론을 사용하면, 다음에 제시되는 명령어들은 현재 구문의 하위 명령어로 제시됩니다. 이때 하위 명령어임을 나타내기 위해 7행~12행과 같이 들여쓰기를 해야 합니다. 물론, 하위 명령어를 제시하고 싶지 않을 때에는 들여쓰기를 하지 않아도 됩니다.

예제 2-16 while 문을 활용하여 대화하는 프로그램-1

오브젝트	엔트리 블록 프로그램	엔트리파이선 프로그램
| 엔트리봇 | | ```
5    def when_start():
6        while True:
7            Entry.print_for_sec("안녕하세요?", 1)
8            Entry.print_for_sec("누구세요?", 1)
9            Entry.clear_print()
10           Entry.wait_for_sec(2)
11           Entry.print_for_sec("저는 엔트리봇이에요.", 1)
12           Entry.flip_vertical()
``` |

- **while 문** : while 문은 뒤에 제시된 조건이 참이면 하위 명령어들을 반복합니다. 〈예제 2-16〉의 6행과 같이 **while True:** 로 수정하면 조건이 항상 True이므로 엔트리봇이 7행부터 12행까지를 무한 반복합니다. 우리가 원하는 대로 2회만 반복하게 하려면 어떻게 해야 할까요?

예제 2-17 while 문을 활용하여 대화하는 프로그램-2

오브젝트	엔트리 블록 프로그램	엔트리파이선 프로그램
| 엔트리봇 | | ```
5    count = 0
6
7    def when_start():
8        while True:
9            Entry.print_for_sec("안녕하세요?", 1)
10           Entry.print_for_sec("누구세요?", 1)
11           Entry.clear_print()
12           Entry.wait_for_sec(2)
13           Entry.print_for_sec("저는 엔트리봇이에요.", 1)
14           Entry.flip_vertical()
15           break
``` |

- **break 문** : 〈예제 2-17〉에 제시한 것과 같이 15행에 break 문을 추가하면 while 문이 무한 반복되지 않고 딱 1회만 반복한 후 종료됩니다. break 문은 while 문이나 `for i in range( )` 문과 같이 반복되는 구문 안에서만 사용할 수 있으며, break 문을 만나면 break를 포함한 반복 구문에서 즉시 빠져나오게 됩니다. 하지만 여전히 break 문만 가지고 엔트리봇이 인사말을 2회 반복하게 만들 수는 없습니다. while 문에서 특정 횟수만큼 반복하게 하려면 어떻게 해야 할까요?

예제 2-18 while 문을 활용하여 대화하는 프로그램-3

오브젝트	엔트리 블록 프로그램	엔트리파이선 프로그램
엔트리봇		5　count = 0 6 7　def when_start(): 8　　while (count < 2): 9　　　Entry.print_for_sec("안녕하세요?", 1) 10　　　Entry.print_for_sec("누구세요?", 1) 11　　　Entry.clear_print() 12　　　Entry.wait_for_sec(2) 13　　　Entry.print_for_sec("저는 엔트리봇이에요.", 1) 14　　　Entry.flip_vertical() 15　　　count += 1

- **반복 횟수 지정** : while 문을 일정 횟수만큼만 반복하게 하려면 〈예제 2-18〉과 같이 반복 횟수를 확인할 수 있는 변수를 만들어 이 변수가 원하는 반복 횟수보다 작을 경우에만 반복하게 만듭니다. 5행에서 변수 count를 만들고, 초깃값으로 0을 입력했습니다. 그리고 8행에서 count 값이 2보다 작을 경우에만 9행~15행이 반복되도록 했습니다. 15행에서 반복 횟수를 1씩 증가시키기 위해 count+=1을 사용했습니다. 이것은 count=count+1과 동일한 결과를 나타냅니다.

- **while not 문** : 〈예제 2-18〉의 8행에서 `while (count < 2):` 대신 `while not (count > 1):`로 수정하거나, `while not (count >= 2):`로 수정해도 같은 결과가 나타납니다. while not 문은 뒤의 조건을 만족하지 않으면 계속 반복하게 됩니다. while not 문보다는 while 문이 직관적으로 프로그램을 이해하기 쉬워 일반적으로 더 많이 사용됩니다.

Q. for i in range()에서 i 대신 다른 변수명을 사용하면 어떻게 될까요?

엔트리파이선의 for i in range()에서 사용되는 i 대신 다른 변수명을 사용해도 오류가 발생하지는 않습니다. 하지만 엔트리파이선 프로그램이 엔트리 블록으로 변환되면서 기본 값을 i로 사용하기 때문에 j나 k 등의 다른 변수를 사용해도 [▶시작하기] 버튼을 클릭하여 프로그램을 실행하면 자동으로 i로 변경됩니다.

❸ 선택 구조 활용하기

〈예제 2-18〉에서 엔트리봇은 선생님과의 대화가 끝난 후 다시 간호사를 향해 돌아섭니다. 엔트리봇이 간호사와 인사말을 주고받은 후에만 방향을 바꾸고, 두 번째 반복할 때에는 좌우 모양을 바꾸지 않도록 하려면 어떻게 해야 할까요?

특정 조건을 만족할 때에만 주어진 명령어를 실행하려면 선택 구조를 사용해야 합니다. 엔트리파이선에서 제공하는 선택 구조에는 if 문과 if ~ else 문이 있습니다.

if 문은 〈예제 2-19〉의 14행과 같이 **if 조건:** 의 형태로 사용하는데, 이 조건을 만족할 때에만 다음에 나오는 명령어들을 실행합니다. if 문 뒤에는 반드시 콜론(:)을 표기해야 하며, 조건을 만족할 때 실행될 하위 명령어는 반드시 들여쓰기를 해야 합니다. 〈예제 2-19〉의 14행은 반복 횟수를 나타내는 count의 값이 0일 때, 즉 처음 반복할 때에만 16행이 실행되게 합니다. 두 번째 반복할 때에는 16행의 **count += 1**에 의해 count 값이 1이 되어 14행의 조건을 만족하지 못하므로 15행을 실행하지 않고 건너뜁니다.

예제 2-19 if 문을 활용하여 대화하는 프로그램

오브젝트	엔트리 블록 프로그램	엔트리파이선 프로그램
| 엔트리봇 | | ```
5    count = 0
6
7    def when_start():
8        while (count < 2):
9            Entry.print_for_sec("안녕하세요?", 1)
10           Entry.print_for_sec("누구세요?", 1)
11           Entry.clear_print()
12           Entry.wait_for_sec(2)
13           Entry.print_for_sec("저는 엔트리봇이에요.", 1)
14           if (count == 0):
15               Entry.flip_vertical()
16           count += 1
``` |

이제 어느 정도 자연스러운 대화가 이루어지는 것 같습니다. 그런데 〈예제 2-19〉에서 엔트리봇이 간호사와 인사말을 주고받는 동안 선생님이 뒤에 계속 보여서 어색합니다. 간호사와 인사를 끝낸 다음에 선생님이 나타나게 하려면 어떻게 해야 할까요? 선생님의 생김새를 변경하기 위해 〈예제 2-20〉의 8행~14행과 같이 수정해 봅시다.
```

예제 2-20 if ~ else 문을 활용하여 대화하는 프로그램

오브젝트	엔트리 블록 프로그램	엔트리파이선 프로그램
선생님		``` 5 count = 0 6 7 def when_start(): 8 while True: 9 if (count == 0): 10 Entry.hide() 11 else: 12 Entry.show() 13 Entry.wait_for_sec(2) 14 break 15 Entry.print_for_sec("안녕! 난 선생님이야.", 1) 16 Entry.print_for_sec("너는 누구니?", 1) 17 Entry.clear_print() ```

· **5행** : count 변수는 모든 객체에서 사용될 수 있습니다. 엔트리봇은 간호사와 인사말을 끝내고 나서 count 변수 값을 0에서 1로 변경합니다. 선생님이 간호사와 인사말을 끝낸 후 나타나게 하려면 변수 값이 0이 아닐 때 보이도록 만들면 됩니다.

· **8행** : while 문을 사용하여 count 값이 어떻게 바뀌는지 계속 관찰합니다. `while True:` 문을 사용함으로써 9행~14행이 무한 반복으로 실행됩니다.

· **9행~10행** : `Entry.hide()` 메소드는 객체를 보이지 않게 만듭니다. count 변수는 초깃값이 0 이므로 엔트리봇에 의해 값이 변경되지 않으면 10행의 `Entry.hide()` 메소드에 의해 선생님이 보이지 않게 됩니다.

· **11행~12행** : 엔트리봇이 간호사와 인사를 마친 후 count 변수 값을 1 증가시켜 0이 아니게 되면 12행~14행을 실행합니다. 12행의 `Entry.show()` 메소드는 `Enty.hide()` 메소드에 의해 보이지 않게 되었던 선생님을 나타나게 합니다.

· **13행** : 나타난 선생님은 엔트리봇이 "안녕하세요? 누구세요?"라는 말을 하는 시간(2초) 동안 기다립니다.

· **14행** : 2초 동안 기다린 후 무한 반복되는 while 문에서 빠져나오기 위해 break를 사용했습니다. break는 while 문에서 벗어나 15행을 실행하게 합니다.

Q. <예제 2-20>을 좀 더 간단하게 작성할 수 없을까요?

<예제 2-20>에서 while 문 대신 Entry.wait_until() 메소드를 사용하면 보다 간편하게 프로그램을 작성할 수 있습니다. 처음에는 선생님이 보이지 않다가 count 변수 값이 1이 되었을 때 나타나게 하면 됩니다. 이를 위해 <예제 2-20>의 8행~14행을 아래와 같이 수정합니다.

오브젝트	엔트리 블록 프로그램
선생님	

엔트리파이선 프로그램

```
5       count = 0
6
7       def when_start():
8           Entry.hide()
9           Entry.wait_until((count == 1))
10          Entry.show()
11          Entry.wait_for_sec(2)
12          Entry.print_for_sec("안녕! 난 선생님이야.", 1)
13          Entry.print_for_sec("너는 누구니?", 1)
14          Entry.clear_print()
```

· 8행 : 선생님 오브젝트를 보이지 않게 합니다.
· 9행 : 반복 횟수를 나타내는 count 값이 1이 될 때까지 기다립니다. 이때 사용할 수 있는 메소드가 Entry.wait_until(조건)입니다. 이 메소드는 조건이 만족될 때까지 프로그램을 정지시킵니다. 그리고 count == 1이 참이 되면 10행을 실행하여 선생님이 나타나게 합니다.

STEP 05 >>> 신호와 함수 활용하기

엔트리파이선은 오브젝트 중심의 프로그래밍 언어이며, 특정 오브젝트에 포함된 명령어들은 일반적으로 해당 오브젝트에만 영향을 미칩니다. 그런데 게임과 같이 여러 개의 오브젝트를 사용하여 복잡한 프로그램을 만들다 보면 특정 오브젝트에서 일어난 일들이 다른 오브젝트에도 영향을 미쳐야 하는 경우가 종종 발생합니다. 이럴 때 '신호'를 사용합니다. 또한, 엔트리파이선 프로그램을 작성할 때 같은 기능이 반복되면서 상황에 따라 조금씩 달라지게 만들어야 할 경우가 있습니다. 이럴 때 사용하는 것이 '함수'입니다. 복잡한 기능은 함수 내부에 숨겨두고 함수 이름만으로 해당 기능을 쉽게 유추할 수 있기 때문에 프로그램을 간편하게 구성할 수 있습니다.

1 문제 이해하기

신호와 함수로 오브젝트를 제어하는 방법을 익히기 위해 [그림 2–25]와 같이 로켓과 전투기 오브젝트를 이용하여 프로그램을 만들어 봅시다. [▶시작하기] 버튼을 클릭하면 전투기가 좌우로 움직이고, 로켓은 아래쪽 중앙에 위치합니다. Spacebar를 누르면 로켓이 위로 발사되는데, 로켓이 전투기와 부딪치면 '격추'라는 신호와 함께 전투기가 사라집니다. 전투기가 여러 대 나올 경우에는 각각의 오브젝트에 동일한 명령어를 사용하기 위해 함수를 만들어 적용합니다. 이때 매개 변수 값을 달리하면 전투기의 속도를 다르게 하는 등 다양한 변화를 줄 수 있습니다.

그림 2–25 전투기 격추 게임 실행 화면

2 전략 수립하기

서로 다른 오브젝트에 영향을 미치게 하려면 [그림 2–26]과 같이 신호 또는 전역 변수를 활용해야 합니다. 반복적으로 실행되는 기능을 함수로 만들어 두면, 각각의 오브젝트에서 해당 함수를 호출하여 사용할 수 있기 때문에 프로그램의 가독성을 높일 수 있습니다. 이와 같이 오브젝트 간의 정보 교환을 위해 신호, 함수, 전역 변수를 활용하는 프로그램을 작성해 봅시다. 먼저 신호를 보내는 방법과 신호를 받았을 때 처리하는 방법을 배우고, 다음에는 사용자가 함수를 정의한 후 활용하는 방법을 배웁니다. 특히 반복적으로 수행되는 프로그램이 매개 변수에 따라 다르게 작동하는 것을 주의해서 살펴봅니다. 또한, 지역 변수와 전역 변수의 장단점을 이해하고, 올바르게 사용하는 방법도 알아봅니다.

그림 2-26 신호와 함수로 오브젝트 제어하기

③ 문제 해결하기

❶ 신호 활용하기

오브젝트창에서 엔트리봇을 삭제하고, [+ 오브젝트 추가하기] 버튼을 클릭하여 초원(2)를 배경으로 설정합니다. 이어서 로켓과 전투기를 추가하고, 크기를 적당하게 줄여 [그림 2-27]과 같이 배치합니다. 마우스로 오브젝트의 위치나 크기를 조정하기 어려우면, 오브젝트창에서 해당 오브젝트를 선택한 후 속성창에 있는 연필 아이콘(✐)을 클릭하여 원하는 값을 입력합니다.

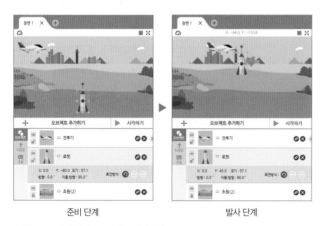

준비 단계　　　　　　　발사 단계

그림 2-27 배경 설정과 오브젝트 배치하기

로켓과 전투기, 초원(2) 배경이 특정 신호를 받았을 때 어떤 동작을 하는지 살펴봅시다. [▶시작하기] 버튼을 클릭하면 로켓은 위치를 (0, −80)으로 이동하고, 전투기는 (−180, 100)의 위치로 이동한 후 오른쪽 벽에 닿을 때까지 오른쪽으로 이동합니다. 전투기가 벽에 닿으면 (−180, 100)으로 이동한 후 벽에 닿을 때까지 오른쪽으로 이동하는 것을 반복합니다. 사용자가 Spacebar 를 누르면 로켓이 위쪽으로 발사되고, 전투기와 부딪칠 경우 '격추' 신호를 보냅니다. 격추 신호를 받은 전투기는 모양을 숨깁니다. 초원(2)에서 R 키를 누르면 프로그램이 처음부터 다시 시작됩니다.

신호	로켓	전투기	초원(2)
[▶시작하기] 버튼을 클릭했을 때	(0, −80)으로 이동	(180, 100)으로 이동한 후 오른쪽 벽에 닿을 때까지 오른쪽으로 이동	
Spacebar 를 눌렀을 때	벽에 닿을 때까지 위쪽으로 이동		
로켓과 전투기가 부딪쳤을 때	'격추' 신호를 보내기		
'격추' 신호를 받았을 때		모양 숨기기	
R 키를 눌렀을 때			프로그램 다시 시작

로켓, 전투기, 초원(2) 오브젝트에 〈예제 2−21〉의 프로그램을 작성한 후 [▶시작하기] 버튼을 클릭하여 실행해 봅시다. Spacebar 를 눌러서 로켓을 발사한 후 프로그램이 어떻게 작동되는지 살펴보고, 엔트리파이선 프로그램의 명령어들이 어떤 역할을 하는지 확인해 봅시다.

예제 2−21 로켓을 발사하여 전투기를 격추하는 게임

오브젝트	엔트리 블록 프로그램	엔트리파이선 프로그램
로켓		``` 5 def when_start(): 6 Entry.set_xy(0, -80) 7 Entry.set_direction(0) 8 9 def when_press_key(space): 10 while not Entry.is_touched("edge_up"): 11 if Entry.is_touched("전투기"): 12 Entry.send_signal("격추") 13 break 14 Entry.move_to_direction(10) 15 Entry.set_xy(0, -80) 16 Entry.set_direction(0) ```

| 전투기 | ![시작하기 버튼을 클릭했을 때 / 이동 방향을 90° (으)로 정하기 / 모양 보이기 / 계속 반복하기 / x: -180 y: 100 위치로 이동하기 / 벽 에 닿았는가? 이 될 때까지 반복하기 / 이동 방향으로 5 만큼 움직이기 / 격추 신호를 받았을 때 / 모양 숨기기] | ```
5    def when_start():
6        Entry.set_direction(90)
7        Entry.show()
8        while True:
9            Entry.set_xy(-180, 100)
10           while not Entry.is_touched("edge"):
11               Entry.move_to_direction(5)
12
13   def when_get_signal("격추"):
14       Entry.hide()
``` |
|---|---|---|
| 초원(2) | ![r 키를 눌렀을 때 / 처음부터 다시 실행하기] | ```
5    def when_press_key(r):
6        Entry.start_again()
``` |

- **로켓의 6행 :** [▶시작하기] 버튼을 클릭하면 로켓은 Entry.set_xy(위치) 메소드에 의해 매개 변수가 지정한 위치인 (0, -80)으로 이동합니다. 엔트리파이선의 좌표 체계는 [그림 2-28]과 같이 정중앙이 (0, 0)입니다. 대략 x축은 가장 왼쪽이 -240, 가장 오른쪽이 240 정도이고, y축은 가장 위쪽이 135, 가장 아래쪽이 -133 정도입니다. 좌표 체계를 확인하려면, 그림 우측 상단에 있는 눈금 표시 아이콘(▦)을 클릭하세요.

그림 2-28 엔트리파이선의 좌표 체계

- **로켓의 7행 :** 로켓에 기본적으로 설정된 이동 방향은 90도이므로 기존 이동 방향으로 움직이게 하면 위로 발사되는 것이 아니라 오른쪽으로 이동합니다. 따라서 로켓의 이동 방향을 변경해야 합니다. 이때 사용되는 메소드는 Entry.set_direction(방향)입니다. Entry.set_direction() 메소드는 0~360도의 값을 매개 변수로 받으며, 이동 방향을 0도로 설정하면 위쪽으로 이동하게 됩니다. 참고로 오른쪽은 90도, 아래쪽은 180도, 왼쪽은 270도입니다.

- **로켓의 9행 :** 키보드의 [Spacebar]를 클릭하면 앤트리파이선에서 기본적으로 발생시키는 이벤트입니다. when_press_key(키) 이벤트는 키보드의 특정 키 값을 매개 변수로 받습니다.

- **로켓의 10행** : 위쪽 벽(edge_up)에 닿을 때까지 11행~14행을 실행합니다. 엔트리파이선은 특정 오브젝트가 좌표계의 가장자리나 마우스 포인터, 다른 오브젝트에 닿았는지 판단하는 `Entry.is_touched(매개변수)` 메소드를 제공합니다. 이 메소드의 매개 변수에는 오브젝트 이름 외에 다음과 같은 값을 받을 수 있습니다.

구분	매개 변수	의미
마우스	mouse_pointer	오브젝트가 마우스 포인터에 닿았는지 판단
벽	edge	오브젝트가 어느 쪽과 상관없이 벽에 닿았는지 판단
	edge_up	오브젝트가 위쪽 벽에 닿았는지 판단
	edge_down	오브젝트가 아래쪽 벽에 닿았는지 판단
	edge_right	오브젝트가 오른쪽 벽에 닿았는지 판단
	edge_left	오브젝트가 왼쪽 벽에 닿았는지 판단

- **로켓의 11행** : `Entry.is_touched( )` 메소드를 이용하여 로켓이 '전투기' 오브젝트에 닿았는지를 확인합니다. 이때 오브젝트 이름은 [그림 2-29]와 같이 오브젝트창에 표기된 이름과 일치하는지 확인해야 합니다.

그림 2-29 오브젝트 이름 확인하기

- **로켓의 12행** : 로켓이 전투기 오브젝트와 부딪치면 '격추'라는 신호를 보냅니다. 이때 사용하는 메소드는 `Entry.send_signal(신호이름)`입니다. 이 메소드는 신호 이름을 매개 변수로 갖게 되며, 이 신호는 모든 오브젝트에 전달됩니다. 각각의 오브젝트에서 해당 신호가 있는지 확인하고, 필요한 신호를 받았을 때에만 원하는 동작을 하도록 프로그램을 작성할 수 있습니다.

- **로켓의 13행** : break 문에 의해 10행의 while not 문을 빠져 나갑니다. 만약 break 문을 생략하면 다음 명령어인 14행이 계속 실행되어 로켓이 전투기를 뚫고 지나가게 됩니다.

- **로켓의 14행** : 로켓이 위쪽 벽이나 전투기에 닿지 않으면 10만큼씩 계속 위쪽으로 이동합니다. `Entry.move_to_direction(거리)` 메소드는 거리를 매개 변수 값으로 받습니다. 오브젝트에 설정된 이동 방향으로 입력된 매개 변수만큼 이동하게 됩니다. 따라서 매개 변수 값이 커질수록 이동 속도가 빨라집니다.

- **로켓의 15행~16행** : 로켓이 위쪽 벽이나 전투기에 닿으면 처음 위치로 이동합니다.

- **전투기의 6행~7행** : 전투기의 이동 방향을 90도로 설정하여 왼쪽에서 오른쪽으로 이동하도록 설정하고, 7행에서 전투기를 보이게 합니다. 일반적으로 오브젝트는 위치나 크기, 색상 등을 원하는 대로 모두 변경한 후 보이게 하는 것이 좋습니다. 6행~7행은 생략해도 프로그램 실행에 지장이 없습니다.

- **전투기의 8행~11행** : 9행에서 전투기의 처음 위치는 (−180, 100)이며 10행~11행에 의해 전투기가 벽에 닿지 않는 한 계속해서 5만큼씩 이동합니다. 전투기가 오른쪽 벽에 닿으면 9행으로 돌아가 처음 위치인 (−180, 100)으로 되돌아갑니다. `Entry.is_touched("edge")`는 벽에 닿으면 True 값을 나타내며, `Entry.is_touched("edge_right")`와 동일한 결과를 나타냅니다. 8행의 while True는 전투기가 왼쪽에서 오른쪽으로 계속 움직일 수 있도록 9행~11행을 무한 반복 실행합니다. 10행의 while not 문은 8행의 while 문 안에 포함되어 있는데, 이러한 반복문을 중첩 반복문이라고 합니다. 전투기가 오른쪽 벽에 닿아 10행의 while not 문이 종료되더라도 8행의 while 문에 의해 또 다시 반복하게 됩니다. 즉, 로켓에 의해 격추되지 않는 한 왼쪽에서 오른쪽으로 무한 반복으로 이동하게 됩니다.

- **전투기의 13행~14행** : 로켓이 전투기와 닿을 때 보낸 '격추' 신호를 받아서 처리합니다. '격추' 신호를 받으면 `Entry.hide()` 메소드를 실행하여 전투기 오브젝트를 보이지 않게 합니다.

- **초원(2)의 5행~6행** : 사용자가 키보드의 Ⓡ 키를 누르면 프로그램을 처음부터 다시 시작합니다. `Entry.start_again()` 메소드는 사용자가 [▶시작하기] 버튼을 누른 것과 같은 효과를 줍니다. 로켓으로 전투기를 격추시킨 후 다시 게임을 시작하려면 Ⓡ 키를 누릅니다.

❷ 함수 활용하기

앞에서 만든 전투기 격추 게임에서 2개 이상의 전투기를 사용하면, 각 전투기에는 거의 동일한 명령어들을 사용하게 됩니다. 이렇게 중복되는 명령어들을 함수로 만들어 봅시다. [그림 2-30]과 같이 전투기 외에 '검은 전투기'를 추가한 후 크기와 위치를 적절하게 조절하고, 전투기 오브젝트의 명령어들을 복사하여 검은 전투기에 붙여 넣습니다. 그리고 프로그램을 실행한 후 결과를 확인해 봅시다.

⟨예제 2-21⟩의 프로그램에 검은 전투기를 추가한 후 ⟨예제 2-22⟩와 같이 전투기의 프로그램을 복사해서 붙여넣기를 한 후 실행하면 검은 전투기는 (−180, 100)으로 이동한 후 더 이상 움직이지 않습니다. 그 이유는 무엇일까요? [▶

그림 2-30 두 번째 전투기 오브젝트 추가하기

시작하기] 버튼을 클릭하면 7행에 제시된 명령어로 검은 전투기가 (−180, 100)에 위치하게 되고, 이미 벽에 닿았으므로 계속 제자리에 머물러 있게 됩니다. 이때 검은 전투기의 크기를 77 이하로 줄이면 왼쪽 벽에 닿지 않게 되어 전투기와 함께 오른쪽으로 움직입니다. 이렇게 동일한 움직임을 만들 때에는 명령어를 그대로 복사하기보다는 함수를 만들어 사용하는 것이 좋습니다.

예제 2-22 추가한 전투기에 적용할 프로그램

오브젝트	엔트리 블록 프로그램	엔트리파이선 프로그램
검은 전투기		``` 5 def when_start(): 6 Entry.set_direction(90) 7 Entry.show() 8 while True: 9 Entry.set_xy(-180, 100) 10 while not Entry.is_touched("edge"): 11 Entry.move_to_direction(5) 12 13 def when_get_signal("격추"): 14 Entry.hide() ```

〈예제 2-23〉과 같이 fly() 함수를 만들어 실행해 봅시다. 전투기와 검은 전투기 모두 (−180, 100)의 위치로 이동한 후 오른쪽으로 이동하는 것을 확인할 수 있습니다. 이때 [Spacebar]를 눌러 로켓을 발사한 후 전투기를 맞추면 두 전투기 모두 사라집니다.

예제 2-23 함수를 이용하여 전투기를 움직이는 프로그램

오브젝트	엔트리 블록 프로그램	엔트리파이선 프로그램
전투기, 검은 전투기		``` 5 def fly(): 6 Entry.set_direction(90) 7 Entry.show() 8 while True: 9 Entry.set_xy(-180, 100) 10 while not Entry.is_touched("edge"): 11 Entry.move_to_direction(5) 12 13 def when_start(): 14 fly() 15 16 def when_get_signal("격추"): 17 Entry.hide() ```

- **전투기와 검은 전투기의 5행~11행** : 매개 변수가 없는 fly( )라는 함수를 정의합니다. 함수를 정의할 때에는 신호와 마찬가지로 "def 함수명"을 사용합니다.

- **전투기와 검은 전투기의 14행** : 함수를 사용할 때는 함수명( )만 쓰면 됩니다.

함수를 이용하여 전투기와 검은 전투기의 이동 방향을 변경하려면 어떻게 해야 할까요? 이렇게 일부 명령만 다를 경우에도 함수의 매개 변수를 통해 구현이 가능합니다. 전투기와 검은 전투기의 이동 방향을 매개 변수로 받아서 6행의 `Entry.set_direction( )` 메소드에 전달해 봅시다.

예제 2-24 각 전투기의 이동 방향을 매개 변수로 전달하는 프로그램

오브젝트	엔트리 블록 프로그램	엔트리파이선 프로그램
| 전투기 | | ```
5    def fly(param1):
6        Entry.set_direction(param1)
7        Entry.show()
8        while True:
9            Entry.set_xy(-180, 100)
10            while not Entry.is_touched("edge"):
11                Entry.move_to_direction(5)
12
13    def when_start():
14        fly(90)
15
16    def when_get_signal("격추"):
17        Entry.hide()
``` |
| 검은 전투기 | | ```
5    def fly(param1):
6        Entry.set_direction(param1)
7        Entry.show()
8        while True:
9            Entry.set_xy(-180, 100)
10            while not Entry.is_touched("edge"):
11                Entry.move_to_direction(5)
12
13    def when_start():
14        fly(270)
15
16    def when_get_signal("격추"):
17        Entry.hide()
``` |

- **전투기와 검은 전투기의 5행** : fly( ) 함수의 매개 변수로 param1을 사용합니다. 사용자가 매개 변수의 이름을 별도로 정하더라도 엔트리파이선은 무조건 첫 번째 매개 변수의 이름을 param1로 변경합니다.

- **전투기와 검은 전투기의 14행** : 이동 방향을 지정하는 매개 변수를 이용하여 전투기는 fly(90)으로, 검은 전투기는 fly(270)으로 설정합니다. 이 프로그램을 실행하면 전투기는 왼쪽에서 오른쪽으로 이동하지만, 검은 전투기는 왼쪽에 고정된 채 움직이질 않습니다. 그 이유는 검은 전투기의 이동 방향이 270도로 설정되어 왼쪽으로 움직이기 때문입니다. 움직이자마자 왼쪽 벽에 닿아 (−180, 100)으로 되돌아가기 때문에 움직임이 없는 것으로 보입니다. 이런 문제를 해결하려면 검은 전투기의 초기 위치를 오른쪽으로 이동해야 합니다.

함수를 이용하여 전투기와 검은 전투기의 이동 방향뿐만 아니라 위치와 속도도 한꺼번에 변경하려면 어떻게 해야 할까요? 엔트리파이선의 함수는 여러 개의 매개 변수를 전달할 수 있습니다.

예제 2-25 이동 방향, 위치, 속도를 매개 변수로 전달하는 프로그램

오브젝트	엔트리 블록 프로그램	엔트리파이선 프로그램
| 전투기 | | ```
5   def fly(param1, param2, param3):
6       Entry.set_direction(param1)
7       Entry.show()
8       while True:
9           Entry.set_xy(param2, 100)
10          while not Entry.is_touched("edge"):
11              Entry.move_to_direction(param3)
12
13  def when_start():
14      fly(90, -180, 5)
15
16  def when_get_signal("격추"):
17      Entry.hide()
``` |
| 검은 전투기 | | ```
5   def fly(param1, param2, param3):
6       Entry.set_direction(param1)
7       Entry.show()
8       while True:
9           Entry.set_xy(param2, 100)
10          while not Entry.is_touched("edge"):
11              Entry.move_to_direction(param3)
12
13  def when_start():
14      fly(270, 180, 10)
15
16  def when_get_signal("격추"):
17      Entry.hide()
``` |

- **전투기와 검은 전투기의 5행** : fly( ) 함수의 매개 변수로 param1, param2, param3을 사용하여 이동 방향과 x좌표의 위치, 이동 속도를 함수에 전달합니다.

- **전투기와 검은 전투기의 14행** : 매개 변수 값을 이용하여 전투기는 이동 방향을 90도로 지정하여 오른쪽으로 이동하게 하고, x좌표를 –180으로 지정하여 화면 왼쪽에 위치하게 하며, 5만큼씩 이동하는 것으로 속도를 조절했습니다. 검은 전투기는 이동 방향을 270도로 지정하여 왼쪽으로 이동하게 하고, x좌표를 180으로 지정하여 화면 오른쪽에 위치하게 하며, 10만큼씩 이동하는 것으로 속도를 조절했습니다.

Q. **함수를 정의하는 것보다 실행하는 명령어가 먼저 나오면 어떻게 될까요?**

엔트리파이선은 1행부터 차례대로 실행되는 인터프리터 언어입니다. 따라서 명령어의 우선순위가 매우 중요합니다. 그런데 <예제 2-25>에서 함수를 정의한 5행~11행의 명령어들이 함수를 실행하는 14행보다 나중에 나오면 어떻게 될까요? 엔트리파이선은 fly()라는 함수가 정의되기 전에 fly() 함수를 호출하면 아래와 같이 '변환 오류'가 발생하여 실행되지 않습니다. 따라서 함수를 사용하기 전에 미리 해당 함수를 정의해 두어야 합니다.

```
변환오류
[일반] : 함수가 변환될 수 없습니다 (line 15)
```

---

❸ 변수의 유효 범위 이해하기

엔트리파이선의 변수는 전역 변수와 지역 변수로 구분할 수 있습니다. 전역 변수는 모든 오브젝트에서 사용할 수 있는 변수로, 특정 오브젝트에서 전역 변수 값을 변경하면 모든 오브젝트에서 변경된 값을 확인할 수 있습니다. 반면 지역 변수는 특정 오브젝트에서만 사용할 수 있으며, 다른 오브젝트에서 접근하면 오류가 발생합니다.

앞에서 작성한 전투기 격추 게임에서 전투기를 맞추면 검은 전투기도 함께 사라지는 문제를 해결하기 위해 전역 변수를 활용해 봅시다. [그림 2-31]과 같이 target이라는 전역 변수를 활용하면 로켓이 어떤 전투기를 닿았는지 그 값을 저장할 수 있고, 격추 신호를 받았을 때 target이 자신의 고유 값과 일치할 경우에만 사라지게 할 수 있습니다. 〈예제 2-26〉과 같이 로켓이 전투기에 닿았을 때 어떤 전투기인지

그림 2-31 전역 변수 활용하기

전역 변수에 저장하고, 해당 전투기에서는 target의 값에 따라 자신을 숨길지 여부를 확인하는 프로그램을 작성해 봅시다.

예제 2-26 전역 변수 활용하기

오브젝트	엔트리 블록 프로그램	엔트리파이선 프로그램
| 로켓 | | ```
05   target = 0
06
07   def when_start():
08       Entry.set_xy(0, -80)
09       Entry.set_direction(0)
10
11   def when_press_key(space):
12       while not Entry.is_touched("edge_up"):
13           if Entry.is_touched("전투기"):
14               target = 1
15               Entry.send_signal("격추")
16               break
17           if Entry.is_touched("검은 전투기"):
18               target = 2
19               Entry.send_signal("격추")
20               break
21           Entry.move_to_direction(10)
22       Entry.set_xy(0, -80)
23       Entry.set_direction(0)
``` |
| 전투기 | | ```
18   def when_get_signal("격추"):
19       if (target == 1):
20           Entry.hide()
``` |
| 검은 전투기 | | ```
18   def when_get_signal("격추"):
19       if (target == 2):
20           Entry.hide()
``` |

- **로켓의 13행~20행** : 로켓이 전투기에 닿으면 target 값을 1로 설정하고, 검은 전투기에 닿으면 target 값을 2로 설정했습니다. 전역 변수의 값을 전투기에 따라 다르게 설정한 후 '격추' 신호를 보내 각각의 전투기에서 처리할 수 있습니다.

- **전투기와 검은 전투기의 18행~20행** : '격추'라는 신호를 받으면, 전투기의 경우 target 값이 1일 때만 자신을 숨기고, 검은 전투기의 경우 target 값이 2일 때만 자신을 숨깁니다. [▶시작하기] 버튼을 클릭하여 실행 결과를 확인해 봅시다.
```

Q. **로켓에 있는 변수 target을 지역 변수로 수정하면 어떻게 될까요?**

변수 tartget을 지역 변수로 만들려면 앞에 self를 붙여 self.target으로 변경합니다. self.target 변수는 전역 변수인 target 변수와는 전혀 다른 변수가 됩니다. 따라서 아래의 15행과 19행에서 self.target의 값을 변경하더라도 target 값은 변경되지 않아 로켓으로 전투기들을 맞혀도 사라지지 않게 됩니다.

오브젝트	엔트리 블록 프로그램
로켓	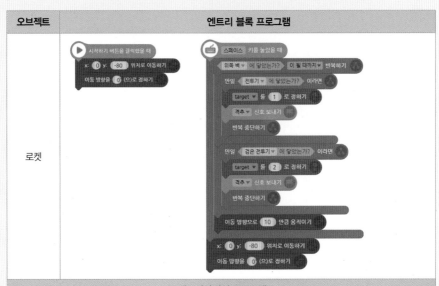

엔트리파이선 프로그램

```
5      target = 0
6      self.target = 0
7
8      def when_start():
9          Entry.set_xy(0, -80)
10         Entry.set_direction(0)
11
12     def when_press_key(space):
13         while not Entry.is_touched("edge_up"):
14             if Entry.is_touched("전투기"):
15                 self.target = 1
16                 Entry.send_signal("격추")
17                 break
18             if Entry.is_touched("검은 전투기"):
19                 self.target = 2
20                 Entry.send_signal("격추")
21                 break
22             Entry.move_to_direction(10)
23         Entry.set_xy(0, -80)
24         Entry.set_direction(0)
```

최초의 계산기는 중국에서 발명된 주판이었습니다. 주판은 기다란 직사각형의 틀에 아래위로 칸을 나누고 가는 철사나 가늘게 깎은 대나무를 꽂아 동글납작한 작은 나무 알이나 뼈로 깎은 알을 꿰어놓은 것입니다. 계산 방법에 따라 다르지만, 일반적으로 위 칸에는 하나의 알을, 아래 칸에는 네 개의 알을 배치한 후 위의 알은 한 개를 다섯으로 치고, 아래 알은 하나로 쳐서 십진법에 따라 덧셈과 뺄셈 등을 합니다. 기원 전 500년경부터 사용된 주판은 20세기 말까지 다양한 용도로 사용되어 왔지만, 전자계산기와 컴퓨터가 일상화된 요즘은 거의 찾아보기 어렵습니다.

서양에서는 17세기 무렵부터 기계식 계산기가 사용되기 시작했으며, 좀 더 빠르고 정확하게 계산하는 기계를 만들기 위한 다양한 시도가 이어졌습니다. 영국의 수학자 찰스 배비지가 1822년에 만든 차분기관의 모형과 1830년에 만든 해석기관의 모형도 이런 노력의 일환이었습니다. 그리고 그 과정에서 오늘날 컴퓨터의 기초가 마련되었습니다. 요즘의 컴퓨터는 거의 사용되지 않는 분야가 없을 만큼 광범위하게 쓰이고 있지만, 이처럼 초창기에는 계산을 빠르게 수행하는 기기, 즉 계산기를 의미했습니다. '컴퓨터(computer)'의 어원이 '계산하다(compute)'에서 비롯되었다는 것만 보더라도 컴퓨터의 조상이 어떤 용도로 사용되었는지 짐작할 수 있겠죠?

고대 중국에서 발명된 주판

배비지의 디자인을 토대로 만들어진
차분기관 2호

계산뿐만 아니라 거의 모든 분야에서
사용되고 있는 현대의 컴퓨터

이번 단원에서는 계산기 프로그램을 만들어 보겠습니다. 더하기, 빼기, 곱하기, 나누기와 같은 기본적인 사칙연산을 하고, 주어진 데이터의 합계와 평균을 구하며, 좀 더 나아가 시그마와 팩토리얼까지 선택해서 계산할 수 있는 꽤 훌륭한 계산기입니다. 컴퓨터의 시작이 단순한 기계식 계산기였듯이 이번 시간에 만든 계산기 프로그램이 여러분의 무한한 창의력을 끌어내는 출발점이 되기를 바랍니다.

계산기
프로그램

01 >>> 사칙연산 구하기

사칙연산이란 덧셈, 뺄셈, 곱셈, 나눗셈을 이용하여 하는 셈을 말합니다. 사칙연산을 하려면 계산할 숫자와 연산자가 있어야 합니다. 가장 기본적인 연산이라 연필과 종이만 있어도 얼마든지 계산할 수 있지만, 프로그램으로 작성해 두면 좀 더 쉽게 결과 값을 구할 수 있습니다.

1 문제 이해하기

사칙연산을 위해 연산자의 종류를 알아보고, 연산자에 따라 결과 값을 저장하여 화면에 출력하여 보여줍니다. 사칙연산 기호인 더하기, 빼기, 곱하기, 나누기 기호 중 하나를 선택한 후 키보드로 두 개의 수를 입력 받아 사칙연산 결과 값을 구하는 코드를 작성해 보겠습니다.

2 전략 수립하기

2개의 정수를 입력 받아 덧셈, 뺄셈, 곱셈, 나눗셈을 처리하는 과정은 다음과 같습니다.

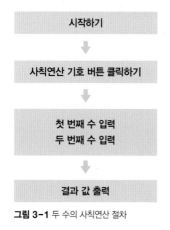

시작하기
↓
사칙연산 기호 버튼 클릭하기
↓
첫 번째 수 입력
두 번째 수 입력
↓
결과 값 출력

그림 3-1 두 수의 사칙연산 절차

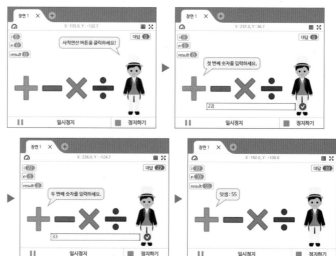

그림 3-2 두 수의 사칙연산 실행 화면(덧셈의 예)

③ 문제 해결하기

오브젝트창에서 엔트리봇을 삭제하고, [+ 오브젝트 추가하기] 버튼을 클릭하여 선생님 역할을 맡을 오브젝트와 사칙연산 기호 4개의 오브젝트를 추가합니다. 오브젝트를 배치할 때는 말풍선이 들어갈 공간을 고려해서 적당한 위치에 끌어다 놓으세요.

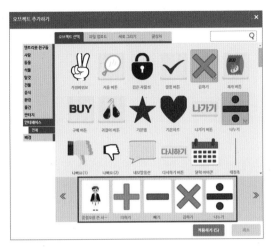
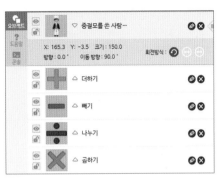

그림 3-3 사칙연산을 실행하기 위한 오브젝트 추가

이번에는 변수를 추가해 보겠습니다. [속성] → [변수] → [+ 변수 추가] 버튼을 클릭한 후 변수명을 입력하면 변수가 생성됩니다. 첫 번째 숫자를 저장할 변수 i와 두 번째 숫자를 저장할 변수 n, 결과 값을 저장할 변수 result를 생성합니다.

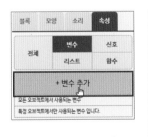

그림 3-4 변수 i, n, result 추가

예제 3-1 사칙연산 계산기 프로그램

오브젝트	엔트리 블록 프로그램
중절모를 쓴 사람…	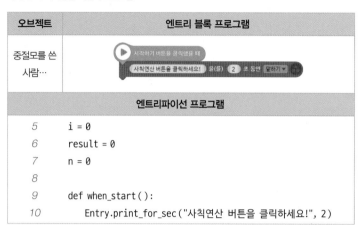

엔트리파이선 프로그램	
5	`i = 0`
6	`result = 0`
7	`n = 0`
8	
9	`def when_start():`
10	`    Entry.print_for_sec("사칙연산 버튼을 클릭하세요!", 2)`

- **9행~10행** : [▶시작하기]를 클릭했을 때 명령어가 실행되도록 `def when_start():` 명령어를 사용합니다. [▶시작하기] 버튼을 누르면, "사칙연산 버튼을 클릭하세요!"라는 안내 메시지를 2초 동안 출력합니다.

오브젝트	엔트리 블록 프로그램
더하기	(엔트리 블록 이미지)

엔트리파이선 프로그램	
5	`i = 0`
6	`result = 0`
7	`n = 0`
8	
9	`def when_click_object_on():`
10	`    result = 0`
11	`    Entry.input("첫 번째 숫자를 입력하세요.")`
12	`    i = Entry.answer()`
13	`    Entry.input("두 번째 숫자를 입력하세요.")`
14	`    n = Entry.answer()`
15	`    result = (i + n)`
16	`    Entry.print_for_sec(("덧셈 : " + result), 2)`

- **9행 :** 더하기 오브젝트를 클릭했을 때 아래 명령어를 실행하도록 합니다.

- **10행 :** 결과 값을 저장하는 result는 공통으로 사용하는 변수이므로 시작할 때마다 초기화합니다.

- **11행~12행 :** 첫 번째 숫자를 입력 받아 변수 i에 저장합니다.

- **13행~14행 :** 두 번째 숫자를 입력 받아 변수 n에 저장합니다.

- **15행 :** 변수 i와 변수 n에 저장된 두 수를 더하여 결과 값을 변수 result에 저장합니다.

- **16행 :** 변수 result에 저장된 값을 화면에 출력합니다.

더하기 오브젝트의 전체 코드를 복사하여 빼기, 곱하기, 나누기 오브젝트에 각각 붙여넣기한 후 15행의 연산 기호와 16행의 텍스트를 수정하면 두 수의 사칙연산 계산기 프로그램이 완성됩니다.

[▶시작하기] 버튼을 클릭해서 코드가 제대로 동작하는지 확인해 보세요.

Q. **10행에서 변수 result를 초기화하지 않으면 어떻게 되나요?**

전역 변수의 경우 여러 오브젝트에서 공통으로 사용됩니다. 따라서 프로그램을 새로 시작할 때 변수 result를 초기화하지 않으면 앞에서 저장한 다른 결과 값이 남아 원하는 계산 결과를 출력할 수 없게 됩니다.

STEP 02 >>> 이어지는 숫자의 합계와 평균 구하기

앞에서 더하기, 빼기, 곱하기, 나누기의 사칙연산을 구하는 프로그램을 작성해 봤습니다. 그런데 좀 더 나아가서 원하는 범위 내의 숫자를 모두 더하거나 평균을 구할 수 있는 방법은 없을까요? 물론 하나하나의 값을 모두 더하면 되겠지만, 그보다는 자동으로 계산해 주는 프로그램을 만들어 보는 게 어떨까요?

1 문제 이해하기

1부터 10까지의 숫자를 모두 더하면? 물론 1+2+3+4+5+6+7+8+9+10을 계산하면 55라는 숫자가 나오는 걸 금방 알 수 있습니다. 하지만 1부터 1,000까지의 숫자를 모두 더해야 한다면 어떻게 해야 할까요? 시간이 많다면 1부터 차근차근 더해 볼 수도 있고, 머리가 좋은 사람은 그럴듯한 수학 공식을 짜서 쉽게 계산해 내는 방법을 찾을 수도 있겠지만, 우리는 컴퓨터에게 대신 계산을 시키는 방법에 대해서 알아봅시다.

2 전략 수립하기

사용자가 연산을 시작할 숫자와 마지막 숫자를 입력하면, 시작할 숫자와 그 숫자에 1을 더한 숫자를 더하고, 또 그 숫자에 1을 더한 숫자를 더하고… 이런 식으로 계속해서 1씩 늘려가면서 마지막 숫자가 될 때까지 차례대로 더하면 합계를 구할 수 있습니다. 합계를 구한 후 더하기를 반복한 횟수로 나누면 평균을 구할 수 있습니다. 두 개의 정수를 입력 받아 앞의 숫자부터 뒤의 숫자까지의 모든 정수를 더하거나 평균을 구하는 과정은 다음과 같습니다.

그림 3-5 이어지는 숫자의 합계와 평균 구하기 절차

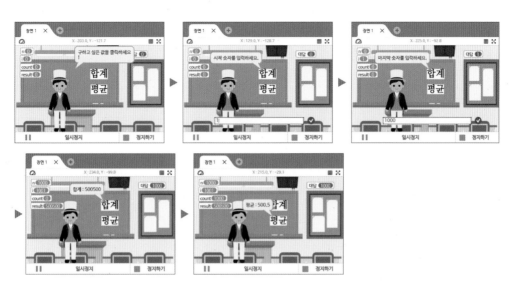

그림 3-6 이어지는 숫자의 합계와 평균 구하기 실행 화면

③ 문제 해결하기

[+ 오브젝트 추가하기] 버튼을 클릭하여 배경으로 사용할 '교실' 오브젝트를 가져 옵니다. 이어서 선생님으로 사용할 '중절모를 쓴 사람…' 오브젝트를 가져 오고, 글상자 탭을 클릭하여 '합계'와 '평균' 글상자를 생성합니다.

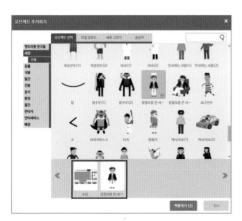

그림 3-7 프로그램에 사용할 오브젝트 추가

앞에서 만들었던 변수 i, n, result를 동일하게 생성하고, 더한 횟수를 저장할 변수 count를 추가합니다.

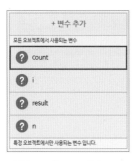

그림 3-8 변수 count 추가

원하는 범위 내의 숫자를 모두 더하거나 평균을 구하는 코드는 다음과 같습니다.

예제 3-2 이어지는 숫자의 합계와 평균 구하는 프로그램

오브젝트	엔트리 블록 프로그램
중절모를 쓴 사람…	▶ 시작하기 버튼을 클릭했을 때 구하고 싶은 값을 클릭하세요! 을(를) 2 초 동안 말하기 ▼
엔트리파이선 프로그램	

```
5       n = 0
6       result = 0
7       i = 0
8       count = 0
9
10      def when_start():
11          Entry.print_for_sec("구하고 싶은 값을 클릭하세요!", 2)
```

- **5행~8행** : 시작 숫자를 저장할 변수 i와 마지막 숫자를 저장할 변수 n, 연산 결과를 저장할 변수 result, 더한 횟수를 저장할 변수 count를 선언하고 초기화합니다.

- **10행~11행** : [▶시작하기] 버튼을 누르면, "구하고 싶은 값을 클릭하세요!"라는 안내 메시지를 2초 동안 출력합니다.

오브젝트	엔트리 블록 프로그램
합계	

엔트리파이선 프로그램

```
 5    n = 0
 6    result = 0
 7    i = 0
 8    count = 0
 9
10    def when_click_object_on():
11        result = 0
12        Entry.input("시작 숫자를 입력하세요.")
13        i = Entry.answer()
14        Entry.input("마지막 숫자를 입력하세요.")
15        n = Entry.answer()
16        while (i <= n):
17            result = (result + i)
18            i += 1
19        Entry.print_for_sec(("합계 : " + result), 4)
```

- **12행~15행** : 시작할 숫자와 마지막 숫자를 입력받아 각각 변수 i와 변수 n에 저장합니다.

- **16행~18행** : i가 n보다 커지기 전까지 17행~18행을 계속 반복합니다. result 값은 11행에서 0 으로 초기화되었으며, 여기에 시작 숫자를 더해 result 값은 시작 숫자가 됩니다. i는 반복할 때마 다 1씩 더해지고, 이 더해진 숫자가 결과 값에 계속 저장됩니다.

- **19행** : i부터 n까지의 정수를 모두 더한 결과 값을 4초 동안 출력합니다.

오브젝트	엔트리 블록 프로그램
평균	

엔트리파이선 프로그램

```
5      n = 0
6      result = 0
7      i = 0
8      count = 0
9
10     def when_click_object_on():
11         count = 0
12         result = 0
13         Entry.input("시작 숫자를 입력하세요.")
14         i = Entry.answer()
15         Entry.input("마지막 숫자를 입력하세요.")
16         n = Entry.answer()
17         while (i <= n):
18             result = (result + i)
19             i += 1
20             count += 1
21         Entry.print_for_sec(("평균 : " + (result / count)), 4)
```

- **11행, 20행** : 평균은 전체 데이터의 합계를 데이터의 개수로 나눈 값입니다. 따라서 평균값을 구하려면 모두 몇 번 더했는지 횟수를 알아야 합니다. 이를 위해 별도로 변수 count를 선언하고, 반복할 때마다 값을 1씩 증가시킵니다.

- **21행** : i부터 n까지의 정수를 모두 더한 합계를 더한 횟수로 나누어 평균값을 구하고, 이를 4초 동안 출력합니다.

STEP
03 >>> 연산자 선택하여
계산하기

지금까지 사칙연산을 계산하고, 합계와 평균을 구하는 프로그램을 만들었습니다. 두 수를 입력하여 자동으로 계산하는 과정을 이해하였다면, 연산자를 선택하는 조건문 프로그램도 쉽게 완성할 수 있습니다. 이번에는 연산자를 선택하여 이어지는 숫자를 자동으로 더하거나 곱해 주는 프로그램을 만들어 보겠습니다.

① 문제 이해하기

제어 구조에는 선택 구조와 반복 구조가 있습니다. 앞에서 연속된 값을 계산하기 위해 사용한 것이 반복 구조입니다. 이번에는 선택 구조를 활용하여 "+"와 "*" 중 어떤 연산자를 선택하느냐에 따라 다른 연산 결과를 출력하는 프로그램을 만들어 봅시다.

② 전략 수립하기

사용자가 연산을 시작할 숫자와 마지막 숫자를 입력한 후 + 또는 *를 선택하면, 시작할 숫자부터 계속해서 1씩 늘려가면서 마지막 숫자가 될 때까지 차례대로 더하거나 곱하여 값을 구합니다. 두 개의 정수를 입력 받아 앞의 숫자부터 뒤의 숫자까지의 모든 정수를 더하거나 곱하는 과정은 다음과 같습니다.

```
    시작하기
       ↓
시작 숫자와 마지막 숫자 입력
       ↓
  + 또는 * 연산자 중
   하나 선택하기
       ↓
   결과 값 출력
```

그림 3-9 연산자 선택하여 계산하기 절차

그림 3-10 연산자 선택하여 계산하기 실행 화면

③ 문제 해결하기

앞에서 사용한 '교실' 배경과 '중절모를 쓴 사람…' 오브젝트를 가져옵니다. 추가로 글상자 탭을 클릭하여 '연산자 선택' 글상자를 생성합니다.

그림 3-11 글상자 생성하기

매번 오브젝트를 가져오기 번거로우면 앞에서 작성한 프로그램을 복제해서 사용할 수도 있습니다. 장면의 이름 부분을 마우스 오른쪽 버튼으로 클릭하여 '복제하기'를 선택하면 새로운 장면이 추가됩니다. 이때 배경과 오브젝트뿐만 아니라 코드까지 그대로 복사되기 때문에 필요한 부분만 수정하여 쉽게 코딩할 수 있습니다.

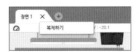

그림 3-12 장면 복제하기

오브젝트	엔트리 블록 프로그램
중절모를 쓴 사람…	

엔트리파이선 프로그램

```
5    n = 0
6    result = 0
7    i = 0
8
9    def when_start():
10       result = 0
11       Entry.input("시작 숫자를 입력하세요.")
12       i = Entry.answer()
13       Entry.input("마지막 숫자를 입력하세요.")
14       n = Entry.answer()
15       Entry.input("계산할 연산자(+ 또는 *)를 입력하세요.")
16       if (Entry.answer() == "+"):
17           while (i <= n):
18               result = (result + i)
19               i += 1
20       if (Entry.answer() == "*"):
21           result = 1
22           while (i <= n):
23               result = (result * i)
24               i += 1
25       Entry.print_for_sec(("결과 : " + result), 4)
```

- **15행** : 키보드로 연산자 ＋와 ＊ 중 하나를 선택하여 입력하도록 합니다.

- **16행~19행** : "＋"를 선택했을 경우 i부터 n까지의 정수를 모두 더해 변수 result에 저장합니다.

- **20행~24행** : "＊"를 선택했을 경우 i부터 n까지의 정수를 모두 곱해 변수 result에 저장합니다. 곱할 때는 변수 result를 0으로 초기화시키면 결과 값이 0이 되기 때문에 21행과 같이 1로 초기화시켜 주어야 합니다.

: Σ(시그마)와 !(팩토리얼)

컴퓨터를 활용하면 복잡한 계산도 쉽고 빠르게 할 수 있지만, 무조건 컴퓨터에게 맡긴다고 모든 문제가 해결되는 것은 아닙니다. 컴퓨터를 좀 더 효율적으로 사용하려면 탄탄한 수학 능력이 밑바탕에 깔려 있어야 합니다. 앞에서 프로그램으로 작성한 내용들 역시 수학이라는 학문에 바탕을 둔 것입니다. 어떤 내용인지 살펴볼까요?

Σ는 그리스어의 알파벳 중 열여덟번 째 글자로 영어의 s에 해당하며, 수학에서는 sum(합계)의 의미를 나타내는 기호입니다. 예를 들어 '1부터 n까지 이어지는 정수의 합계를 계산하는 수식'은 아래와 같이 표현합니다.

$$\sum_{k=1}^{n} k = 1 + 2 + 3 + \cdots + n = \frac{n(n+1)}{2}$$

그런데 맨 끝에 있는 식은 뭘 의미하는 걸까요? 1부터 100까지 차례대로 더한 값을 계산하려면 1+2+3+⋯+98+99+100을 하나하나 더해야 합니다. 그런데 좀 더 쉽게 계산할 수 있는 수학 공식이 있습니다. 1부터 100까지 씌어져 있는 카드가 두 벌 있다고 생각해 보세요. 1과 100을 묶으면 101, 2와 99를 묶으면 101, 3과 98을 묶어도 101이므로, 카드 두 벌을 모두 묶으면 101짜리 묶음이 100개 모입니다. 이제 모든 숫자를 다 더했을 때의 값을 쉽게 계산할 수 있겠죠? 101*100=10,100입니다. 이 합계는 두 벌의 카드에 표기된 숫자를 더한 것이니, 카드 한 벌을 더한 것만 계산하면 10,100/2=5,050이 됩니다. 1부터 100까지 다 더하는 것과 100*(100+1)/2로 한 번에 계산하는 것과 어느 것이 빠를까요?

한편 1부터 차례대로 n까지 곱할 때는 ! 기호를 사용해서 'n!' 이라고 표기하고 'n계승'이라고 읽습니다. 여기서 ! 기호의 이름은 '팩토리얼'입니다. 예를 들어 5! = 1×2×3×4×5 = 120입니다. 참고로 0!은 계산이 불가능하지만, 1로 약속해서 사용합니다.

독일의 천재적인 수학자 가우스(1777~1798)는 어렸을 때 선생님이 "1부터 100까지의 숫자를 모두 더하면 얼마인가?"라고 질문하자 바로 5050이라는 답을 제출했습니다. 그때 가우스가 사용한 방법이 바로 위와 같은 수식이었답니다. 생각해 보면 참 쉬운데, 물론 처음 생각해 내는 게 어려운 일이겠죠?

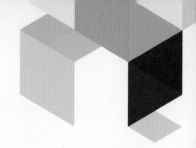

패턴(pattern)은 프랑스어 patron에서 유래한 것으로, 되풀이되는 사건이나 물체의 형태를 가리킵니다. 이러한 요소들은 예측 가능한 방식으로 되풀이됩니다.

우리나라 조상들은 반복되는 도형을 이용하여 아름다운 문양을 만들었고, 아랍의 건축가들은 반복되는 도형의 패턴으로 건물의 안팎을 화려하게 장식했습니다. 이렇게 반복되는 도형으로 만들어진 패턴은 보기에 화려하고 아름답지만, 사람이 하나하나 직접 그리려면 많은 시간이 걸립니다. 예전에는 다른 방법이 없어서 손으로 직접 그릴 수밖에 없었지만, 이제 컴퓨터를 이용하면 아무리 복잡한 반복 도형이라도 빠르고 정확하게 그릴 수 있습니다.

아래 그림은 중국의 컴퓨터과학자 페이창 워양과 펑 딘, 산창 왕이 만든 컴퓨터 그래픽 작품입니다. 이 과학자들은 복잡한 함수를 이용하여 정다각형 작품을 만들었습니다.

다양한 패턴 디자인의 예

이번 단원에서는 다양한 도형으로 패턴을 만드는 프로그램을 만들어 보겠습니다. 먼저 삼각형 또는 사각형을 그려 보고, 정삼각형을 여러 번 반복하여 패턴을 만들어 본 후 다양한 도형으로 패턴을 디자인하는 프로그램을 만들어 보겠습니다. 도형의 모양과 반복 횟수 등에 따라 패턴이 어떻게 달라지는지 살펴보세요.

반복되는
도형으로
패턴 그리기

STEP
01 >>> 정다각형 그리기

정다각형은 모든 변의 길이가 같고, 모든 각의 크기가 같으며, 각각의 변이 자기 자신과 교차하지 않는 다각형을 말합니다. 정다각형의 한 꼭짓점에서 이웃하는 두 변으로 이루어지는 각을 내각이라고 합니다. 쉽게 말하면 정다각형 안쪽에 있는 각을 말하죠. 정다각형의 경우 이 내각의 크기가 모두 같습니다.

1 문제 이해하기

먼저 정팔각형을 그려 볼까요? 정삼각형이나 정사각형, 정육각형까지는 각도기와 자를 이용해서 비교적 쉽게 그릴 수 있습니다. 그런데 정팔각형을 그리려면 조금 막막해지죠. 정팔각형의 한 내각의 크기가 얼마인지 모르기 때문입니다. 사실 내각의 크기를 안다고 해도 8번이나 각도를 재야하기 때문에 정확하게 그리는 것이 쉽지 않습니다. 만약 정십오각형, 정삼십각형을 그리려면 어떻게 해야 할까요? 직접 그려보지 않아서 모르겠지만, 훨씬 더 어려울 것 같습니다. 그런데 이 어려운 일을 컴퓨터에게 시키면 쉽게 해결해 냅니다. 정다각형의 특성을 이해하고, 이를 이용하여 정다각형을 그리는 프로그램을 작성해 봅시다.

2 전략 수립하기

프로그램을 실행하면 몇 각형의 도형을 그릴지 묻는 말풍선이 나옵니다. 키보드로 원하는 숫자를 입력하면 연필이 해당 정다각형을 그립니다.

그림 4-1 정다각형 그리기 절차

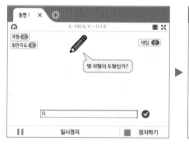 

그림 4-2 정다각형 그리기 실행 화면

③ 문제 해결하기

오브젝트창에서 엔트리봇을 삭제하고, [+ 오브젝트 추가하기] 버튼을 클릭하여 연필(1) 오브젝트를 추가합니다. 오브젝트창에서 크기를 수정하고, 중심점을 연필 끝으로 이동합니다.

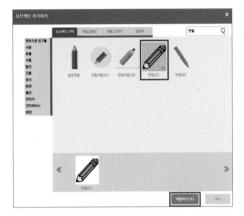

그림 4-3 연필(1) 오브젝트 추가하기

이제 변수를 추가해 보겠습니다. 메뉴의 [속성] 탭을 클릭하고 [변수]를 선택한 후 [+ 변수 추가] 버튼을 누르세요. 변수명에 각각 '각형'과 '회전각도'를 입력하면 해당 변수가 생성됩니다.

예제 4-1 정다각형 그리기 프로그램

오브젝트	엔트리 블록 프로그램	엔트리파이선 프로그램

연필(1)	시작하기 버튼을 클릭했을 때
	모든 붓 지우기
	몇 각형의 도형인가? 을(를) 묻고 대답 기다리기
	각형▼ 를 대답 로 정하기
	회전각도▼ 를 (360 / 각형▼ 값) 로 정하기
	그리기 시작하기
	각형▼ 값 번 반복하기
	이동 방향으로 50 만큼 움직이기
	방향을 회전각도▼ 값 만큼 회전하기
		```5 각형 = 0```
		 ```6 회전각도 = 0```
		 ```7```
		 ```8 def when_start():```
		 ```9 Entry.clear_drawing()```
		 ```10 Entry.input("몇 각형의 도형인가?")```
		 ```11 각형 = Entry.answer()```
		 ```12 회전각도 = (360 / 각형)```
		 ```13 Entry.start_drawing()```
		 ```14 for i in range(각형):```
		 ```15 Entry.move_to_direction(50)```
		 ```16 Entry.add_rotation(회전각도)```

• **9행** : 화면에 새로운 도형을 그리기 위해 기존 그림을 지웁니다.

• **10행~11행** : 사용자로부터 몇 각형을 그릴지 숫자를 입력받아 변수 각형에 저장합니다.

- **12행** : (360 / 각형)을 구하여 변수 회전각도에 저장합니다.

- **13행** : 그리기를 시작하는 명령어입니다. 이 명령어가 없으면 화면에 이동경로가 표시되지 않아 그려진 모습이 보이지 않습니다.

- **14행~16행** : 15행과 16행을 변수 각형만큼 반복합니다. 15행은 이동 방향으로 50만큼 움직이라 는 명령어입니다. 매개 변수 값에 따라 이동거리를 조절할 수 있습니다. 만약 50 대신 100을 넣 으면 이동 방향으로 100만큼 움직이게 됩니다. 16행은 360을 각형으로 나눈 만큼의 각도로 이동 방향을 변경합니다. 이를 각형 번 반복하면 정다각형이 그려집니다.

Q. 이동 방향은 왜 (360/각형)일까요?

1. 정다각형은 모든 변의 길이와 내각이 동일합니다.

2. 정n각형의 내각의 합은 180*(n-2)입니다.
   예) 정삼각형 180도, 정사각형 360도, 정오각형 540도, 정육각형 720도, …

3. 정다각형은 내각의 크기가 동일하므로 한 내각의 크기는 $\frac{180*(n-2)}{n}$ 입니다.

정삼각형

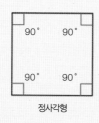
정사각형

정오각형

정육각형

4. 이동 방향은 (180 - 내각)입니다.

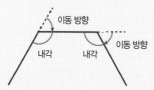

5. 위에서 구한 한 내각의 크기를 대입하면 $180-\frac{180*(n-2)}{n} = \frac{180n-180n+360}{n} = \frac{360}{n}$ 이 됩니다.

STEP 02 >>> 정다각형으로 패턴 그리기

앞에서 정다각형을 그리는 프로그램을 만들어 보았습니다. 그런데 이런 삼각형이나 사각형을 조금씩 회전시키면서 연속으로 그리면 어떤 모양이 나올까요? 이번 시간에는 정삼각형으로 다양한 패턴을 그리는 프로그램을 만들어 봅시다.

1 문제 이해하기

정삼각형을 규칙적으로 조금씩 회전시키면서 연속으로 배치하면 다양한 패턴을 그릴 수 있습니다. 이런 원리를 이용하여 다양한 패턴을 그리는 프로그램을 만들어 봅시다.

 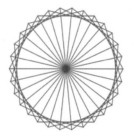

그림 4-4 정삼각형으로 표현한 다양한 패턴

2 전략 수립하기

사용자가 도형의 이동 각도를 입력하면 삼각형을 그린 후 그 이동 각도만큼 회전해서 또 삼각형을 그립니다. 몇 번 회전하면 동그란 패턴을 만들 수 있는지 알아내기 위해 (360°/이동 각도)를 계산하여 반복 횟수로 지정해 줍니다. 이동 각도를 작게 입력할수록 좀 더 촘촘한 패턴이 그려지는 것을 확인할 수 있습니다.

시작하기

↓

회전 각도 입력받기

↓

반복 횟수 계산하기

↓

패턴 그리기

그림 4-5 정삼각형으로 패턴 그리기 절차

그림 4-6 정삼각형으로 패턴 그리기 실행 화면

③ 문제 해결하기

오브젝트창에서 엔트리봇을 삭제하고, [+ 오브젝트 추가하기] 버튼을 클릭하여 연필(1) 오브젝트를 추가합니다. 오브젝트에서 크기를 수정하고 중심점을 연필 끝으로 이동합니다. 기존 장면을 복사해서 사용할 수도 있습니다.

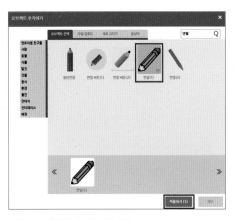

그림 4-7 연필(1) 오브젝트 추가하기

다음으로 변수를 추가합니다. 메뉴의 [속성] 탭을 클릭하고 [변수]를 선택한 후 [+ 변수 추가] 버튼을 누르세요. 기존에 다각형을 그리기 위해 사용했던 변수 '각형'과 '회전각도'에 추가로 '이동각도'와 '반복횟수'를 생성합니다.

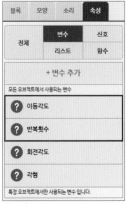

그림 4-8 변수 추가하기

오브젝트	엔트리 블록 프로그램	엔트리파이선 프로그램
연필(1)		5　　각형 = 0 6　　회전각도 = 0 7　　반복횟수 = 0 8　　이동각도 = 0 9 10　 def when_start(): 11　　　 Entry.clear_drawing() 12　　　 각형 = 3 13　　　 회전각도 = (360 / 각형) 14　　　 Entry.input("도형의 이동 각도는?") 15　　　 이동각도 = Entry.answer() 16　　　 반복횟수 = (360 / 이동각도) 17　　　 Entry.start_drawing() 18　　　 for i in range(반복횟수): 19　　　　　 for j in range(각형): 20　　　　　　　 Entry.move_to_direction(50) 21　　　　　　　 Entry.add_rotation(회전각도) 22　　　　　 Entry.add_rotation(이동각도)

- **11행** : 화면에 새로운 패턴을 그리기 위해 기존 그림을 지웁니다.

- **12행~13행** : 정삼각형을 그리기 위해 변수 각형에 3을 저장합니다. 변수 회전각도에는 120이 저장됩니다.

- **14행~16행** : 사용자로부터 이동 각도를 입력받아 변수 이동각도에 저장합니다. 동그란 모양의 패턴을 그리기 위해 (360/이동각도)를 계산하여 변수 반복횟수에 저장합니다.

- **17행** : 그리기 시작합니다.

- **18행~22행** : 중첩 반복 구조로 삼각형을 반복하여 그립니다. 19행의 `for j in range(각형):`은 20행~21행을 세 번 반복하여 한 변의 길이가 50인 정삼각형을 그립니다. 18행의 `for i in range(반복횟수):`는 삼각형을 (360/이동각도)만큼 반복해서 그리겠다는 의미입니다. 삼각형을 그릴 때마다 각도가 '이동각도'만큼 회전합니다.

Q. 정사각형으로 패턴을 그리려면 어떻게 해야 하나요?

정사각형으로 패턴을 만들려면 12행에서 변수 각형의 값을 '4'로 수정하면 됩니다. 마찬가지로 원하는 숫자를 입력하면 그 숫자에 해당하는 다각형으로 패턴을 만들 수 있습니다. 좀 더 큰 패턴을 만들고 싶다면 20행의 매개 변수 값을 50보다 큰 값으로 입력하세요.

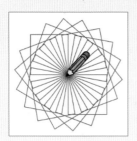 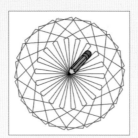 

STEP
03 >>> 다양하고 화려한 패턴 그리기

지금까지 정다각형을 반복해서 그려 패턴 모양을 만드는 프로그램을 만들어 봤습니다. 정다각형이 아닌 다른 형태를 사용하고 색이나 길이 등에 변화를 주면 좀 더 다양하고 화려한 패턴을 표현할 수 있습니다.

1 문제 이해하기

이번에는 반복할 때마다 크기와 색을 바꿔 화려한 형태의 패턴을 만들어 보겠습니다. 원을 사용하여 패턴을 만드는 것도 시도해 봅시다. 그밖에 회전 각도를 다르게 하거나 크기를 다르게 하여 반복하면 좀 더 역동적인 모양의 패턴을 만들 수 있습니다.

2 전략 수립하기

패턴의 모양은 다르더라도, 중첩 반복문을 사용하는 원리는 비슷합니다. 먼저 도형 하나를 그린 후 각도와 길이, 색 등을 달리하여 여러 번 그리면 다양한 모양의 패턴이 만들어집니다.

시작하기

↓

도형의 길이 입력

↓

반복 횟수 정하기

↓

도형 그리기

↓

도형의 색, 크기, 방향 등 수정

↓

패턴 출력하기

그림 4-9 다양한 모양의 패턴 그리기 절차

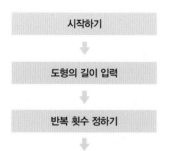
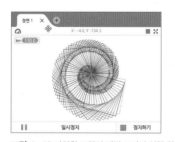

그림 4-10 다양한 모양의 패턴 그리기 실행 화면

③ 문제 해결하기

오브젝트창에서 엔트리봇을 삭제하고, [+ 오브젝트 추가하기] 버튼을 클릭하여 연필(1) 오브젝트를 추가합니다. 오브젝트 크기를 수정하고 중심점을 연필 끝으로 이동합니다. 앞에서 만들었던 장면을 복사해서 사용할 수도 있습니다.

먼저 사각형을 이용하여 패턴을 만들어 봅시다. 이번에는 사각형을 그릴 때마다 크기와 색이 달라지게 하여 좀 더 화려하게 만들어 보겠습니다. 한 변의 길이, 즉 이동 길이를 저장할 변수 len을 추가하세요.

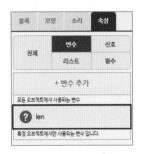

그림 4-11 변수 추가하기

예제 4-2 색과 크기가 다른 사각형으로 패턴 그리기 프로그램

오브젝트	엔트리 블록 프로그램	엔트리파이선 프로그램

연필(1)	시작하기 버튼을 클릭했을 때
	len▼ 를 10 로 정하기
	그리기 시작하기
	125 번 반복하기
	붓의 색을 무작위로 정하기
	4 번 반복하기
	이동 방향으로 len▼ 값 만큼 움직이기
	방향을 -90 만큼 회전하기
	len▼ 에 0.8 만큼 더하기
	방향을 -5 만큼 회전하기
	그리기 멈추기
	
	시작하기 버튼을 클릭했을 때
	모양 숨기기
		`5    len = 0`
		`6`
		`7    def when_start():`
		`8        len = 10`
		`9        Entry.start_drawing()`
		`10       for i in range(125):`
		`11           Entry.set_brush_color_to_random()`
		`12           for j in range(4):`
		`13               Entry.move_to_direction(len)`
		`14               Entry.add_rotation(-90)`
		`15           len += 0.8`
		`16           Entry.add_rotation(-5)`
		`17       Entry.stop_drawing()`
		`18`
		`19   def when_start():`
		`20       Entry.hide()`

- **8행~9행** : 변수 len을 10으로 초기화한 후 Entry.start_drawing( ) 명령어로 그리기 시작합니다.

- **10행** : 11행~16행을 125번 반복합니다.

- **11행** : 그려지는 선의 색을 무작위로 바꿔 줍니다.

- **12행~14행** : 이동방향으로 len만큼 움직이는 것을 네 번 반복합니다. 14행에서 −90도 회전하기 때문에 한 변의 길이가 len인 정사각형이 그려집니다.

- **15행** : 반복할 때마다 len에 0.8을 더해 줍니다. 8행에서 len을 10으로 초기화했으므로 10.8이 되고, 다음 반복할 때는 11.6이 됩니다. 이와 같은 방식으로 125번 반복할 때마다 사각형의 크기가 조금씩 커지게 됩니다.

- **16행** : 다음 사각형을 그리기 전에 −5도 회전합니다.

- **17행** : 125번 반복한 후 그리기를 멈춥니다.

- **19행~20행** : 패턴을 가리지 않도록 프로그램을 실행할 때 연필(1) 오브젝트를 숨깁니다.

이번에는 원을 반복해서 그려 꽃처럼 보이는 패턴을 만들어 봅시다. 여기서 그리는 원은 엄밀히 말해 짧은 직선을 연결한 다각형입니다. 예를 들어 길이가 3인 직선을 3도씩 회전하며 120번 반복해서 그리면 이론상으로는 120각형이 되지만, 화면으로는 그냥 동그란 원처럼 보입니다.

예제 4-3 원으로 패턴 그리기 프로그램

오브젝트	엔트리 블록 프로그램	엔트리파이선 프로그램
| 연필(1) | | ```
5    len = 0
6
7    def when_start():
8        len = 3
9        Entry.set_xy(0, 0)
10       Entry.start_drawing()
11       for i in range(10):
12           Entry.set_brush_color_to_random()
13           for j in range(120):
14               Entry.move_to_direction(len)
15               Entry.add_rotation(3)
16           Entry.add_rotation(36)
17       Entry.stop_drawing()
18
19   def when_start():
20       Entry.hide()
``` |
```

- **8행~10행** : 변수 len에 3을 입력하고, `Entry.set_xy(0, 0)` 코드로 오브젝트의 위치를 설정한 후 `Entry.start_drawing( )` 명령어로 그리기 시작합니다. 변수 len에 입력하는 값에 따라 원의 크기를 조절할 수 있습니다.

- **11행** : 12행~16행을 10번 반복합니다.

- **12행** : 그려지는 선의 색을 무작위로 바꿔 줍니다.

- **13행** : 14행~15행을 120번 반복합니다.

- **14행~15행** : 이동방향으로 len만큼 움직이는 것을 120번 반복합니다. 8행에서 변수 len에 3을 저장했고 15행에서 3도씩 이동방향이 바뀌기 때문에 한 변의 길이가 3인 120각형이 그려집니다. 화면상에는 원처럼 표현됩니다.

- **16행** : 36도 회전한 후 다시 11행으로 돌아가 새로운 원을 그립니다. 36도 회전하면서 10번 그리면 360도가 모두 채워져 동그란 모양의 패턴이 완성됩니다.

- **17행** : 그리기를 멈춥니다.

- **19행~20행** : 패턴을 가리지 않도록 프로그램을 실행할 때 연필(1) 오브젝트를 숨깁니다.

Q. 나만의 패턴을 만들고 싶어요.

지금까지 배운 내용을 응용하면 새로운 형태의 패턴을 만들 수 있습니다. 예를 들어 위 프로그램의 8행에서 변수 len에 3 대신 10을 입력해 보세요. 화면을 벗어나는 커다란 꽃 형태의 패턴을 그릴 수 있습니다. 마찬가지로 11행의 매개 변수를 30으로, 16행의 매개 변수를 12로 수정하면 통통한 도넛 모양의 패턴이 만들어집니다. 이처럼 중첩 반복문의 원리를 바탕으로 다른 값을 입력하거나 순서를 바꿔서 실행해 보고, 가장 마음에 드는 패턴을 골라 적당한 이름을 붙여 저장하세요.

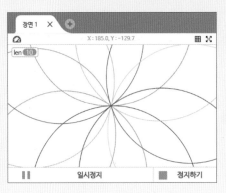
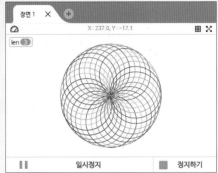

**쉬어가는
페이지**

: 다양한 패턴 디자인

패턴은 일정한 규칙으로 이미지를 반복 배치하여 새로운 이미지를 만드는 것을 말하며, 컴퓨터 그래픽이나 애니메이션, 무늬 디자인 등에 활용됩니다. 패턴에는 여러 가지 종류가 있는데, 여기서는 스트링 아트와 테셀레이션, 프랙털에 대해 간단히 살펴보겠습니다.

스트링 아트(String art)는 일정한 직선을 연속으로 그려 아름다운 형태를 만들거나 착시 현상을 일으키는 예술 방식을 말합니다. 실이나 철사 등을 이용하여 3차원으로 만들기도 합니다.

테셀레이션(Tessellation)은 같은 모양의 조각들을 서로 겹치거나 틈이 생기지 않게 평면이나 공간을 덮는 것을 말합니다. 이런 기법은 일상생활에서도 많이 활용되는데, 포장지나 보도블록, 욕실의 타일 바닥 등에서 쉽게 찾아볼 수 있습니다.

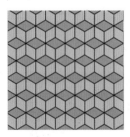  

프랙털(Fractal)은 작은 구조가 전체 구조와 비슷한 형태로 끝없이 되풀이되는 것을 말합니다. 프랙탈 이론은 수학, 물리학, 컴퓨터과학 등에 응용되며, 복잡한 집단을 분석하는 경영학, 심리학, 사회학 이론에 접목되기도 합니다.

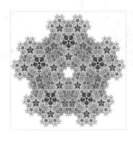 

이번에는 우주로 눈을 돌려 볼까요? 설마 우리가 살고 있는 지구가 고정된 땅덩어리라고 생각하는 사람은 없겠죠? 지구는 고정된 축을 중심으로 하루에 한 바퀴 회전합니다. 이런 움직임을 '자전'이라고 하죠. 그리고 지구는 태양의 주위를 1년에 한 바퀴 회전합니다. 이런 움직임을 '공전'이라고 합니다. 지구처럼 태양 주위를 도는 별을 행성이라고 하는데, 태양계에는 지구를 포함해서 수성, 금성, 화성, 목성, 토성, 천왕성, 해왕성 등 총 여덟 개의 행성이 있습니다. 지구가 태양의 주위를 돌 듯이 달은 지구의 주위를 회전합니다. 달이 지구를 한 바퀴 도는 데에는 약 27일이 걸립니다.

태양계가 움직이는 모습을 상상해 보세요. 중심에 뜨거운 태양이 있고, 그 주위를 여덟 개의 행성이 공전합니다. 그밖에 소행성과 위성 등이 질서정연하게 각자의 길을 갑니다. 행성들이 공전하는 궤도면은 지구의 공전 궤도면과 거의 같고, 모두 같은 방향으로 회전합니다.

태양계의 행성들

이번 단원에서는 태양계 행성들의 움직임을 시뮬레이션하는 프로그램을 만들어 보겠습니다. 태양을 중심으로 지구를 비롯한 행성들이 회전하고, 지구를 중심으로 달이 공전하는 움직임을 살펴볼 수 있는 아주 간단한 프로그램입니다. 프로그램을 만든 후 자세한 자료를 적용하여 좀 더 정확한 시뮬레이션 프로그램을 만드는 데 도전해 보세요.

태양계 행성의 움직임

STEP
01 >>> 지구의 자전과 공전

태양의 주위를 회전하는 지구의 궤도를 나타내는 프로그램을 만들어 봅시다. 지구는 태양을 중심으로 공전을 하고, 동시에 남극과 북극을 직선으로 연결한 축을 중심으로 자전도 하기 때문에 두 움직임을 모두 고려해야 합니다.

---

1 문제 이해하기

지구가 태양을 중심으로 공전하는 이동 경로를 화면 좌표로 계산해 봅시다. 이때 지구가 이동하는 경로는 좌표를 이용합니다. 알고리즘을 설계할 때 지구가 이동하는 모든 좌표를 하나하나 제시하는 것은 비효율적입니다. 지구의 원 궤적을 그리기 위해서는 삼각함수의 $\sin\theta$, $\cos\theta$을 이용하는 것이 좋습니다.

2 전략 수립하기

프로그램을 실행하면 지구가 자전을 하면서 동시에 태양을 중심으로 공전하는 궤도가 그려집니다.

시작하기

⬇

태양과 지구의 위치 정하기

⬇

지구의 자전과
공전 궤도 그리기

⬇

지구가 움직이는 궤도 출력하기

그림 5-1 지구의 자전과 공전 궤도 그리기 절차

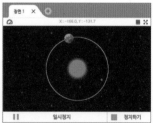

그림 5-2 지구의 자전과 공전 궤도 그리기 실행 화면

3 문제 해결하기

지구의 자전과 공전 궤적을 출력하는 프로그램을 만들기 위해 오브젝트창에서 엔트리봇을 삭제하고, [+ 오브젝트 추가하기] 버튼을 클릭하여 우주(3), 태양계-태양, 태양계-지구 오브젝트를 추가

합니다. [그림 5-3]과 같이 각 오브젝트의 좌푯값과 크기를 수정하세요.

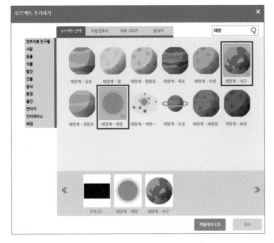

그림 5-3 오브젝트 추가하기

이제 변수를 추가해 봅시다. 메뉴의 [속성] → [변수] → [+변수 추가] 버튼을 클릭하고 원하는 이름을 입력하면 변수가 생성됩니다. 지구 궤도가 이동하는 값의 변화를 저장할 변수 earth를 만드세요.

그림 5-4 변수 추가하기

예제 5-1 지구의 자전과 공전 궤도 그리기 프로그램

오브젝트	엔트리 블록 프로그램	엔트리파이션 프로그램
태양계 – 태양	 시작하기 버튼을 클릭했을 때 계속 반복하기 방향을 -5 만큼 회전하기	5 earth = 0 6 7 def when_start(): 8 while True: 9 Entry.add_rotation(-5)

- **8행~9행 :** while True: 명령어에 의해 9행을 반복 실행합니다. 9행은 태양이 -5도 회전하는 명령어이므로 이를 반복 실행하면 태양이 시계 반대 방향으로 자전하게 됩니다.

태양계 행성의 움직임

오브젝트	엔트리 블록 프로그램
태양계 – 지구	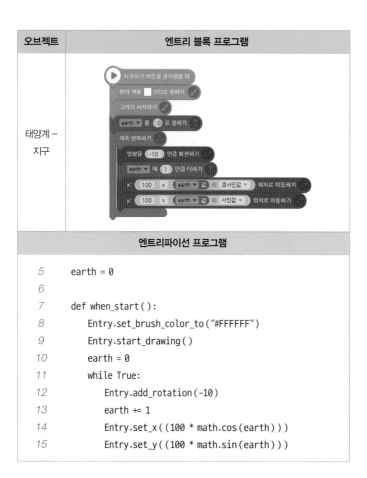

엔트리파이선 프로그램

```
5    earth = 0
6
7    def when_start():
8        Entry.set_brush_color_to("#FFFFFF")
9        Entry.start_drawing()
10       earth = 0
11       while True:
12           Entry.add_rotation(-10)
13           earth += 1
14           Entry.set_x((100 * math.cos(earth)))
15           Entry.set_y((100 * math.sin(earth)))
```

· **5행 :** 변수 earth를 초기화합니다.

· **8행~9행 :** 8행에서 붓을 흰색으로 설정하고, 9행에서 그리기 시작합니다.

· **10행 :** 변수 earth에 0을 저장합니다.

· **11행 :** 12행~15행을 계속 반복합니다.

· **12행 :** 지구가 –10도 회전하여 시계 반대 방향으로 자전하게 됩니다.

· **13행 :** 변수 earth가 1씩 증가합니다.

· **14행~15행 :** 태양의 주위를 공전하는 지구의 좌푯값을 구하기 위해 $(x, y) = (a \cdot \cos\theta, a \cdot \sin\theta)$ 계산 공식을 활용합니다. 태양에서 지구까지의 거리를 100으로 하고 `math.cos()`, `math.sin()` 명령어를 이용합니다.

Q. 지구의 이동 좌표는 어떻게 구하나요?

아래 그림과 같이 태양의 좌표를 (0, 0), 지구의 좌표를 (x, y), 태양에서 지구까지의 거리를 a라고 합시다. $\sin\theta = \dfrac{y}{a}$, $\cos\theta = \dfrac{x}{a}$ 이기 때문에 x=a·cosθ, y=a·sinθ임을 알 수 있습니다.

따라서 (x, y) = (a · cosθ, a · sinθ)입니다. 여기서 θ의 값만 지속적으로 변경시키면 x, y 좌표를 자동으로 설정할 수 있습니다.

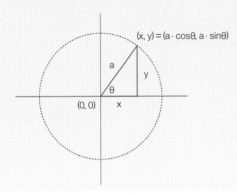

STEP
02 >>> 달의 자전과 공전

앞에서 태양을 중심으로 회전하는 지구의 자전과 공전 프로그램을 만들었습니다. 이번 에는 앞에서 만든 프로그램에 지구를 중심으로 공전하는 달의 궤적을 출력하는 프로그램을 더해 봅시다. 지구와 달의 움직임을 동시에 표현하기 위해서는 태양-지구-달의 관계를 알아야 합니다. 태양, 지구, 달의 위치, 크기, 색깔, 공전 주기, 자전 주기, 공전 방향, 자전 방향, 자전축 등을 분석해 보고, 움직이는 모습을 시뮬레이션하는 프로그램을 만들어 봅시다.

1 문제 이해하기

지구는 태양을 반시계 방향으로 1바퀴 회전합니다. 그리고 지구가 공전하는 동안 달은 지구를 반시계 방향으로 회전합니다. 지구와 달의 공전 주기를 분석하면 지구와 달이 각각 한 번에 얼마만큼의 각도를 회전해야 하는지 파악할 수 있습니다. 이 각도는 지구와 달이 한 번에 이동해야 하는 거리를 나타내는 데 활용됩니다. 예를 들어 지구가 태양의 주위를 한 바퀴 도는 데 걸리는 시간은 365일이 므로 하루에 약 1도(=360/365) 회전한다는 것을 알 수 있습니다. 달은 지구를 한 바퀴 도는 데 약 27.3일이 걸리므로 하루에 약 13°(=360/27.3) 회전한다는 것을 알 수 있습니다. 따라서 지구가 태양을 한 바퀴 도는 동안 달은 지구를 13바퀴 돕니다.

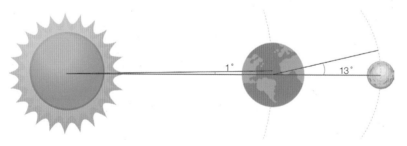

그림 5-5 달과 지구의 하루 공전 각도

2 전략 수립하기

지구와 달의 공전 속도를 조절하기 위해 이동 각도 값을 수정합니다. 이동 각도는 앞에서 설명한 대로 지구 : 달 = 1 : 13으로 설정합니다. 앞에서 완성한 '지구의 자전과 공전' 프로그램을 복제하여 코드를 추가하는 방법으로 프로그램을 완성해 보세요.

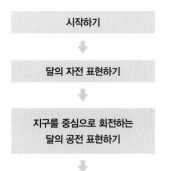

시작하기

↓

달의 자전 표현하기

↓

지구를 중심으로 회전하는
달의 공전 표현하기

↓

태양-지구-달의 궤도 출력하기

그림 5-6 달의 자전과 공전 궤도 그리기 절차

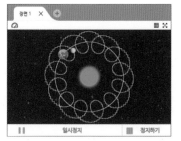

그림 5-7 달의 자전과 공전 궤도 그리기 실행 화면

③ 문제 해결하기

앞에서 작성한 프로그램을 복제해서 사용합니다. 장면의 이름
부분을 마우스 오른쪽 버튼으로 클릭하여 '복제하기'를 선택하
면 새로운 장면이 추가됩니다. 이때 배경과 오브젝트뿐만 아니
라 코드까지 그대로 복사되기 때문에 필요한 부분만 수정하여
프로그램을 완성할 수 있습니다. [+ 오브젝트 추가하기] 버튼을 클릭하여 태양계-달 오브젝트를 추
가하고, 좌푯값과 크기를 수정합니다.

그림 5-8 장면 복제하기

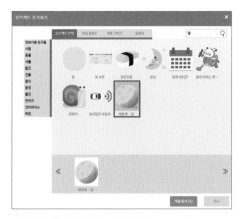

그림 5-9 태양계-달 오브젝트 추가하기

이번에는 변수를 추가해 봅시다. [속성] → [변수] → [+변수 추가] 버튼을 클릭하여 원하는 이름을
입력하면 변수가 생성됩니다. 지구를 중심으로 공전하는 달이 이동하는 값의 변화를 저장할 변수
moon을 추가하세요.

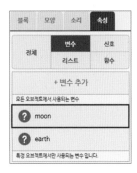

그림 5-10 변수 추가하기

예제 5-2 달의 자전과 공전 궤도 그리기 프로그램

오브젝트	엔트리 블록 프로그램
태양계 - 달	시작하기 버튼을 클릭했을 때 붓의 색을 ☐ (으)로 정하기 그리기 시작하기 moon ▼ 를 0 로 정하기 계속 반복하기 　방향을 -30 만큼 회전하기 　moon ▼ 에 13 만큼 더하기 　x: 태양계 - 지구 ▼ 의 x좌룻값 + 30 x moon ▼ 값 의 코사인값 위치로 이동하기 　y: 태양계 - 지구 ▼ 의 y좌룻값 + 30 x moon ▼ 값 의 사인값 위치로 이동하기

엔트리파이선 프로그램

```
5     earth = 0
6     moon = 0
7
8     def when_start():
9         Entry.set_brush_color_to("#FFFFFF")
10        Entry.start_drawing()
11        moon = 0
12        while True:
13            Entry.add_rotation(-30)
14            moon += 13
15            Entry.set_x((Entry.value_of_object("태양계 - 지구1", "x") + (30 * math.cos(moon))))
16            Entry.set_y((Entry.value_of_object("태양계 - 지구1", "y") + (30 * math.sin(moon))))
```

· **9행~10행 :** 흰색으로 그리기 시작합니다.

· **11행 :** 변수 moon에 0을 저장합니다.

- **12행** : 13행에서 16행까지 계속 반복합니다.

- **13행** : 달이 −30도 회전하여 시계 반대 방향으로 자전하게 됩니다.

- **14행** : 변수 moon이 13씩 증가합니다. 지구가 1 증가할 때 달은 13씩 증가하는 셈입니다.

- **15행~16행** : 달의 좌푯값을 구하기 위해 $(x, y) = (a \cdot \cos\theta, a \cdot \sin\theta)$ 계산 공식을 활용합니다. 지구의 x 좌푯값과 y 좌푯값을 중심으로 하고, 지구에서 달까지의 거리를 30으로 하여 `math.cos( )`, `math.sin( )` 명령어를 이용합니다. `Entry.value_of_object("태양계-지구1", "x")` 명령어를 사용하면 태양계 – 지구1 오브젝트의 x 좌푯값을 가져올 수 있습니다.

Q. **달의 이동 좌표는 어떻게 구하나요?**

태양의 좌표를 (0, 0)이라고 하고, 지구의 좌표를 (x', y')라고 하면, 지구에서 30 떨어진 달의 좌표 (x, y)는 $(30 \cdot \cos\theta, 30 \cdot \sin\theta)$에 지구의 좌표를 더해서 계산할 수 있습니다. 따라서 $(x, y) = (x' + 30 \cdot \cos\theta, y' + 30 \cdot \sin\theta)$입니다.

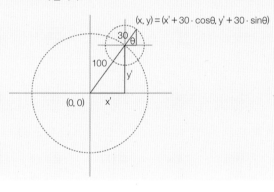

STEP
03 >>> 태양계 행성의 자전과 공전

앞에서 지구와 달의 움직임을 시뮬레이션하는 프로그램을 만들었습니다. 이번에는 태양계를 구성하는 다른 행성들의 움직임까지 포함해 보겠습니다. 태양계에는 수성, 금성, 지구, 화성, 목성, 토성, 천왕성, 명왕성 등의 행성이 있습니다. 이 행성들은 태양으로부터 떨어져 있는 위치도 다르고, 크기도 제각각입니다. 태양을 중심으로 공전하는 행성들의 움직임을 시뮬레이션하려면 어떻게 프로그래밍해야 할까요?

1 문제 이해하기

태양을 중심으로 회전하는 행성들의 궤적을 파악하기 위해서는 태양과 행성의 관계를 알아야 합니다. 아래 표는 태양에서 지구까지의 거리를 1이라고 했을 때, 또 지구의 크기를 1이라고 했을 때 태양에서 각 행성까지의 거리와 각 행성의 크기를 상대적으로 표현한 것입니다. 앞에서 지구의 공전 경로를 화면 좌표로 표현하는 방법을 배웠으므로, 이 공식을 바탕으로 다른 행성들의 이동 경로를 출력하는 효율적인 알고리즘을 설계해 봅시다. 그리고 태양과의 거리와 삼각함수의 $\sin\theta$, $\cos\theta$을 이용하여 각 행성이 움직이는 경로를 출력하는 프로그램을 만들어 봅시다.

행성	상대적인 거리	상대적인 크기
태양	0	109
수성	0.4	0.4
금성	0.7	0.9
지구	1	1
화성	1.5	0.5
목성	5.2	11.2
토성	9.5	9.4
천왕성	19.2	4
해왕성	30	3.9

2 전략 수립하기

지구의 공전과 자전 궤도를 그리는 프로그램을 활용하여 수성, 금성, 화성, 목성의 궤도를 그려 봅시다. 결과창 크기의 제한이 있기 때문에 각 행성의 거리와 크기를 적당히 조정하고, 토성과 천왕성, 명왕성은 생략합니다.

그림 5-11 태양계 행성의 궤도 그리기 절차

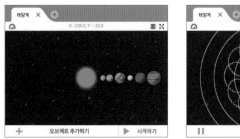

그림 5-12 태양계 행성의 궤도 그리기 실행 화면

3 문제 해결하기

앞에서 작성한 프로그램을 복제한 후 [+ 오브젝트 추가하기] 버튼을 클릭하여 태양계-수성, 태양계-금성, 태양계-화성, 태양계-목성 오브젝트를 추가합니다. 각 오브젝트의 좌푯값과 크기를 다음과 같이 수정합니다.

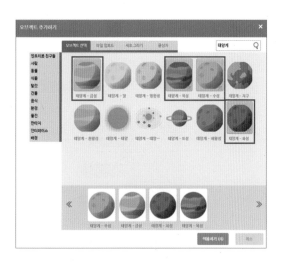

그림 5-13 오브젝트 추가하기

이번에는 각 오브젝트에 사용할 변수를 생성해 봅시다. 수성은 mercury, 화성은 mars, 금성은 venus, 목성은 jupiter로 이름을 지정합니다.

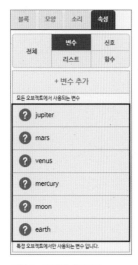

그림 5-14 변수 추가하기

예제 5-3 태양계 행성의 궤도 그리기 프로그램

오브젝트	엔트리 블록 프로그램
태양계 – 수성	

```
                    엔트리파이선 프로그램
    5       earth = 0
    6       moon = 0
    7       mercury = 0
    8       venus = 0
    9       mars = 0
   10       jupiter = 0
   11
   12       def when_start():
   13           Entry.set_brush_color_to(#FFFFFF)
   14           Entry.start_drawing()
   15           mercury = 0
   16           while True:
   17               Entry.add_rotation(-10)
   18               mercury += 1
   19               Entry.set_x((50 * math.cos(mercury)))
   20               Entry.set_y((50 * math.sin(mercury)))
```

- **13행~15행** : 흰색으로 수성의 경로를 그리기 시작합니다. 그리기 시작할 때 이전에 저장한 값을 지우기 위해 변수 mercury를 초기화합니다.

- **16행** : 17행에서 20행까지 계속 반복합니다.

- **17행** : 수성이 −10도 회전하여 시계 반대 방향으로 자전하게 됩니다.

- **18행** : 변수 mercury가 1씩 증가합니다.

- **19행~20행** : 태양을 중심으로 공전하는 수성의 좌푯값을 구하기 위해 $(x, y) = (a \cdot \cos\theta, a \cdot \sin\theta)$ 계산 공식을 활용합니다. 태양에서 수성까지의 거리를 50으로 설정하고 `math.cos()`, `math.sin()` 명령어를 이용합니다.

'태양계 – 수성' 오브젝트의 코드를 복사하여 '태양계 – 금성', '태양계 – 화성', '태양계 – 목성' 오브젝트에 붙여넣기 합니다. 15, 18, 19, 20행에 사용된 변수명은 각각 venus, mars, jupiter로 수정하고, 태양에서 각 행성까지의 거리도 각각 70, 160, 200으로 지정해 줍니다.

이제 태양계 행성들의 자전과 공전을 표현한 시뮬레이션 프로그램이 완성되었습니다. 아주 기본적인 자료만으로 만들어졌기 때문에 실제 태양계의 움직임과는 거리가 멉니다. 하지만 시작이 반이라는 말이 있죠? 프로그래밍을 열심히 익히면 다양한 자료를 추가하여 좀 더 정확한 시뮬레이션을 만들 수 있을 거예요.

서랍 안에 있는 물건들을 용도와 종류에 따라 가지런히 정리해 놓으면 필요할 때 찾기 쉽고 더 많은 물건을 넣을 수 있습니다. 사전이나 전화번호부에 수록된 자료들이 가나다순으로 정리되어 있지 않다면 필요한 정보를 찾기 위해 얼마나 많은 시간을 들여야 할지 상상해 보세요. 컴퓨터도 효율적으로 문제를 처리하기 위해 저장된 자료를 효율적으로 관리하고 구조화시킬 필요가 있는데, 이렇게 정리하는 방법을 '자료구조(data structure)'라고 합니다.

리스트는 자료구조 기법 중에서 가장 기본적인 형태입니다. 일반적으로 리스트는 비슷한 특징을 가지고 있는 여러 개의 항목을 일정한 순서로 적어 놓은 것을 말합니다. 인기가요 순위 목록이나 졸업생 명단 등도 일종의 리스트라고 할 수 있습니다.

컴퓨터에서 사용되는 리스트에는 변수와 같은 저장 공간이 연속으로 배치되어 있어 각 공간에 데이터를 저장할 수 있습니다. 리스트는 fruit=[사과, 배, 포도, 귤, 바나나]와 같은 형태로 표현하는데, 여기서 fruit은 리스트의 이름이고, 사과, 배, 포도, 귤, 바나나는 리스트에 저장된 데이터입니다. 리스트를 사용할 때에는 fruit[3]과 같은 형태로 특정 데이터를 지정할 수 있습니다. 3은 리스트 안에서 몇 번째 자리인지를 나타냅니다. 여기서 주의할 점은 리스트의 자리는 0부터 시작한다는 점입니다. 따라서 fruit[3]은 네 번째에 있는 귤을 가리킵니다.

이번 단원에서는 리스트를 활용하여 데이터를 관리하고 정렬하여 원하는 데이터를 쉽게 찾을 수 있는 프로그램을 만들어 보겠습니다.

데이터 관리 및 탐색

STEP
01 >>> 버킷 리스트 관리 프로그램

버킷 리스트(Bucket list)란 죽기 전에 한 번쯤 해보고 싶은 일을 적어 놓은 목록을 말합니다. 먹고 싶은 음식, 여행하고 싶은 장소, 사고 싶은 물건 등 누구나 살다 보면 버킷 리스트가 쌓이기 마련이죠. 이런 목록은 수시로 바뀌거나 새로운 목록이 추가될 수 있기 때문에 프로그램을 만들어서 관리하면 편리합니다. 지금부터 함께 만들어 볼까요?

1 문제 이해하기

리스트를 이용해서 새로운 버킷 리스트를 저장하거나 삭제하고, 자유롭게 수정도 할 수 있는 프로그램을 만들어 봅시다.

2 전략 수립하기

Insert(삽입), Delete(삭제), Change(변경), Reset(모두 지우기) 버튼을 클릭해서 버킷 리스트 데이터를 관리할 수 있습니다.

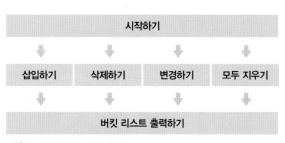

그림 6-1 버킷 리스트 만들기 절차

삽입하기

삭제하기

변경하기   모두 지우기

그림 6-2 버킷 리스트 만들기 실행 화면

③ 문제 해결하기

오브젝트창에서 엔트리봇을 삭제하고, [+ 오브젝트 추가하기] 버튼을 클릭하여 칠판 배경과 글상자 오브젝트 네 개를 추가합니다.

그림 6-3 오브젝트 추가하기

이번에는 버킷 리스트를 저장할 리스트를 추가해 보겠습니다. 메뉴의 [속성] → [리스트] → [+리스트 추가] 버튼을 클릭하여 이름을 입력하면 리스트가 생성됩니다. 여기서는 리스트명을 bucketlist 라고 지정합니다. 이어서 메뉴의 [속성] → [변수] → [+변수 추가] 버튼을 클릭하여 리스트의 번호를 저장할 변수 index도 만들어 줍니다.

그림 6-4 리스트와 변수 추가하기

Q. ### 리스트명을 한글로 지정해도 되나요?

엔트리파이선에서는 리스트명을 한글로 지정할 수 있습니다. 하지만 띄어쓰기는 포함할 수 없습니다.

리스트명 오른쪽에 있는 연필 모양을 클릭하면 리스트 항목 수를 정할 수 있고, 추가된 리스트 항목에 데이터를 입력하면 초깃값이 저장됩니다.

그림 6-5 리스트 초깃값 저장

글상자 오브젝트의 Insert(삽입), Delete(삭제), Change(변경), Reset(모두 지우기) 버튼 순으로 프로그래밍을 해 봅시다.

예제 6-1 버킷 리스트 관리 프로그램

오브젝트	엔트리 블록 프로그램
Insert	

엔트리파이선 프로그램	
5	`index = 0`
6	`bucketlist = ["자전거 구입", "운동하기"]`
7	
8	`def when_click_object_on():`
9	`    Entry.input("삽입할 내용을 입력하세요.")`
10	`    bucketlist.append(Entry.answer())`

- **5행** : 변수 index를 생성하고 초기화합니다.

- **6행** : 리스트 bucketlist를 생성하고 초기화합니다. "자전거 구입", "운동하기"가 초기 데이터로 생성됩니다.

- **8행** : Insert 오브젝트을 클릭하면 9행~10행이 실행됩니다.

- **9행~10행** : "삽입할 내용을 입력하세요."라는 질문을 출력하고, 사용자가 키보드로 내용을 입력하면 리스트 bucketlist에 삽입합니다.

오브젝트	엔트리 블록 프로그램
Delete	오브젝트를 클릭했을 때 몇 번째 목록을 삭제할까요?(숫자만 입력) 을(를) 묻고 대답 기다리기 대답 번째 항목을 bucketlist ▼ 에서 삭제하기

엔트리파이선 프로그램	
5	`index = 0`
6	`bucketlist = ["자전거 구입", "운동하기"]`
7	
8	`def when_click_object_on():`
9	`    Entry.input("몇 번째 목록을 삭제할까요?(숫자만 입력)")`
10	`    bucketlist.pop(Entry.answer() - 1)`

- **8행** : Delete 오브젝트을 클릭하면 9행~10행이 실행됩니다.

- **9행~10행** : "몇 번째 목록을 삭제할까요?(숫자만 입력)"이라는 질문을 출력하고, 사용자가 키보

133

드로 숫자를 입력하면 리스트 bucketlist의 인덱스 번호가 대답−1인 데이터를 삭제합니다. 엔트리파이선의 리스트는 인덱스 번호가 0부터 시작한다는 점에 주의하세요.

오브젝트	엔트리 블록 프로그램
Change	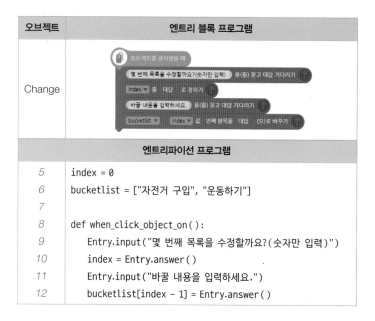

	엔트리파이선 프로그램
5	index = 0
6	bucketlist = ["자전거 구입", "운동하기"]
7	
8	def when_click_object_on():
9	Entry.input("몇 번째 목록을 수정할까요?(숫자만 입력)")
10	index = Entry.answer()
11	Entry.input("바꿀 내용을 입력하세요.")
12	bucketlist[index - 1] = Entry.answer()

- **8행** : Change 오브젝트을 클릭하면 9행~12행이 실행됩니다.

- **9행~10행** : "몇 번째 목록을 수정할까요?(숫자만 입력)"이라는 질문을 출력하고, 사용자가 키보드로 입력한 숫자를 변수 index에 저장합니다.

- **11행~12행** : "바꿀 내용을 입력하세요."라는 질문을 출력하고, 사용자가 키보드로 입력한 내용을 bucketlist[index − 1] 항목에 저장합니다.

오브젝트	엔트리 블록 프로그램
Reset	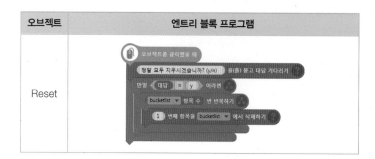

```
                    엔트리파이선 프로그램
 5        index = 0
 6        bucketlist = ["자전거 구입", "운동하기"]
 7
 8        def when_click_object_on():
 9            Entry.input("정말 모두 지우시겠습니까? (y/n)")
10            if (Entry.answer() == "y"):
11                for i in range(len(bucketlist)):
12                    bucketlist.pop(0)
```

· **8행 :** Reset 오브젝트을 클릭하면 9행~12행이 실행됩니다.

· **9행~10행 :** "정말 모두 지우시겠습니까? (y/n)"라는 질문을 출력하고, 사용자가 y를 입력할 경우 11행~12행을 실행합니다.

· **11행~12행 :** 반복문을 이용하여 리스트 bucketlist에 저장되어 있는 데이터의 숫자만큼 12행을 반복 실행합니다. 12행은 리스트 bucketlist의 첫 번째 내용을 삭제하는 명령어입니다. 결국 리스트 bucketlist에 있는 모든 항목이 삭제됩니다.

STEP
02 >>> 데이터 탐색 프로그램

앞에서 버킷 리스트를 만들고, 그 리스트에 저장되어 있는 데이터를 입력, 삭제, 수정하는 프로그램을 만들어 보았습니다. 이번에는 리스트에 저장되어 있는 데이터 중에서 원하는 항목을 찾는 프로그램을 만들어 봅시다.

1 문제 이해하기

탐색 방법의 효율성은 자료구조의 형태와 리스트 상태의 영향을 받기 때문에 상황에 맞는 가장 적당한 탐색 방법을 선택해서 사용해야 합니다. 대표적인 탐색 방법에는 순차 탐색이 있습니다.

순차 탐색(Sequential Search)은 처음부터 끝까지 차례대로 탐색하면서 원하는 자료를 찾는 탐색 알고리즘입니다. 찾고자 하는 자료가 앞에 있으면 탐색 시간이 적게 걸리지만, 최악의 경우 전체 자료를 다 탐색해야 하는 경우도 있습니다. 탐색할 자료의 양이 많으면 비효율적이지만, 탐색 방법 중 가장 단순하기 때문에 구현하기 쉽고, 정렬되지 않은 자료에도 적용할 수 있다는 장점이 있습니다.

예를 들어 11, 9, 15, 5, 2가 저장되어 있는 리스트에서 5를 찾는 과정을 살펴봅시다.

데이터	11	9	15	5	2
첫 번째 탐색(11과 비교)	11	9	15	5	2
두 번째 탐색(9와 비교)	11	9	15	5	2
세 번째 탐색(15와 비교)	11	9	15	5	2
네 번째 탐색(5와 비교)	11	9	15	5	2

그림 6-6 리스트에서 5를 찾는 순차 탐색 과정

네 번의 탐색 끝에 5를 찾아냈습니다. 이처럼 순차 탐색은 원하는 자료를 찾기 위해 처음부터 하나씩 살펴봅니다. 이 방법을 활용하여 데이터를 순차적으로 탐색하는 프로그램을 만들어 봅시다.

2 전략 수립하기

프로그램을 실행하면 다음과 같은 과정으로 진행됩니다.

리스트 데이터 입력

↓

시작하기

↓

Search 버튼을 클릭하여
찾을 숫자 입력

↓

찾을 숫자 탐색

↓

일치하는 인덱스 번호 출력

그림 6-7 데이터 탐색하기 절차

그림 6-8 데이터 탐색하기 실행 화면

3 문제 해결하기

오브젝트창에서 엔트리봇 오브젝트를 삭제하고, [+ 오브젝트 추가하기] 버튼을 클릭하여 칠판 배경과 얼굴(남) 오브젝트, "Search" 글상자 오브젝트를 추가합니다. 오브젝트의 좌푯값과 크기를 수정하여 각각 화면에 배치합니다.

그림 6-9 오브젝트 추가하기

137

이번에는 변수와 리스트를 추가해 봅시다. [속성] → [변수] → [+변수 추가] 버튼을 누르고 변수명에 index라고 입력한 후 확인을 클릭합니다. 마찬가지로 [속성] → [리스트] → [+리스트 추가] 버튼을 누르고 리스트명에 datalist라고 입력한 후 확인을 클릭합니다. 리스트 datalist를 만든 후에는 리스트 항목 수를 5로 지정하고, 초기 데이터로 [11, 9, 15, 5, 2]를 입력합니다.

그림 6-10 리스트 생성 및 초깃값 설정

예제 6-2 데이터 탐색 프로그램

오브젝트	엔트리 블록 프로그램
Search	![엔트리 블록 프로그램]
	엔트리파이선 프로그램

```
 5    index = 0
 6    datalist = [11, 9, 15, 5, 2]
 7
 8    def when_click_object_on():
 9        index = 1
10        Entry.input("찾고 싶은 데이터를 입력하세요.")
11        for i in range(len(datalist)):
12            if (datalist[index - 1] == Entry.answer()):
13                Entry.print((index + "번 목록에 있습니다."))
14                Entry.stop_code("all")
15            Entry.print("찾지 못했습니다.")
16            index += 1
```

- **5행** : 변수 index를 생성하고 초기화합니다.

- **6행** : 리스트 datalist를 생성하고, 초기 데이터를 입력합니다.

- **8행** : Search 오브젝트를 클릭하면 아래 프로그램이 실행됩니다.

- **9행** : 변수 index를 1로 초기화합니다.

- **10행** : "찾고 싶은 데이터를 입력하세요."라는 질문을 출력하고, 사용자가 키보드로 원하는 숫자를 입력하게 합니다.

- **11행** : 리스트 datalist에 저장되어 있는 데이터의 수만큼 12행~16행을 반복 실행합니다.

- **12행~16행** : 만약 datalist[index - 1]에 있는 데이터와 사용자가 입력한 숫자와 같다면 "index 번 목록에 있습니다."를 출력하고, 모든 실행을 멈춥니다. 그렇지 않으면 "찾지 못했습니다."를 출력하고, 변수 index의 값을 1 증가시킵니다.

Q. **엔트리 블록 모드의 글상자 오브젝트에는 왜 말풍선 명령어가 없나요?**

엔트리 블록 모드에서 글상자 오브젝트를 선택하고 [생김새] 블록 메뉴를 살펴보면 <'안녕!'을(를) 말하기> 명령어가 없습니다. 이런 경우에는 글상자 오브젝트가 아닌 다른 오브젝트(예를 들어 얼굴(남) 오브젝트)를 클릭하고 <'안녕!'을(를) 말하기> 블록을 가져온 후 마우스 오른쪽 버튼으로 클릭하여 [코드 복사]를 해서 글상자 오브젝트에 붙여 넣는 방법을 사용하세요.

STEP 03 >>> 데이터 정렬 프로그램

앞에서 리스트 목록을 관리하고 원하는 데이터를 찾는 프로그램을 만들어 봤습니다. 이번에는 리스트에 데이터를 무작위로 입력하고, 그 데이터를 오름차순으로 정렬하는 프로그램을 만들어 보겠습니다. 데이터를 특정 순서로 정렬하면 원하는 자료를 빠르게 찾을 수 있고, 중복되는 자료도 쉽게 걸러낼 수 있습니다.

1 문제 이해하기

데이터를 정렬하기 위해 삽입 정렬 방법을 사용해 보겠습니다. 삽입 정렬(insertion sort)이란 아직 정리되지 않은 데이터를 이미 정렬된 데이터 사이에 적절하게 삽입하여 정렬하는 방식입니다. 오름차순은 기준 값이 작은 것부터 큰 순서로 나열한 것을 말하고, 내림차순은 기준 값이 큰 것부터 작은 순서로 나열한 것을 말합니다. 예를 들어 삽입 정렬 방식을 이용하여 [11, 9, 15, 5, 2]를 오름차순으로 정렬하는 과정을 살펴봅시다.

[1단계] 첫 번째 값과 두 번째 값을 비교하여 9가 11보다 작으므로 11 앞에 9를 삽입합니다.

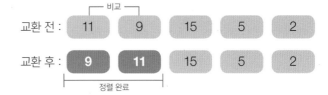

[2단계] 세 번째 값과 두 번째 값을 비교하여 15가 더 크므로 그대로 둡니다.

[3단계] 네 번째 값과 정렬되어 있는 15, 11, 9를 순서대로 비교합니다. 5가 가장 작기 때문에 제일 앞에 삽입합니다.

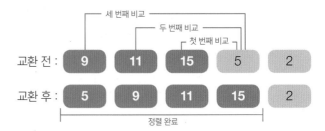

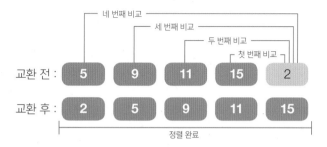

[4단계] 다섯 번째 값과 정렬되어 있는 15, 11, 9, 5를 순서대로 비교합니다. 2가 가장 작기 때문에 제일 앞에 삽입합니다.

그림 6-11 삽입 정렬의 예

② 전략 수립하기

프로그램을 실행한 후 "Insert" 글상자를 클릭하고 데이터 개수를 입력하면 무작위로 해당 개수만큼의 데이터가 생성됩니다. "Sort" 글상자를 클릭하면 오름차순으로 데이터가 정렬되고, "Search"를 클릭하면 원하는 데이터의 위치를 확인할 수 있습니다.

그림 6-12 데이터 정렬 및 탐색 절차

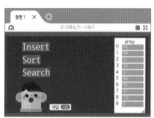

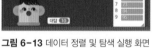

그림 6-13 데이터 정렬 및 탐색 실행 화면

③ 문제 해결하기

오브젝트창에서 엔트리봇 오브젝트를 삭제하고, [+ 오브젝트 추가하기] 버튼을 클릭하여 칠판 배경과 얼굴(남) 오브젝트, "Insert", "Sort", "Search" 글상자 오브젝트를 추가합니다. 오브젝트의 좌 푯값과 크기를 수정하여 각각 화면에 배치합니다.

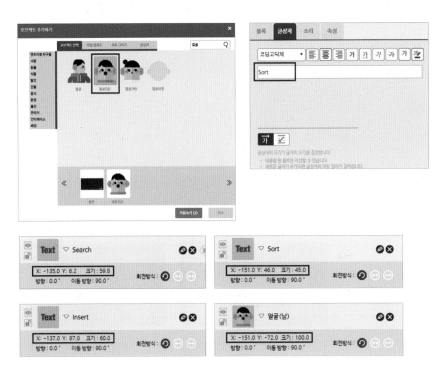

그림 6-14 오브젝트 추가하기

이번에는 리스트와 변수를 추가해 봅시다. [속성] → [리스트] → [+ 리스트 추가] 버튼을 누르고 리스트명에 array라고 입력한 후 확인을 클릭합니다. 이어서 [속성] → [변수] → [+변수 추가] 버튼을 누르고 변수명에 temp라고 입력한 후 확인을 클릭합니다. 같은 방법으로 dsize, input, index 변수도 생성합니다. temp는 추가 리스트를 임시 저장하는 변수, dsize는 리스트의 길이를 저장하는 변수, input은 리스트 입력 데이터 수를 저장하는 변수입니다.

그림 6-15 리스트와 변수 추가하기

오브젝트	엔트리 블록 프로그램
Insert	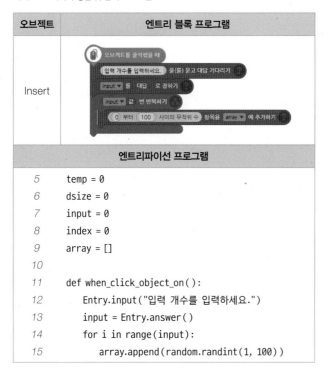

엔트리파이선 프로그램	

```
5      temp = 0
6      dsize = 0
7      input = 0
8      index = 0
9      array = []
10
11     def when_click_object_on():
12         Entry.input("입력 개수를 입력하세요.")
13         input = Entry.answer()
14         for i in range(input):
15             array.append(random.randint(1, 100))
```

- **5행~9행** : 변수와 리스트를 생성하고 초기화합니다.

- **11행** : Insert 오브젝트를 클릭하면 아래 프로그램이 실행됩니다.

- **12행~13행** : "입력 개수를 입력하세요."라고 묻고, 리스트 array에 몇 개의 데이터를 저장할지 키보드로 입력받습니다. 입력받은 숫자는 input 변수에 저장합니다.

- **14행~15행** : 입력받은 숫자만큼 15행을 반복하여 무작위 숫자를 리스트 목록에 삽입합니다.

Q. **random.randit(a, b)는 어떤 기능을 하나요?**

랜덤(random)은 어떠한 의도나 법칙 없이 불규칙하게 늘어서 있는 상태를 말합니다. random.randit(a, b)는 엔트리 블록에서 '무작위 수'라고 표현되는데, a부터 b까지의 범위 내에서 무작위로 특정 값을 선택하는 기능을 합니다.

오브젝트	엔트리 블록 프로그램
Sort	

엔트리파이선 프로그램

```
5     index = 0
6     input = 0
7     dsize = 0
8     temp = 0
9     array = []
10
11    def when_click_object_on():
12        index = 1
13        dsize = (len(array) - 1)
14        for i in range(dsize):
15            for j in range(dsize):
16                if (array[index - 1] > array[index]):
17                    temp = array[index - 1]
18                    array[index - 1] = array[index]
19                    array[index] = temp
20                index += 1
21            index = 1
22            dsize += -1
23        Entry.print("정렬이 완료되었습니다.")
```

· **11행** : Sort 오브젝트를 클릭하면 아래 프로그램이 실행됩니다.

· **12행** : 리스트의 순서를 1부터 시작하게 합니다. 엔트리파이선의 리스트는 첫 번째 자리의 인덱
스가 0부터 시작하므로 이를 나타내기 위해 index - 1을 사용합니다.

· **13행** : 두 번째 항목부터 비교가 시작되기 때문에 리스트 array의 항목 수 - 1을 변수 dsize에 저

장합니다.

- **14행** : dsize에 저장된 숫자만큼 15행~22행의 코드를 반복 실행합니다.

- **15행** : dsize에 저장된 숫자만큼 16행~20행의 코드를 반복 실행합니다.

- **16행~20행** : array[index - 1]과 array[index]의 데이터를 비교하여 array[index - 1]이 크면 17행~19행의 코드를 실행하여 두 데이터의 순서를 바꿔 줍니다. array[index - 1]이 array[index]보다 작거나 같으면 변수 index에 1을 더하고 17행~19행을 다시 실행합니다.

- **21행~22행** : dsize에 저장된 숫자만큼 16행~20행의 코드를 반복 실행한 후 index 변수를 1로 초기화하고, dsize 변수는 1 감소시킨 후 15행~20행을 다시 반복합니다.

- **23행** : 모든 과정이 끝나면 "정렬이 완료되었습니다."를 출력합니다.

오브젝트	엔트리 블록 프로그램
Search	

엔트리파이선 프로그램

```
5      temp = 0
6      dsize = 0
7      input = 0
8      index = 0
9      array = []
10
11     def when_click_object_on():
12         index = 1
13         Entry.input("찾고 싶은 숫자를 입력하세요.")
14         for i in range(len(array)):
15             if (array[index - 1] == Entry.answer()):
16                 Entry.print((index + "번 목록에 있습니다."))
17                 Entry.stop_code("all")
18             Entry.print("찾지 못했습니다.")
19             index += 1
```

- **11행 :** Search 오브젝트를 클릭하면 아래 프로그램이 실행됩니다.

- **12행 :** 변수 index를 1로 초기화합니다.

- **13행 :** "찾고 싶은 숫자를 입력하세요."라는 질문을 출력하고, 사용자가 키보드로 원하는 숫자를 입력하게 합니다.

- **14행 :** 리스트 array에 저장되어 있는 데이터 수만큼 15행~19행을 반복 실행합니다.

- **15행 ~19행 :** 만약 array[index − 1]에 있는 데이터와 사용자가 입력한 숫자와 같다면 "index번 목록에 있습니다."를 출력하고, 모든 실행을 멈춥니다. 그렇지 않으면 "찾지 못했습니다."를 출력하고 변수 index의 값을 1 증가시킵니다.

쉬어가는 페이지 : 데이터와 정보의 차이

현대 사회를 흔히 정보 사회라고 표현합니다. 그만큼 요즘 세상을 살아가는 데 있어서 정보 획득의 중요성은 날로 강조되고 있습니다. 지금은 개인이나 조직의 성공 여부를 결정짓는 중요한 요소가 정보라는 사실을 누구나 잘 알고 있습니다. 정보가 개인이나 조직이 올바른 의사 결정을 내리는 데 중요한 판단 기준이 되기 때문입니다. 따라서 현재의 상황을 정확하게 반영하는 가치 있는 정보를 얼마나 많이 보유하고 있느냐가 성공의 열쇠라고 할 수 있습니다. 그렇다면 이와 같은 가치 있는 정보는 어떻게 확보할 수 있을까요?

많은 사람들이 정보와 데이터를 혼용하곤 하는데, 이 개념에는 약간의 차이가 있습니다. '데이터(data)'는 현실 세계에서 단순히 관찰하거나 측정하여 수집한 사실(fact)이나 값(value)을 말하며, 자료라고도 합니다. 반면 '정보(information)'는 데이터를 의사 결정에 유용하게 활용할 수 있도록 처리하여 체계적으로 조직한 결과물입니다. 데이터에서 정보를 추출하는 과정 또는 방법을 '정보 처리(information processing)'라고 합니다. 즉, 데이터를 상황에 맞게 분석하거나 해석하여 데이터 간의 의미 관계를 파악하는 과정을 거치면 비로소 의미 있는 정보로 거듭나게 됩니다.

이해를 돕기 위해 단순한 예를 들자면, 아무 구분 없이 마구잡이로 쌓여 있는 책은 데이터라고 볼 수 있고, 분야와 출판사, 저자 등의 기준으로 분류해서 책장에 가지런히 꽂아 놓은 것은 정보라고 볼 수 있습니다. 이번 단원에서 데이터를 관리하고 탐색하기 위한 프로그램을 만들어 본 것은 이런 과정을 공부하기 위한 첫걸음입니다.

정보 처리

| 데이터 | 정보 |

우리는 일상생활에서 다양한 확률을 접하며 살아가고 있습니다. 일기예보에서 볼 수 있는 강수 확률, 야구 선수가 안타를 칠 확률, 윷놀이의 각 결과가 나올 확률, 카드 게임의 확률 등이 그 예입니다. 이처럼 확률은 하나의 사건이 일어날 수 있는 가능성을 수로 나타낸 것으로 동일한 원인에서 특정 결과가 나오는 비율을 뜻합니다.

확률에는 언제 어디서 누가 하든 동일한 값으로 계산되는 수학적 확률, 동일 조건 또는 독립적으로 무한 반복하였을 때 발생하는 통계적 확률, 마지막으로 관찰자 주관에 의해 다르게 표현되는 주관적 확률 등이 있습니다. 일반적으로 이야기하는 수학적 확률이나 통계적 확률을 계산할 때에는 컴퓨팅의 능력을 빌리면 효율적으로 문제를 해결할 수 있습니다. 알고리즘에 의해 제한된 상황에서 수많은 반복 실행을 통해 신뢰도가 높은 값을 구할 수 있고, 사람이 수행하기 힘든 복잡한 계산과 엄청난 양의 데이터도 손쉽게 처리할 수 있기 때문입니다.

순위	선수명	팀명	타율	연도
1	백인천	MBC	0.412	1982
2	이종범	해태	0.393	1994
3	장효조	삼성	0.387	1987
4	테임즈	NC	0.381	2015
5	최형우	삼성	0.376	2016
6	장효조	삼성	0.373	1985
7	마해영	롯데	0.372	1999
8	박용택	LG	0.372	2009
9	홍성흔	롯데	0.371	2009
10	서건창	넥센	0.370	2014

일상생활에서 접할 수 있는 다양한 확률

이번 단원에서는 주사위 확률을 구해 보는 시뮬레이션을 통해 많은 데이터를 자동으로 반복 처리하는 알고리즘을 설계한 후 직접 프로그램을 만들어 보겠습니다. 이러한 활동을 통해 컴퓨터를 활용하여 많은 횟수의 계산과 복잡한 문제를 손쉽게 처리할 수 있음을 확인할 수 있습니다.

주사위
확률 구하기

STEP

01 >>> 주사위 굴리기

주사위를 활용해서 각 숫자가 나올 확률을 구하려면 먼저 주사위를 굴려야 합니다. 주사위는 총 몇 개의 면을 가지고 있을까요? 각 면에는 어떤 숫자 값이 표기되어 있나요? 엔트리파이선에서는 주사위 모양을 어떻게 표현할 수 있을까요? 주사위 확률을 구하기에 앞서 주사위를 굴려 하나의 숫자가 나오게 하는 프로그램을 작성해 봅시다.

1 문제 이해하기

주사위는 정육면체 모양으로 각 면에 1부터 6까지 총 여섯 개의 숫자 값이 표기되어 있습니다. 따라서 주사위를 굴리면 여섯 개의 숫자 중에서 무작위로 하나의 숫자가 나오게 됩니다. 엔트리파이선에서 이처럼 주사위를 굴려 여섯 개의 숫자 중 하나의 숫자 값을 정하기 위해서는 무작위로 숫자를 정해서 출력하는 명령어를 사용해야 합니다.

2 전략 수립하기

주사위 오브젝트를 클릭하면 회전을 하다가 특정 숫자 값에서 멈춥니다. 화면 왼쪽 상단에 있는 변수 표시에는 1에서 6까지 숫자 중 하나가 표시 되는데, 멈춘 주사위의 모양과 같습니다.

그림 7-1 주사위 굴리기 절차

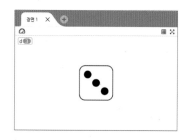

그림 7-2 주사위 굴리기 실행 화면

3 문제 해결하기

오브젝트창에서 엔트리봇을 삭제하고, [+ 오브젝트 추가하기] 버튼을 클릭하여 주사위 오브젝트를 추가합니다. 주사위 오브젝트의 모양창에는 1에서 6까지 주사위 모양이 모두 포함되어 있습니다.

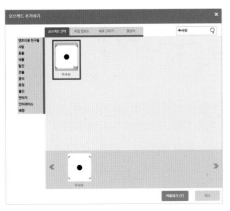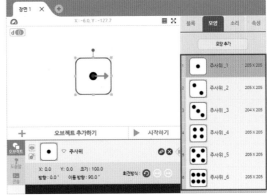

그림 7-3 주사위 오브젝트 추가하기

예제 **7-1** 주사위 굴리기

오브젝트	엔트리 블록 프로그램
주사위	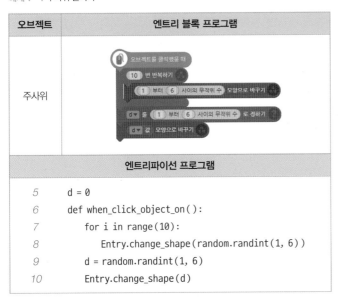

엔트리파이선 프로그램

```
 5      d = 0
 6      def when_click_object_on():
 7          for i in range(10):
 8              Entry.change_shape(random.randint(1, 6))
 9          d = random.randint(1, 6)
10          Entry.change_shape(d)
```

- **7행~8행** : 오브젝트를 클릭했을 때 명령어가 실행되도록 def when_click_object_on(): 명령어를 사용합니다. 그리고 for 문을 사용하여 모양 바꾸기를 10번 실행합니다. 빠른 시간에 모양이 바뀌기 때문에 주사위를 굴리는 애니메이션 효과를 줄 수 있습니다. 이때 매개 변수로는 random.randint(1, 6)을 사용하여 주사위 모양이 불규칙적으로 바뀌게 합니다.

- **9행~10행** : 주사위를 던졌을 때 1에서 6까지의 숫자 중 무작위로 하나가 나와야 하기 때문에 random.randint(1, 6)을 사용하여 변수 d에 1부터 6까지의 숫자 중 무작위로 하나를 선택하여 저장하도록 합니다. 마지막으로 Entry.change_shape(d) 명령어를 통해 변수에 저장된 숫자 값과 같게 주사위 모양을 바꿉니다.

STEP 02 >>> 주사위 확률 구하기

앞에서 주사위 오브젝트를 클릭하면 회전하는 애니메이션 효과가 나타나고, 그 후에 무작위 결과가 나오는 주사위 굴리기 프로그램을 만들었습니다. 이제 이 주사위를 굴려서 6이 나올 확률을 구하는 프로그램을 만들어 봅시다.

1 문제 이해하기

주사위를 던졌을 때 6이 나올 확률을 수학적으로 계산하면 1/6입니다. 하지만 실제 주사위를 던져 보면 정확하게 1/6의 확률이 나오지는 않습니다. 어떻게 해야 정확한 확률을 구할 수 있을까요? 주사위를 수도 없이 많이 던지면 아마 1/6에 가까운 확률 값을 얻을 수 있을 것입니다. 이를 위해 자동으로 주사위를 던지고 확률까지 구해주는 프로그램을 만들어 보겠습니다.

2 전략 수립하기

확률을 구하기 위해서는 주사위를 던진 전체 횟수와 그 중에서 6이 나온 횟수에 대한 정보가 필요합니다. 먼저 던질 횟수의 입력 값을 받아 그 수만큼 주사위를 굴린 후 결과가 6인지 확인합니다. 주사위를 굴린 결과를 반복해서 확인하고, 연산을 통해 6이 나올 확률 값을 출력하면 됩니다.

그림 7-5 주사위 확률 구하기 실행 화면

그림 7-4 주사위 확률 구하기 절차

③ 문제 해결하기

주사위를 던져 6이 나올 확률을 구하는 프로그램의 코드는 다음과 같습니다.

예제 7-2 주사위를 던져 6이 나올 확률을 구하는 프로그램

오브젝트	엔트리 블록 프로그램
주사위	
	엔트리파이선 프로그램

```
 5     thr = 0
 6     d = 0
 7     d6 = 0
 8     def when_click_object_on():
 9         Entry.input("던지는 횟수를 입력하세요")
10         thr = Entry.answer()
11         for i in range(thr):
12             for j in range(10):
13                 Entry.change_shape(random.randint(1, 6))
14             d = random.randint(1, 6)
15             Entry.change_shape(d)
16             Entry.wait_for_sec(0.5)
17             if (d == 6):
18                 d6 += 1
19         Entry.print((d6 / thr))
```

• **5행~7행** : 확률을 구하려면 전체 횟수와 확률을 구하려는 사건이 일어난 횟수를 알아야 합니다. 따라서 던질 횟수를 저장할 변수 thr과 6이 나온 횟수를 저장할 변수 d6를 만들어 줍니다.

• **10행~11행** : 확률을 구하려면 주사위를 반복해서 굴려야 합니다. 좀 더 효율적으로 확률을 구하

기 위해 Entry.input( ) 명령어를 활용해서 사용자가 반복 횟수를 자유롭게 입력할 수 있도록 만듭니다. 입력된 값은 Entry.answer( )에 저장되고, 그 값은 다시 변수 thr에 저장됩니다.

- **12행~15행** : for 문을 통해 주사위를 굴리는 명령어 전체를 반복합니다. 이때 반복할 횟수는 입력된 값이 저장되어 있는 변수 thr과 같습니다.

- **16행** : 주사위를 빠르게 반복해서 굴리기 때문에 각각의 주사위를 굴려 나온 결과를 확인하기 어렵습니다. 따라서 다음 주사위를 굴리기 전에 Entry.wait_for_sec( ) 명령어를 사용하여 잠시 멈추도록 합니다. 멈추는 시간 값은 자유롭게 정할 수 있으며, 여기서는 0.5로 설정했습니다.

- **17행~18행** : 주사위를 굴려서 나온 값이 6이라면 변수 d6에 숫자 1을 더합니다.

- **19행** : 변수 thr만큼 주사위를 반복해서 던진 후 6이 나온 횟수를 변수 d6에 모두 저장했다면 Entry.print((d6 / thr)) 명령어를 이용해서 확률 값을 출력합니다. 확률은 '6이 나온 횟수/전체 던진 횟수'이기 때문에 각 값이 저장되어 있는 변수를 활용하여 d6/thr의 값을 출력합니다.

Q. **주사위를 더 빠른 속도로 굴려서 결과를 신속하게 확인하고 싶어요.**

주사위를 던지는 횟수가 많아질수록 결과를 출력하는 데 오랜 시간이 걸립니다. 이럴 때는 특정 값을 수정하여 결과를 빠르게 출력할 수 있습니다. <예제 7-2>의 프로그램을 아래와 같이 수정해 보세요.

코드
12   for i in range(thr):
13   for j in range(3):
14   Entry.change_shape(random.randint(1, 6))
15   d = random.randint(1, 6)
16   Entry.change_shape(d)
17   Entry.wait_for_sec(0.2)

- 13행 : for j in range(3): 명령어는 주사위를 굴리는 애니메이션의 길이를 결정합니다. 따라서 반복 횟수를 줄인다고 해서 결과에는 영향을 미치지 않습니다.
- 17행 : Entry.wait_for_sec(0.2) 명령어는 주사위가 회전한 후 나온 값을 확인하기 위한 명령어이므로 대기 시간을 줄이거나 아예 삭제해도 무방합니다.

STEP

03 >>> 반복해서 확률을 구한 후 확률 값 저장하기

지금까지 주사위를 굴리는 시뮬레이션을 완성했고, 반복해서 주사위를 굴린 후 확률을 구하는 프로그램도 만들었습니다. 그런데 특정 숫자가 나올 확률을 반복해서 구했을 때 어떤 결과가 나왔나요? 같은 횟수로 주사위를 던지더라도 확률 값은 각각 다르게 나오는 경우가 많습니다. 좀 더 정확한 확률을 구하려면 어떻게 해야 될까요?

1 문제 이해하기

반복해서 확률을 구한 후 각각의 결과를 누적해서 저장하면 좀 더 정확한 값에 가까운 주사위 확률을 구할 수 있습니다. 하지만 이 과정을 일일이 반복하려면 많은 시간과 노력이 들어가겠죠. 이번에는 확률을 반복해서 구하고, 그 결과를 자동으로 누적해서 저장하는 프로그램을 만들어 봅시다.

2 전략 수립하기

반복해서 확률을 구하기 위해서는 먼저 반복할 횟수를 저장할 변수가 필요하며, 이 값에 따라 앞에서 작성한 확률을 구하는 프로그램을 전체 반복해야 합니다. 그리고 이번 프로그램에는 반복되어 나오는 결과 값을 저장하기 위한 공간도 필요합니다. 하나의 값을 저장하기 위해서는 변수를 사용하는 것으로 충분하지만, 여러 개의 정보를 저장하기 위해서는 리스트를 활용하는 것이 효율적입니다.

그림 7-6 리스트에 확률 값 저장하기 절차

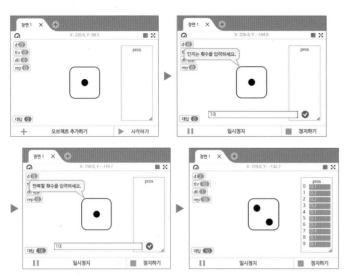

그림 7-7 리스트에 확률 값 저장하기 실행 화면

③ 문제 해결하기

반복해서 확률을 구한 후 확률 값을 리스트에 저장하는 프로그램의 코드는 다음과 같습니다.

예제 7-3 리스트에 확률 값을 저장하는 프로그램

오브젝트	엔트리 블록 프로그램
주사위	![오브젝트를 클릭했을 때 던지는 횟수를 입력하세요. 을(를) 묻고 대답 기다리기 thr ▼ 를 대답 로 정하기 반복할 횟수를 입력하세요. 을(를) 묻고 대답 기다리기 rep ▼ 를 대답 로 정하기 rep ▼ 값 번 반복하기 d6 ▼ 을 0 로 정하기 thr ▼ 값 번 반복하기 10 번 반복하기 1 부터 6 사이의 무작위 수 모양으로 바꾸기 d ▼ 을 1 부터 6 사이의 무작위 수 로 정하기 d ▼ 값 모양으로 바꾸기 0.5 초 기다리기 만일 d ▼ 값 = 6 이라면 d6 ▼ 에 1 만큼 더하기 d6 ▼ 값 / thr ▼ 값 항목을 pros 에 추가하기]

                    엔트리파이선 프로그램
11   def when_click_object_on():
12   Entry.input("던지는 횟수를 입력하세요")
13   thr = Entry.answer()
14   Entry.input("반복할 횟수를 입력하세요")
15   rep = Entry.answer()
16   for i in range(rep):
17   d6 = 0
18   for j in range(thr):
19   for k in range(10):
20   Entry.change_shape(random.randint(1, 6))
21   d = random.randint(1, 6)
22   Entry.change_shape(d)
23   Entry.wait_for_sec(0.5)
24   if (d == 6):
25   d6 += 1
26   pros.append((d6 / thr))
```

- **14행~15행** : 확률을 반복해서 구해야 하기 때문에 `Entry.input()` 명령어를 활용해서 반복할 횟수를 입력 받고, 그 값을 변수 rep에 저장합니다.

- **16행~26행** : for 문을 이용하여 변수 rep의 값만큼 확률을 반복해서 구합니다. 이때 반복할 명령어는 앞에서 만든 확률을 구하는 명령어 전체입니다. 확률을 한 번 구할 때마다 6이 나온 횟수 즉 변수 d6을 0으로 만들어 준 후 다음 확률을 구하도록 합니다.

- **26행** : 확률 계산이 끝날 때마다 그 결과를 리스트에 저장합니다. pros라는 리스트에 각각의 결과를 순서대로 저장하기 위해 `pros.append()` 명령어를 사용했습니다. 저장해야 하는 값은 확률이기 때문에 d6/thr의 연산 결과를 리스트에 저장합니다. 저장이 완료된 후에는 `for i in range(rep):` 명령어에 의해 다시 반복해서 주사위를 던지고 확률을 구하게 됩니다.

**Q.** **17행과 같이 변수 d6을 0으로 만들어 주는 이유는 무엇인가요?**

6이 나온 횟수를 저장하는 변수 d6은 확률을 구할 때 안에 저장된 값이 있습니다. 이 변수는 확률을 구할 때마다 사용되어야 하기 때문에 새로운 확률을 구하려면 변수 값을 0으로 초기화해서 다시 6이 나온 횟수를 누적해 주어야 합니다. 0으로 만들어 주지 않으면 이전에 6이 나온 횟수에 누적해서 값을 더하기 때문에 올바른 확률 값이 나오지 않습니다.
```

대부분의 현대인들은 일상생활에서 수많은 데이터를 다루게 됩니다. 그 중에서도 문자 정보를 다루는 사례를 생각해 볼까요? 우리는 다양한 웹사이트에서 필요한 정보를 찾기 위해 원하는 단어를 검색합니다. 각종 응용 프로그램으로 작성한 문서에서 특정 내용을 찾기 위해서도 검색을 합니다. 그렇다면 컴퓨터는 엄청난 분량의 단어 중에서 어떻게 해당 문자를 찾아내거나 위치를 표시할 수 있을까요?

컴퓨터가 문자 정보를 다루고 검색할 때에는 주어진 문자를 순서대로 확인하고 각각의 문자 위치를 숫자 정보로 바꿔서 확인하는 방법이 사용되기도 합니다. 컴퓨터는 사람처럼 단어의 모양과 생김새를 그대로 인식할 수 없기 때문에 각각의 문자 정보와 위치를 컴퓨터가 이해할 수 있는 숫자 정보로 변환해서 활용하는 것입니다.

특히 문자나 기호를 순서대로 나열한 것을 '문자열'이라고 합니다. 이 문자열은 정보를 관리하는 데 매우 중요한 역할을 합니다. 놓여 있는 순서에 따라 전혀 다른 단어가 되거나 새로운 의미가 될 수 있기 때문입니다. 컴퓨터는 문자열로 저장된 정보를 상상할 수 없을 정도의 빠른 속도로 처리할 수 있기 때문에 우리가 웹페이지나 워드 문서에서 특정 단어를 검색하면 바로 결과를 보여줍니다.

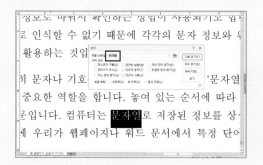

문자열을 활용한 검색의 예

이번 단원에서는 문자열을 활용해서 각 단어에 포함된 문자의 위치를 표현하는 방법을 알아보고, 끝말잇기 게임의 원리를 바탕으로 문자 데이터를 활용하는 프로그램을 만들어 봅시다. 이러한 활동을 통해 컴퓨터가 문자 데이터를 다루는 방법을 이해하고, 문자열 정보를 활용하는 방법도 익힐 수 있습니다.

끝말잇기 프로그램

STEP
01 >>> 끝말잇기의 원리

끝말잇기 게임을 해 본 적이 있나요? 끝말잇기는 어떤 과정으로 진행되나요? 끝말잇기에서 중요한 글자는 무엇인가요? 컴퓨터를 활용해서 끝말잇기를 하려면 어떻게 해야 하는지 진행 과정을 찬찬히 떠올려 보세요.

---

① 문제 이해하기

끝말잇기는 앞 사람이 말한 단어의 마지막 글자와 다음 사람이 말하는 단어의 첫 글자가 같아야 합니다. 어느 한 명이 해당 글자로 시작하는 단어를 말하지 못할 때까지 이 과정을 반복해서 진행합니다. 그렇다면 끝말잇기를 하기 위해 컴퓨터에 입력된 단어의 마지막 글자를 어떻게 찾아낼 수 있을까요? 먼저 단어를 입력하고, 그 단어의 마지막 글자로 시작되는 단어를 되묻기 위해 어떻게 해야 할지 알아봅시다.

② 문제 해결하기

먼저 컴퓨터가 첫 번째 단어를 물어봅니다. 사용자가 첫 번째 단어를 입력하면 입력된 단어의 마지막 글자로 시작하는 단어를 다시 물어 보고, 또 입력하면 그 단어의 마지막 글자로 끝나는 단어를 물어봅니다. 이 과정이 계속 반복됩니다.

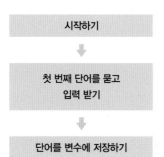
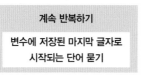

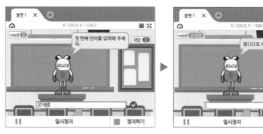

그림 8-2 끝말잇기의 실행 화면

그림 8-1 끝말잇기의 절차

③ 문제 해결하기

단어를 묻고 대답하기 위해서는 한 개의 오브젝트 안에서 명령어가 실행되어야 합니다. 오브젝트창에서 기존 엔트리봇 오브젝트를 삭제하고, [+ 오브젝트 추가하기] 버튼을 클릭하여 (3)엔트리봇 오브젝트를 추가하세요. 배경으로는 교실을 사용하겠습니다. 오브젝트의 위치나 크기는 프로그램에 영향을 미치지 않기 때문에 자유롭게 설정해도 괜찮습니다.

 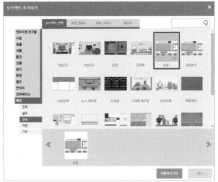

그림 8-3 (3)엔트리봇 오브젝트와 교실 배경 추가

앞 단어의 마지막 글자로 시작하는 단어를 묻는 프로그램의 코드는 다음과 같습니다.

예제 8-1 끝말잇기 프로그램

오브젝트	엔트리 블록 프로그램
(3)엔트리봇	▶ 시작하기 버튼을 클릭했을 때 첫 번째 단어를 입력해 주세요 을(를) 묻고 대답 기다리기 word ▼ 를 대답 로 정하기 계속 반복하기 　word ▼ 값 의 (word ▼ 값 의 글자 수) 번째 글자 + (으)로 시작하는 말은? 을(를) 묻고 대답 기다리기 　word ▼ 를 대답 로 정하기

엔트리파이선 프로그램

```
5    word = 0
6
7    def when_start():
8        Entry.input("첫 번째 단어를 입력해 주세요.")
9        word = Entry.answer()
10       while True:
11           Entry.input((word[len(word) - 1] + "(으)로 시작하는 말은?"))
12           word = Entry.answer()
```

- **5행~9행** : 단어를 저장하기 위해 word라는 변수를 생성합니다. 시작 버튼을 클릭하면 8행에서 첫 번째 단어의 입력 값을 받고, 9행에서 입력된 값을 변수 word에 저장합니다.

- **10행** : 첫 번째 단어가 입력되면 계속해서 단어를 묻고 입력하는 것을 반복하기 위해 while True: 명령어를 사용합니다.

- **11행** : 끝말잇기의 핵심적인 알고리즘이라고 할 수 있는 입력된 단어의 마지막 글자를 찾아내는 명령어입니다. word에 입력되는 문자는 매번 바뀌기 때문에 단어의 마지막 글자도 바뀌게 됩니다. 그렇다면 입력한 글자에 따라 자동으로 마지막 글자를 찾아내기 위해서는 어떻게 해야 할까요? 엔트리파이선에서는 len( ) 함수가 글자 수를 구하는 기능을 합니다. 예를 들어 len("엔트리파이선")이라고 명령어를 작성하면, "엔트리파이선"이 여섯 글자이므로 6이라는 숫자 값으로 변환됩니다.

엔트리 블록 프로그램	실행 결과

엔트리파이선 프로그램

```
5    def when_start():
6        Entry.print(len("엔트리파이선"))
```

단어가 몇 개의 글자로 구성되어 있는지 알 수 있다면, 그 숫자 값의 위치에 있는 문자가 단어의 마지막 문자라는 것도 알 수 있습니다. 또한, 컴퓨터는 글자의 위치를 숫자 정보로 저장하고 있기 때문에 아래와 같이 **"단어"[숫자]** 명령어를 사용하면 해당 숫자의 위치에 있는 단어를 출력할 수 있습니다. 이때 엔트리파이선의 문자열은 0부터 시작한다는 점을 잊지 말아야 합니다. 예를 들어 아래와 같이 명령어를 작성하면 "선"이라는 결과가 나타납니다.

엔트리 블록 프로그램	실행 결과

엔트리파이선 프로그램

```
5    def when_start():
6        Entry.print("엔트리파이선!"[5])
```

엔트리 블록 프로그램에서는 6번째 글자가 "선"에 해당하지만, 엔트리파이선에서는 0부터 시작하기 때문에 [5]가 여섯 번째 글자에 해당합니다.

	엔	트	리	파	이	선
엔트리 블록 프로그램	1	2	3	4	5	6
엔트리파이선	0	1	2	3	4	5

지금까지 배운 내용을 종합해서 변수 word에 저장된 단어의 마지막 글자를 출력하는 명령어를 작성해 봅시다. 변수 word에 저장된 단어의 글자 수는 len(word)로 표현할 수 있습니다. 그런데 엔트리파이선의 문자열은 첫 번째 글자가 0부터 시작하기 때문에 마지막 글자의 문자열은 len(word)-1입니다. 따라서 마지막 글자를 출력하는 명령어는 word[len(word)-1]입니다. 여기에 "(으)로 시작하는 말은?"을 붙여서 출력하면 앞 단어의 마지막 글자로 시작하는 단어를 묻는 질문이 완성됩니다.

Q. **Entry.answer() 블록은 어떤 기능을 하나요?**

Entry.answer()는 키보드를 통해 입력된 정보가 임시로 저장되는 공간 역할을 합니다. 이처럼 Entry.으로 시작되는 명령어들은 모두 엔트리파이선 전용이며, 일반적인 파이선에서는 사용되지 않습니다.

STEP

02 >>> 규칙에 맞는지 확인하고 단어 저장하기

앞에서 첫 번째 단어를 입력하면, 그 단어의 마지막 글자로 시작하는 단어를 묻는 프로그램을 완성했습니다. 그런데 끝말잇기 게임을 할 때에는 단어를 입력했을 때 그 단어가 끝말잇기 규칙에 맞는지 확인하는 과정도 필요합니다. 제대로 된 끝말잇기 프로그램을 완성하려면 어떻게 해야 할까요?

① 문제 이해하기

앞에서 만든 프로그램은 아무 단어나 입력해도 다음 단계로 넘어가기 때문에 제대로 된 끝말잇기 프로그램이라고 할 수 없습니다. 예를 들어 앞 단어가 "고구마"였는데, 다음 단어를 "감자"라고 답해도 게임이 계속 진행됩니다. 따라서 입력한 값이 이전 단어의 마지막 글자로 시작하는지 확인하는 알고리즘이 추가되어야 합니다. 또한 입력한 단어를 리스트에 순서대로 저장하면 끝말잇기를 하는 동안 이전에 입력했던 단어들을 모두 확인할 수 있어 편리합니다.

② 전략 수립하기

앞 단어의 마지막 글자로 시작되는 단어를 묻는 프로그램을 완성했으니, 이번에는 프로그래밍을 통해 입력된 단어를 확인하고 저장하는 프로그램을 만들어 봅시다. 이 프로그램을 구현하기 위해서는 입력된 단어를 확인할 수 있는 선택 구조와 확인된 값을 저장할 수 있는 리스트가 필요합니다.

먼저 입력된 단어가 앞 단어의 마지막 글자로 시작되는지 확인합니다. 단어가 정확하게 입력되었다면 그 단어를 리스트에 저장하고 다시 그 단어의 마지막 글자로 시작되는 단어를 묻습니다. 만약 앞 단어의 마지막 글자로 시작되는 단어가 아닌 엉뚱한 단어를 입력했다면, "다른 단어를 입력해 보세요!"라고 출력한 후 다시 단어를 입력하게 합니다.

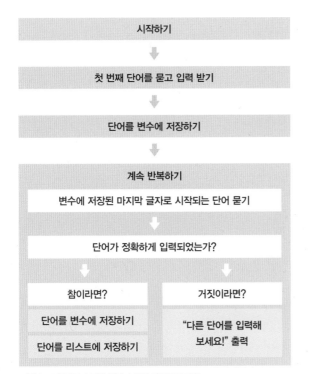

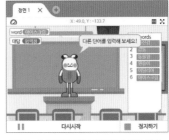

그림 8-5 규칙이 적용된 끝말잇기 실행 화면

그림 8-4 끝말잇기 규칙 확인과 단어 저장하기 절차

③ 문제 해결하기

끝말잇기의 규칙을 확인하고, 맞을 경우 단어를 저장하는 프로그램의 코드는 다음과 같습니다.

예제 8-2 끝말잇기 규칙 확인과 단어 저장하기 프로그램

오브젝트	엔트리 블록 프로그램
(3)엔트리봇	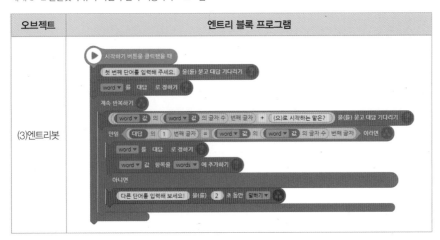

엔트리파이선 프로그램

```
5      word = 0
6      words = []
7
8      def when_start():
9          Entry.input("첫 번째 단어를 입력해 주세요.")
10         word = Entry.answer()
11         while True:
12             Entry.input((word[len(word) - 1] + "(으)로 시작하는 말은?"))
13             if (Entry.answer()[0] == word[len(word) - 1]):
14                 word = Entry.answer()
15                 words.append(word)
16             else:
17                 Entry.print_for_sec("다른 단어를 입력해 보세요!", 2)
```

- **12행~15행 :** 입력된 단어를 확인하기 위해서는 `if(조건):` 구문을 통해 선택 구조를 만들어야 합니다. 이때 참과 거짓을 판단할 수 있는 조건에는 입력한 단어의 첫 번째 글자가 앞서 입력된 단어의 마지막 글자와 같은지 확인하는 식이 들어가야 합니다. 입력된 단어의 첫 번째 글자는 `Entry.answer()[0]`으로 표현했고, 앞서 입력된 단어, 즉 변수 word에 저장된 단어의 마지막 글자는 `word[len(word) - 1])`로 표현했습니다. 규칙에 맞게 정확히 입력되었다면 변수 word에 해당 단어를 저장하고, 리스트 words에도 추가합니다. 리스트에 단어를 추가할 때에는 **리스트이름.append(저장값)** 명령어를 사용합니다.

- **16행~17행 :** 만약 입력된 단어의 첫 글자가 앞서 입력된 단어의 마지막 글자와 일치하지 않는다면 "다른 단어를 입력해 보세요!"를 2초 동안 출력합니다.

Q. **if 조건문과 if ~ else 조건문의 차이는 무엇인가요?**

if 조건문은 거짓인 경우에 실행될 명령어를 따로 설정하지 않고, if ~ else 조건문은 거짓일 경우 실행될 명령어를 설정합니다. 두 명령어의 차이점은 다음과 같습니다.

if(조건):
　　　명령어A
명령어B
명령어C
	if(조건):
	　　　명령어A
	else:
	　　　명령어B
	명령어C

조건이 참일 때 A → B → C	조건이 참일 때 A → C
조건이 거짓일 때 B → C	조건이 거짓일 때 B → C

STEP 03 >>> 끝말잇기를 완료하는 데 걸린 시간 출력하기

이제 끝말잇기 프로그램의 가장 중요한 요소들은 모두 완성되었습니다. 하지만 프로그램을 실행하면 끝말잇기가 끝나지 않고 계속 반복됩니다. 끝말잇기 프로그램을 완료하는 시점은 어떻게 정하는 것이 좋을까요?

1 문제 이해하기

끝말잇기를 끝내는 방법에는 어떤 것들이 있을까요?

1. 정해진 시간 동안만 실행되도록 한다.
2. 정해진 개수의 단어를 정확히 입력하면 종료되도록 한다.
3. 틀린 단어를 세 번 입력하면 종료되도록 한다.
4. 종료 버튼을 클릭하면 종료되도록 한다.

그밖에 다양한 규칙을 정할 수 있겠지만, 이번 시간에는 끝말잇기가 시작되면 시간을 측정하고, 10번의 끝말잇기가 완료될 때까지 걸린 시간을 출력하는 프로그램을 만들어 보겠습니다.

2 전략 수립하기

앞에서 끝말잇기 단어가 조건에 맞게 잘 입력되었을 때 리스트에 저장되도록 프로그래밍했습니다. 그런데 끝말잇기가 완료된 횟수를 알려면 어떻게 해야 할까요? 확인을 마친 단어들은 리스트에 저장되기 때문에 리스트에 저장된 정보의 개수를 확인하면 됩니다. 여기서는 리스트에 단어 10개가 저장될 때까지 걸린 시간을 측정해서 출력해 봅시다.

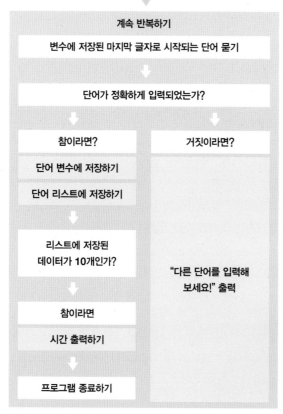

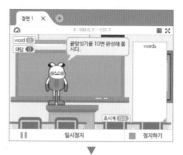

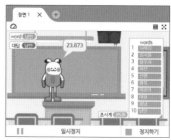

그림 8-7 끝말잇기를 열 번 반복하는 데
걸리는 시간 출력하기 실행 화면

그림 8-6 끝말잇기를 열 번 반복하는 데 걸리는 시간 출력하기 절차

③ 문제 해결하기

끝말잇기를 열 번 반복하는 데 걸리는 시간 출력하는 프로그램의 코드는 다음과 같습니다.

예제 8-3 끝말잇기를 열 번 반복하는 데 걸리는 시간 출력하기 프로그램

오브젝트	엔트리 블록 프로그램
(3)엔트리봇	

엔트리파이선 프로그램

```
5    word = 0
6    words = []
7
8    def when_start():
9        Entry.print_for_sec("끝말잇기를 10번 완성해 봅시다.", 4)
10       Entry.input("첫 번째 단어를 입력해 주세요.")
11       word = Entry.answer()
12       Entry.timer("start")
13       while True:
14           Entry.input((word[len(word) - 1] + "(으)로 시작하는 말은?"))
15           if (Entry.answer()[0] == word[len(word) - 1]):
16               word = Entry.answer()
17               words.append(word)
18               if (len(words) == 10):
19                       Entry.print_for_sec(Entry.value_of_timer(), 2)
20                       Entry.stop_code("all")
21           else:
22               Entry.print_for_sec("다른 단어를 입력해 보세요!", 2)
```

- **8행~12행** : 첫 번째 단어가 입력되면 엔트리파이선의 고유함수인 타이머 명령어가 실행되도록 합니다. Entry.timer("start") 명령어는 실행되자마자 바로 초시계가 작동합니다.

- **15행~20행** : 끝말잇기가 10번 이어지면 프로그램이 종료되어야 합니다. 그렇다면 끝말잇기가 10번 이어진 것을 어떻게 확인할 수 있을까요? 변수를 생성하여 값을 누적하는 방법을 쓸 수도 있지만, 여기서는 리스트에 저장된 단어의 개수를 확인하는 방법을 써 보겠습니다. 그러기 위해서는 len() 함수를 사용해야 합니다. 앞에서는 len() 함수를 입력된 단어의 길이를 숫자 값으로 변환하기 위해 사용했습니다. 다른 방식으로 사용하기 위해서는 len(리스트이름)으로 명령어를 작성하면 리스트에 저장된 단어의 개수를 숫자 값으로 변환할 수 있습니다.

먼저 규칙에 맞는 단어가 입력될 때마다 리스트 words에 단어를 저장합니다. 다음에 if(조건): 명령어를 통해 선택 구조를 추가하고, 조건으로 리스트에 저장된 정보의 개수, 즉 len(words)가 10인지 확인합니다. 만약 리스트 words에 저장된 단어가 10개째가 되면, 그때의 초시계 값을 2초 동안 출력합니다. 앞서 Entry.timer("start") 명령어를 통해 실행된 초시계의 값은 Entry.value_of_timer() 명령어에 저장되어 있기 때문에 Entry.print_for_sec(Entry.value_of_timer(), 2)로 시간을 출력할 수 있습니다. 시간을 출력한 후에는 Entry.stop_code("all") 명령어를 통해 프로그램의 모든 코드를 정지시킵니다.

: API를 활용한 끝말잇기 게임

엔트리에서 만든 끝말잇기 프로그램은 치명적인 한계가 있습니다. 저장된 단어의 마지막 글자와 입력된 단어의 첫 번째 글자를 확인하는 끝말잇기의 기본 원리는 잘 실행되지만, 입력한 단어가 실제로 존재하는 단어인지 확인할 수 없다는 것입니다. 그래서 저장된 단어의 마지막 글자로 시작하는 아무 말이나 입력해도 걸러지지 않고 계속 진행됩니다.

그렇다면 실재하는 단어인지 확인하는 프로그램은 어떻게 만들 수 있을까요? 세상에 존재하는 모든 단어를 저장한 후 입력된 단어가 그 속에 포함되는지 확인하면 되겠죠. 하지만 세상의 모든 단어를 직접 입력하는 일은 불가능에 가까울 것입니다. 이런 경우 국립국어원 홈페이지에 있는 표준국어대사전의 자료를 가져온다면 간단하게 해결될 수 있습니다. 이렇게 외부 프로그램과 통신하여 정보를 주고받거나 운영체제를 활용할 때 API를 사용합니다.

API란 운영체제와 응용프로그램 사이의 통신에 사용되는 언어나 메시지 형식을 말합니다. 우리가 자주 사용하는 프로그램이나 앱 중에도 API를 활용한 사례가 매우 많습니다. 지하철 또는 버스 도착 시간 확인 프로그램이나 날씨를 확인하는 앱, 각종 통계 데이터를 볼 수 있는 프로그램 등도 대부분 API를 활용합니다.

엔트리파이선을 열심히 공부해서 텍스트 프로그래밍에 익숙해지면, API를 활용할 수 있는 본격적인 프로그래밍 언어를 익혀 좀 더 완성도 높은 프로그램을 만드는 데 도전해 보세요.

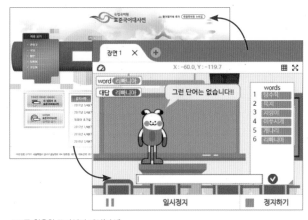

API를 활용한 끝말잇기 게임(가상)

API를 활용한 앱

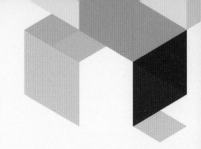

컴퓨터의 성능이 좋아지면서 다양한 게임들이 개발되고 있습니다. 키보드와 마우스를 활용한 게임부터 실물과 유사한 자동차 핸들과 페달을 활용한 게임, 최근에는 VR(가상현실)과 AR(증강현실)을 통해 게임을 진행하기도 합니다.

게임에는 다양한 캐릭터들이 등장하고, 화려한 배경이나 각종 아이템이 사용됩니다. 게임에 재미 요소를 더하기 위해 아이템 획득이나 레벨 업그레이드 등의 다양한 확률적 요소를 포함하기도 합니다. 이러한 게임 요소들은 키보드, 마우스, 조이스틱, 자동차 핸들 등의 각종 입력 장치로부터 명령어를 입력받아 동작합니다. 입력 장치란 사용자가 원하는 문자, 기호, 그림을 비롯한 다양한 데이터를 컴퓨터에 전달하는 장치를 말합니다.

게임을 프로그래밍 할 때에는 난이도, 점수, 등장 캐릭터의 상태 등 수많은 정보를 저장해야 합니다. 이러한 정보를 저장하는 공간으로 변수를 사용하기도 합니다. 그리고 다양한 입력 장치들을 활용하기 때문에 입력 값을 받는 명령어도 필요합니다.

다양한 입력 장치

이번 단원에서는 간단한 장애물 피하기 게임을 만들어 보면서 키보드 입력 값을 통해 오브젝트를 조작하고, 게임에 필요한 다양한 정보를 변수로 활용해 보겠습니다. 또한 복잡하고 반복적인 명령어들을 함수로 만들어 코드를 좀 더 효율적으로 작성할 수 있도록 해 보겠습니다. 이러한 활동을 통해 각종 데이터를 활용하여 프로그래밍을 할 수 있고, 다양한 입력 값들과 상호작용하는 프로그램을 개발할 수 있습니다.

장애물
피하는 게임

STEP
01 >>> 키보드로 움직이는 오브젝트 만들기

스마트폰 또는 컴퓨터를 이용해서 게임을 해 본 적이 있나요? 보통 게임은 어떤 식으로 진행이 되나요? 게임에 꼭 필요한 요소는 무엇인가요? 게임 속 캐릭터를 움직이기 위해서는 어떻게 해야 하나요?

1 문제 이해하기

이번 시간에는 '장애물 피하는 게임'을 만들어 보겠습니다. 게임의 목적이 오랜 시간 동안 장애물을 피하는 것이기 때문에 게임 속 캐릭터를 자유롭게 움직일 수 있어야 합니다. 스마트폰 게임일 경우 터치를 하거나 스마트폰을 기울여서 게임 속 캐릭터를 움직일 수 있습니다. 컴퓨터 게임의 경우 키보드를 누르거나 마우스를 이용해서 움직일 수 있습니다. 여기서는 키보드의 입력 값을 이용하여 오브젝트를 움직여 봅시다.

2 전략 수립하기

프로그램을 실행하면 초시계가 시작되고, 키보드의 상하좌우 화살표로 오브젝트를 움직일 수 있습니다. 오브젝트가 화면을 벗어나면 그때의 시간을 출력하고 게임을 중단합니다.

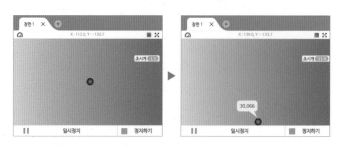

그림 9-2 키보드로 움직이는 오브젝트 만들기 실행 화면

그림 9-1 키보드로 움직이는 오브젝트 만들기 절차

③ 문제 해결하기

게임하는 사람이 직접 조정할 오브젝트와 배경으로 사용될 오브젝트를 만들어 봅시다. 정해진 크기의 화면에서 게임이 진행되어야 하기 때문에 오브젝트의 크기도 조정해 주는 것이 좋습니다. 오브젝트창에서 기존 엔트리봇 오브젝트를 삭제하고, [+ 오브젝트 추가하기] 버튼을 클릭하여 동그란 버튼 오브젝트를 추가하세요. 배경으로는 그라데이션 오브젝트를 추가합니다.

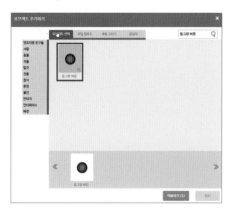 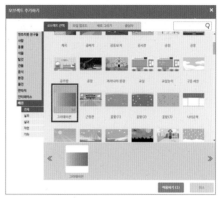

그림 9-3 동그란 버튼 오브젝트와 그라데이션 배경 추가하기

키보드로 움직이는 오브젝트 만들기 프로그램의 코드는 다음과 같습니다.

예제 9-1 키보드로 움직이는 오브젝트 만들기 프로그램

오브젝트	엔트리 블록 프로그램
동그란 버튼	▶ 시작하기 버튼을 클릭했을 때 초시계 시작하기 ▼ 계속 반복하기 　만일 〈위쪽 화살표 키가 눌러져 있는가?〉 이라면 　　y 좌표를 (1) 만큼 바꾸기 　만일 〈아래쪽 화살표 키가 눌러져 있는가?〉 이라면 　　y 좌표를 (-1) 만큼 바꾸기 　만일 〈오른쪽 화살표 키가 눌러져 있는가?〉 이라면 　　x 좌표를 (1) 만큼 바꾸기 　만일 〈왼쪽 화살표 키가 눌러져 있는가?〉 이라면 　　x 좌표를 (-1) 만큼 바꾸기 　만일 〈벽 ▼ 에 닿았는가?〉 이라면 　　초시계 값 을(를) 말하기 ▼ 　　모든 ▼ 코드 멈추기

엔트리파이선 프로그램

```
5     def when_start( ):
6         Entry.timer("start")
7         while True:
8             if Entry.is_key_pressed("up"):
9                 Entry.add_y(1)
10            if Entry.is_key_pressed("down"):
11                Entry.add_y(-1)
12            if Entry.is_key_pressed("right"):
13                Entry.add_x(1)
14            if Entry.is_key_pressed("left"):
15                Entry.add_x(-1)
16            if Entry.is_touched("edge"):
17                Entry.print(Entry.value_of_timer( ))
18                Entry.stop_code("all")
```

- **6행 :** 게임에서 초시계를 사용하기 위해 Entry.timer("start") 명령어를 입력합니다.

- **7행~15행 :** 장애물을 피하는 게임에서는 다양한 방법으로 오브젝트를 움직일 수 있습니다. 이 프로젝트에서는 if 문을 활용한 선택 구조로 오브젝트를 움직여 보겠습니다. Entry.is_key_pressed("up")은 위쪽 화살표 키가 눌렸는지 확인하는 조건이 됩니다. up 대신 키보드의 다른 버튼을 활용할 수도 있습니다. 위쪽 화살표 키가 눌리면 오브젝트의 y좌표를 1 추가하고, 아래쪽 화살표 키가 눌리면 -1을 추가하여 위아래로 움직이는 오브젝트를 만듭니다. 마찬가지로 오른쪽 또는 왼쪽 화살표 키를 눌러 좌우로도 움직이게 만듭니다.

- **16행~18행 :** 장애물 피하는 게임은 화면 안에서만 움직이도록 해야 합니다. 벽에 닿았을 때 게임을 종료시키기 위해 "벽에 닿았는가?"를 조건으로 선택 구조를 만듭니다. 만약 벽에 닿으면 그때의 초시계 값을 출력하고, 모든 코드를 멈추게 합니다.

Q. Entry.timer("start") 블록은 무엇인가요?

Entry.으로 시작되는 명령어들은 일반 파이선에는 없는 엔트리파이선 고유의 함수입니다. Entry.timer()는 초시계를 활용하는 명령어이며, 아래와 같은 형태로 사용할 수 있습니다.

- · Entry.timer("start") : 초시계가 시작됩니다.
- · Entry.timer("stop") : 초시계가 측정된 시간에서 잠시 멈춥니다.
- · Entry.timer("reset") : 초시계 값을 0초로 초기화합니다.

STEP 02 >>> 장애물 등장시키기

앞에서 키보드의 상하좌우 화살표로 오브젝트를 움직이고 벽에 닿으면 초시계 값을 출력하는 프로그램을 만들었습니다. 그런데 이것만으로는 뭔가 좀 부족해 보입니다. 좀 더 재미있는 게임이 되려면 어떤 요소를 추가해야 할까요?

1 문제 이해하기

장애물 피하는 게임에서는 캐릭터를 마음대로 움직이는 것도 중요하지만, 장애물의 등장도 게임의 재미를 결정하는 중요한 요소가 됩니다. 게임을 좀 더 재미있게 하려면 등장하는 장애물의 수나 빈도가 예상 불가능하게 진행되어야 합니다. 다양한 위치에서 장애물이 나타나고 지속적으로 게임 캐릭터를 쫓아다닌다면 게임의 재미를 한층 더 높일 수 있습니다.

2 전략 수립하기

장애물 피하기 게임에서는 장애물의 등장이 가장 중요한 게임 요소입니다. 그런데 장애물을 하나하나 프로그래밍해야 한다면 매우 번거롭고 귀찮은 일이 되겠죠. 다행스럽게도 엔트리파이선에는 오브젝트 복제라는 명령어가 있어서 동일한 명령어를 가진 오브젝트를 원하는 대로 복제할 수 있습니다.

오브젝트가 복제될 때마다 일정 간격을 두고 무작위 위치에서 나타나게 합니다. 또한 동그란 버튼이 있는 위치로 계속해서 이동하고 숨는 과정을 반복하게 합니다.

그림 9-4 장애물이 무작위로 생성되는 4개 범위

복제본이 생성될 때 [그림 9-4]와 같은 배경의 4개 범위 안에 무작위로 나타나게 합니다. 무작위 위치에 나타나게 하려면 각각의 좌표에 따른 명령어도 따로 작성해야 합니다. 반복되는 기능을 저장해서 사용하는 함수 기능을 이용하여 간단히 프로그래밍을 해 봅시다.

[동그란 버튼]

시작하기
↓
초시계 시작하기
↓
계속 반복하기
화살표 방향으로 움직이기
↓
벽이나 마름모에 닿았는가?
초시계 값 출력하기
모든 코드 멈추기

[마름모]

시작하기
↓
숨기기
↓
계속 반복하기
자신의 복제본 만들기
↓
2초 기다리기

복제본이 생성 되었을 때
↓
계속 반복하기
무작위 위치에서 나타나기
↓
동그란 버튼 위치로 이동하기
↓
숨기기

그림 9-5 장애물 등장시키기 절차

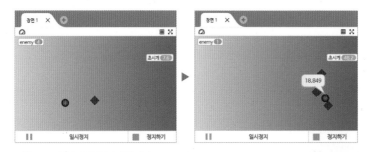

그림 9-6 장애물 등장시키기 실행 화면

③ 문제 해결하기

[+ 오브젝트 추가하기] 버튼을 클릭하여 마름모 오브젝트를 추가한 후 동그란 버튼과 비슷한 크기로 조정하세요.

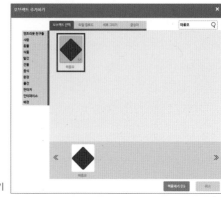

그림 9-7 마름모 오브젝트 추가하기

장애물을 등장시키는 프로그램의 코드는 다음과 같습니다.

예제 9-2 장애물이 등장하는 프로그램

오브젝트	엔트리 블록 프로그램
동그란 버튼	

엔트리파이선 프로그램

```
5    def when_start():
6        Entry.timer("start")
7        while True:
8            if Entry.is_key_pressed("up"):
9                Entry.add_y(1)
10           if Entry.is_key_pressed("down"):
11               Entry.add_y(-1)
12           if Entry.is_key_pressed("right"):
13               Entry.add_x(1)
14           if Entry.is_key_pressed("left"):
15               Entry.add_x(-1)
16           if (Entry.is_touched("마름모") or Entry.is_touched("edge")):
17               Entry.print(Entry.value_of_timer())
18               Entry.stop_code("all")
```

· 16행~18행 : 동그란 오브젝트가 장애물에 닿았을 때에도 게임이 종료되도록 하기 위해 조건에
Entry.is_touched("마름모")를 추가합니다.

오브젝트	엔트리 블록 프로그램
마름모	

엔트리파이선 프로그램

```
5      enemy = 0
6
7      def enemy_move(param1, param2, param3, param4, param5):
8          if (enemy == param1):
9              Entry.set_xy(random.randint(param2, param3), random.randint(param4, param5))
10             Entry.show()
11         for ii in range(random.randint(1, 5)):
12             Entry.move_to_for_sec("동그란 버튼", 2)
13         Entry.hide()
14
15     def when_start():
16         Entry.hide()
17         while True:
18             Entry.make_clone_of("self")
19             Entry.wait_for_sec(2)
20
21     def when_make_clone():
22         while True:
23             enemy = random.randint(1, 4)
24             enemy_move(1, 0, 220, 0, 120)
25             enemy_move(2, -220, 0, 0, 120)
26             enemy_move(3, -220, 0, -120, 0)
27             enemy_move(4, 0, 220, -120, 0)
```

· 5행 : 장애물의 상태를 저장하기 위해 enemy라는 변수를 생성합니다.

- **7행~10행** : 앞에서 설계한 대로 상태에 따라 상하좌우에서 나타나서 움직이도록 하는 함수를 생성합니다. 함수는 def 이름(매개변수)의 형태로 생성하며, 매개 변수는 자신이 원하는 대로 수를 늘릴 수 있습니다.

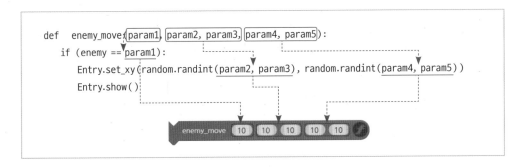

장애물을 만드는 데 필요한 매개 변수와 관련 명령어의 관계는 위와 같습니다. 장애물의 상태를 의미하는 변수 enemy의 값에 따라 x좌표와 y좌표 값을 바꿔야 하기 때문에 if 문을 활용하여 선택 구조를 만들고 참과 거짓을 판단하는 조건으로 변수 enemy의 값을 사용합니다. 또한 random.randint 함수를 이용해서 각각의 범위 안에 무작위 값을 가지도록 합니다.

- **11행~13행** : 각각의 장애물이 무작위 위치에 나타났다면 동그란 버튼이 있는 곳을 향해 움직이도록 합니다. 동그란 버튼이 있는 위치로 한 번만 움직일 경우 장애물을 피하는 난이도가 너무 쉬워지기 때문에 for 문과 random.randint 함수를 이용해서 1~5번 사이에서 무작위로 반복하도록 합니다. 동그란 버튼이 있는 위치로 반복해서 이동한 뒤에는 사라지도록 명령어를 작성합니다.

- **15행~19행** : 함수가 완성된 후에는 프로젝트가 시작되었을 때 실행될 명령어를 작성합니다. 시작 버튼을 클릭하면 Entry.hide( ) 명령어를 사용하여 일단 모양을 숨깁니다. 그 후에는 2초마다 자신의 복제본을 생성하도록 합니다.

- **21행~27행** : def when_make_clone( ): 명령어를 사용해서 복제본이 생성될 때 아래의 명령어가 실행되도록 합니다. 먼저 enemy = random.randint(1, 4) 명령어를 통해 장애물이 나타날 위치를 결정할 변수 enemy가 1~4 사이의 무작위 값을 가지도록 합니다. 다음에는 앞에서 만든 enemy_move 함수에 매개 변수를 넣어 각각의 위치에서 장애물 변수가 나타날 수 있도록 합니다. 장애물이 배경의 각 위치에서 나타나기 위해서는 매개 변수 값이 위치를 나타낼 수 있는 값 (param1)과 좌푯값(param2~5)을 아래와 같이 가져야 합니다.

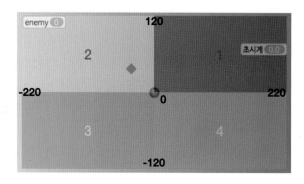

param1	param2	param3	param4	param5
1	0	220	0	120
2	−220	0	0	120
3	−220	0	−120	0
4	0	220	−120	0

예를 들어 변수 enemy의 값이 random.randint 함수에 의해 1의 값을 가진다면 enemy_move(1, 0, 220, 0, 120) 명령어가 실행됩니다. 이 명령어에는 다음 명령어가 모두 포함되어 있습니다.

```
                    enemy_move(1, 0, 220, 0, 120):

    if (enemy == 1):
        Entry.set_xy(random.randint(0, 220), random.randint(0, 120))
        Entry.show()
    for ii in range(random.randint(1, 5)):
        Entry.move_to_for_sec("동그란 버튼", 2)
    Entry.hide()
```

STEP
03 >>> 게임 난이도 조정하기

이제 장애물 피하는 게임의 기본적인 요소들은 모두 완성되었습니다. 장애물들이 예상치 못했던 곳에서 갑자기 튀어나오기 때문에 피해 다니는 게 생각보다 쉽지는 않을 거예요. 이 게임을 좀 더 재미있게 하려면 어떤 요소들을 추가하는 게 좋을까요?

☐1 문제 이해하기

게임에 재미 요소를 추가하는 방법에는 두 명이 승부를 겨루는 게임으로 바꾸기, 다양한 종류의 장애물 추가하기, 게임의 흐름을 바꾸는 아이템 포함하기, 게임 난이도 조정하기 등이 있습니다. 여기서는 게임을 시작하기 전에 자신이 원하는 난이도를 입력할 수 있도록 프로그램을 수정해 봅시다.

☐2 전략 수립하기

장애물을 피하는 게임의 경우 오브젝트의 속도와 장애물이 얼마나 자주 등장하느냐가 난이도를 결정하는 데 가장 중요한 요소가 됩니다.

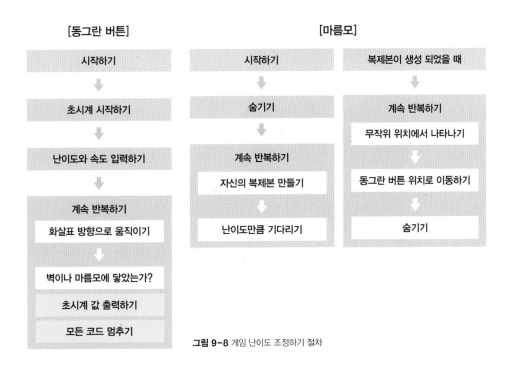

그림 9-8 게임 난이도 조정하기 절차

183

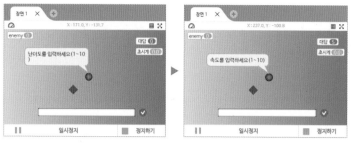

그림 9-9 게임 난이도 조정하기 실행 화면

③ 문제 해결하기

게임의 난이도를 조정하는 프로그램의 코드는 다음과 같습니다.

예제 9-3 게임의 난이도를 조정하는 프로그램

오브젝트	엔트리 블록 프로그램
동그란 버튼	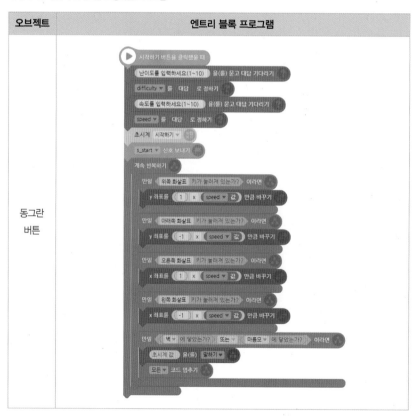

```
                        엔트리파이선 프로그램
5       difficulty = 1
6       speed = 1
7       enemy = 0
8
9       def when_start():
10          Entry.input("난이도를 입력하세요(1~10)")
11          difficulty = Entry.answer()
12          Entry.input("속도를 입력하세요(1~10)")
13          speed = Entry.answer()
14          Entry.timer("start")
15          Entry.send_signal("s_start")
16          while True:
17              if Entry.is_key_pressed("up"):
18                  Entry.add_y((1 * speed))
19              if Entry.is_key_pressed("down"):
20                  Entry.add_y((-1 * speed))
21              if Entry.is_key_pressed("right"):
22                  Entry.add_x((1 * speed))
23              if Entry.is_key_pressed("left"):
24                  Entry.add_x((-1 * speed))
25              if (Entry.is_touched("edge") or Entry.is_touched("마름모")):
26                  Entry.print(Entry.value_of_timer())
27                  Entry.stop_code("all")
```

- **5행~13행** : 게임의 난이도와 동그란 버튼 오브젝트의 속도를 저장하기 위해 변수 difficulty와 speed를 추가로 생성합니다. 게임이 시작되기 전에 `Entry.input("질문")` 명령어를 통해 질문을 하고, 각각의 변수에 `Entry.answer()` 값을 저장합니다.

- **14행~15행** : 게임의 난이도와 동그란 버튼 오브젝트의 속도를 입력하는 동안 게임이 시작되지 않아야 합니다. 따라서 장애물 오브젝트의 명령어는 시작 버튼을 클릭했을 때가 아닌 새로운 신호를 통해 실행되어야 합니다. 입력을 완료한 후 `Entry.timer("start")` 명령어를 통해 초시계가 시작된 후 마름모 오브젝트의 명령어가 실행될 수 있도록 `Entry.send_signal("s_start")` 명령어로 s_start라는 신호를 보냅니다.

- **16행~24행** : 사용자가 속도를 입력하면 그 숫자 값이 변수 speed에 저장되고, 한 번에 1 또는 −1 ∗ speed만큼씩 이동하게 됩니다. 따라서 큰 숫자를 입력할수록 동그란 오브젝트가 빠르게 움직입니다.

오브젝트	엔트리 블록 프로그램
마름모	

엔트리파이선 프로그램

```
5    difficulty = 1
6    speed = 1
7    enemy = 0
8
9    def enemy_move(param1, param2, param3, param4, param5):
10       if (enemy == param1):
11           Entry.set_xy(random.randint(param2, param3), random.randint(param4, param5))
12           Entry.show()
13       for ii in range(random.randint(1, 5)):
14           Entry.move_to_for_sec("동그란 버튼", 2)
15       Entry.hide()
16
17   def when_get_signal("s_start"):
18       Entry.hide()
19       while True:
20           Entry.make_clone_of("self")
21           Entry.wait_for_sec((1 / difficulty))
22
23   def when_make_clone():
24       while True:
25           enemy = random.randint(1, 4)
26           enemy_move(1, 0, 220, 0, 120)
27           enemy_move(2, -220, 0, 0, 120)
28           enemy_move(3, -220, 0, -120, 0)
29           enemy_move(4, 0, 220, -120, 0)
```

- **17행~18행** : 동그란 버튼 오브젝트가 `Entry.send_signal("s_start")` 명령어를 통해 신호를 보내면, 마름모 오브젝트는 `def when_get_signal("s_start"):` 명령어로 신호를 받아 아래 명령어를 실행합니다.

- **19행~21행** : 이 게임의 경우 마름모 오브젝트가 많이 복제될수록 난이도가 높아집니다. 그런데 `Entry.wait_for_sec(2)` 명령어에서 2 대신 작은 숫자가 들어가면 기다리는 시간이 짧아져서 장애물이 자주 등장하게 됩니다. 반대로 큰 숫자가 들어가면 장애물이 등장하는 데 걸리는 시간이 늘어납니다. 사용자가 난이도를 입력하면 그 숫자가 difficulty에 저장되는데, 큰 수를 입력할수록 명령어에는 작은 값이 들어가도록 하기 위해 `Entry.wait_for_sec((1 / difficulty))`라고 작성합니다.

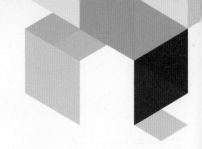

달의 중력은 지구 중력의 1/6 수준이라고 합니다. 이런 곳에서 물체를 움직이면 어떤 현상이 일어날까요? 궁금한 일이 있을 때 가장 좋은 방법은 직접 가서 실험해 보는 것입니다. 하지만 우리가 직접 달에 갈 수는 없으니, 달과 비슷한 환경을 만들어 실험을 해 보는 수밖에 없습니다.

이처럼 복잡한 문제나 사회 현상 등을 해석하고 해결하기 위해 실제와 비슷한 모형을 만들어 모의로 실험한 후 특성을 파악하는 일을 '시뮬레이션'이라고 합니다. 시뮬레이션에는 실제 모형을 만들어 실험하는 물리적 시뮬레이션과 컴퓨터를 통해 수학적 모델을 다루는 논리적 시뮬레이션 등이 있습니다.

컴퓨터를 활용해서 시뮬레이션을 하면 직접 해 보기 어려운 실험을 가상으로 수행하여 결과를 예측할 수 있게 해 주기 때문에 비용과 시간을 절약할 수 있고, 정확한 데이터 값을 얻을 수 있다는 장점도 있습니다.

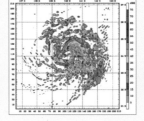

다양한 분야에 활용되는 시뮬레이션의 예

이번 단원에서는 다양한 수학 모듈과 연산기호를 활용하여 중력에 영향을 받는 포물선 운동 시뮬레이션을 해 보겠습니다. 이러한 활동을 통해 컴퓨터로 할 수 있는 시뮬레이션을 경험해 보고, 나아가 다양한 실험 결과를 자동으로 출력해 주는 프로그램을 개발해 봅시다.

컴퓨터로
시뮬레이션하기

STEP 01 >>> 등속도 운동 시뮬레이션

세상에는 이동하는 물체가 수없이 많습니다. 다양한 조건과 상황에 따라 차이가 있겠지만, 이동하는 물체들은 물리적인 법칙에 따라 예측 가능하게 움직입니다. 컴퓨터로 이러한 물체의 이동을 표현하기 위해서는 어떻게 해야 할까요?

1 문제 이해하기

컴퓨터는 모든 데이터를 수치화해서 표현합니다. 따라서 이동하는 물체를 표현하려면 이동 속도와 이동할 위치 등 모든 정보를 하나하나 수치로 표현해서 정확하게 이동 명령을 내려 주어야 합니다. 지금부터 특정 오브젝트를 일정한 속도로 이동시키기 위해서는 어떻게 명령을 내려야 하는지 알아봅시다.

2 전략 수립하기

[그림 10-2]에서 공 모양의 오브젝트는 위에서 아래로 일정한 속도로 이동합니다. 오브젝트에는 크기, 색깔, 이동방향, 위치 등의 정보가 담겨져 있는데, 오브젝트를 이동시키기 위해서는 이 중에서 위치 정보를 바꿔 주어야 합니다. 엔트리파이선에서 위치 정보는 좌푯값으로 나타내며, 위와 같이 아래로 이동하기 위해서는 Y좌푯값을 활용합니다.

그림 10-1 등속도 운동 시뮬레이션 절차

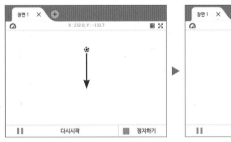

그림 10-2 등속도 운동 시뮬레이션 실행 화면

Q. **좌표란?**

평면 또는 3차원 공간에서 특정 위치를 기준으로 떨어져 있는 정도를 나타낸 것을 말하며, 숫자나 기호를 써서 표시합니다. 엔트리파이선의 경우 실행창 중심을 기준으로 가로의 값을 나타내는 X축은 −240에서 240까지, 세로의 값을 나타내는 Y축은 −135에서 135까지의 값을 표현할 수 있습니다. 이 범위를 벗어날 경우 실행창에서는 사라지지만, 위치 값은 계속 표시됩니다.

③ 문제 해결하기

축구공이 일정한 속도로 아래를 향해 움직이는 모습을 표현하려면 축구공 오브젝트의 Y좌푯값을 같은 크기만큼 계속 줄여야 합니다.

먼저 엔트리 오브젝트를 삭제하고 [+ 오브젝트 추가하기] 버튼을 클릭하여 축구공 오브젝트를 추가합니다. ◉를 눌러 좌푯값을 x:0.0, Y: 130.0으로 수정하고 크기도 15.0으로 줄입니다.

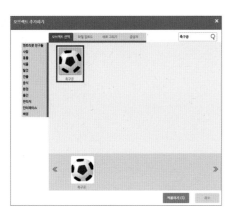

그림 10-3 축구공 오브젝트 추가하기

등속도 운동 시뮬레이션 프로그램의 코드는 다음과 같습니다.

예제 **10-1** 등속도 운동 시뮬레이션 프로그램

오브젝트	엔트리 블록 프로그램	엔트리파이선 프로그램
축구공	시작하기 버튼을 클릭했을 때 x: 0 y: 130 위치로 이동하기 계속 반복하기 y 좌표를 -1 만큼 바꾸기	``` 5 def when_start(): 6 Entry.set_xy(0, 130) 7 while True: 8 Entry.add_y(-1) ```

- **7행~8행** : Entry.add_y(값) 명령어로 축구공 오브젝트의 Y좌푯값을 −1만큼 변화시킵니다. 프로그램이 실행되는 동안 계속 이동할 수 있도록 while 문으로 반복해 줍니다.

Q. **Entry.add_y(값)에 왜 −1을 넣어야 하나요?**

오브젝트를 아래쪽으로 이동시키는 방법에는 여러 가지가 있습니다. 오브젝트의 이동 방향을 아래로 설정한 후 이동시킬 수도 있고, Y축의 값을 변화시킬 수도 있습니다. Y축 값을 변화시켜 이동하게 만들려면 현재 오브젝트의 위치인 (0, 130)에서 Y축 값이 점점 작아져야 하기 때문에 −1씩 변화하도록 프로그래밍합니다. −1 대신 −2. −3. −4 등의 숫자를 입력하면 명령어가 실행될 때마다 더 많은 거리를 이동하기 때문에 빠르게 움직이는 것처럼 보입니다.

Q. **while True:는 어떤 역할을 하나요?**

좌푯값을 바꿔서 오브젝트를 이동시키기 위해서는 좌표값을 바꿔 주는 명령어를 반복해서 실행해야 합니다. 똑같은 명령어를 여러 번 입력하는 것은 번거로운 일이기 때문에 자동으로 반복해 주는 명령어를 사용합니다. 이러한 반복 명령어에는 while 문, for 문 등이 있습니다. while 문의 경우 조건을 만족하면 반복을 계속하는데, while True:로 사용하면 조건을 항상 만족하는 것으로 인식하여 해당 명령어를 끝없이 반복하게 됩니다.

STEP 02 >>> 자유낙하 운동 시뮬레이션

앞에서 등속도 운동 시뮬레이션을 통해 오브젝트를 이동시켜 봤습니다. 하지만 실제 세상에서는 등속도 운동을 하는 경우는 거의 없고, 다양한 종류의 저항 또는 추진력으로 인해 가속도 운동을 하는 경우가 많습니다. 이런 운동의 시뮬레이션은 어떻게 해야 할까요?

① 문제 이해하기

우리가 실생활에서 흔히 볼 수 있는 가속도 운동에는 어떤 것들이 있을까요? 출발해서 조금씩 속도를 높이는 자동차에서부터 위로 던져 올린 공, 아래로 떨어지는 물체 등 다양한 사례가 있습니다. 여기서는 공을 떨어뜨렸을 때 중력의 영향을 받아 속도가 어떻게 변하는지를 자유낙하 운동의 시뮬레이션을 통해 알아봅시다.

② 전략 수립하기

앞에서 작성한 등속도 운동 프로그램과 자유낙하 운동 프로그램에는 어떤 차이점이 있을까요?

일반적으로 밑으로 떨어지는 물체에는 지구의 중력가속도가 작용하기 때문에 속도가 점점 빨라집니다. 이런 운동을 '가속도 운동'이라고 하며, 속도에 영향을 주는 요인 즉 가속도가 항상 일정한 운동을 '등가속도 운동'이라고 합니다.

지구 표면에서 약 $9.8m/s^2$의 값을 가지는 중력가속도는 물체에 지속적으로 영향을 주며, 이 영향은 물체의 속도 변화로 나타납니다. 그렇기 때문에 중력가속도는 동일하지만, 속도는 중력가속도에 의해 계속 변하게 됩니다. 이처럼 변하는 속도에 따른 이동 거리를 구하기 위해서는 시간의 개념도 필요합니다. 따라서 특정 시간 동안 중력가속도에 의해 늘어난 속도로 이동한 거리를 계속 구하면 자유낙하 운동의 시뮬레이션을 할 수 있습니다.

시작하기
↓
처음 위치로 가기
↓
계속 반복하기
속도에 가속도 더하기
현재 위치에서 속도만큼 이동하기

그림 10-4 자유낙하 운동 시뮬레이션 절차

193

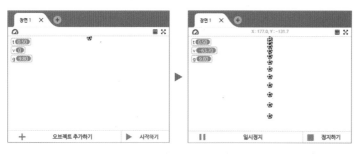

그림 10-5 자유낙하 운동 시뮬레이션 실행 화면

Q. 왜 시간 정보를 사용해야 하나요?

중력가속도는 물체가 이동하는 동안 계속해서 속도에 영향을 주고, 이 속도로 특정 시간 동안 이동한 거리를 계산하여 오브젝트의 위치를 변경해 주어야 하므로 단위 시간에 대한 정보가 필요합니다. 우리가 생활하는 현실 세계는 시간이라는 연속적인 정보에 의해 변하고 있기 때문입니다. 그렇다면 컴퓨터 프로그램과 같은 가상의 세계에서는 시간의 개념을 어떻게 표현할 수 있을까요? 프로그램에서는 연속된 시간의 개념도 모두 분절된 디지털 정보로 표현해야 합니다. 따라서 특정 정보를 저장할 수 있는 변수를 생성해서 우리가 정한 기준 값을 단위 시간의 개념으로 사용해야 합니다. 이 프로그램에서는 시간을 나타내는 변수 t에 시뮬레이션을 위해 우리가 정한 값인 0.5를 넣어 완성했습니다.

③ 문제 해결하기

자유낙하 운동 시뮬레이션 프로그램의 코드는 다음과 같습니다.

예제 10-2 자유낙하 운동 시뮬레이션 프로그램

오브젝트	엔트리 블록 프로그램
축구공	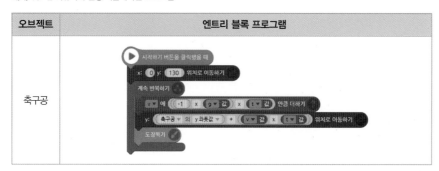

```
엔트리파이선 프로그램
5       t = 0.5
6       v = 0
7       g = 9.8
8
9       def when_start():
10          Entry.set_xy(0, 130)
11          while True:
12              v += ((-1 * g) * t)
13              Entry.set_y((Entry.value_of_object("축구공", "y") + (v * t)))
14              Entry.stamp()
```

- **5행~7행** : 자유낙하 운동은 단위 시간마다 오브젝트의 위치를 옮기고, 그 위치를 연속적으로 나타내 이동하는 것처럼 보여 주어야 합니다. 따라서 단위 시간을 나타내는 변수 t는 0.5, 속도를 나타내는 변수 v는 멈춰져 있는 초기 상황을 표현하기 위해 0, 중력가속도를 나타내는 변수 g는 지구의 중력가속도인 9.8로 초깃값을 설정합니다.

- **10행** : 축구공의 초기 위치를 상단 중앙으로 옮깁니다.

- **12행** : 등가속도 운동에서 속도는 단위 시간 동안 가속도에 의해 계속 늘어나게 됩니다. 따라서 v라는 변수에 중력가속도 g와 단위 시간의 곱을 계속 더해 주어야 합니다.

- **13행** : 일정한 속도로 이동하는 등속도 운동에서는 −1의 속도로 이동하였습니다. 다시 말해서 Y좌푯값을 −1씩 계속 바꿔 축구공이 아래로 떨어지는 것처럼 표현했습니다. 하지만 등가속도 운동에서는 가속도의 영향을 받아 단위 시간마다 속도가 빨라지기 때문에 각각의 변화된 위치로 축구공을 이동시켜 주어야 합니다. Entry.set_y(값) 명령어를 통해 특정 위치로 오브젝트를 이동시킵니다. 이때 위치는 현재의 위치, 속도에서 단위 시간 동안 이동한 거리를 뜻합니다. 따라서 현재 축구공의 y좌표 위치인 Entry.value_of_object("축구공", "y") 값에 현재의 속도(v)와 시간(t)의 곱만큼 더해 줍니다.

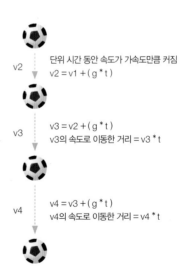

v2   단위 시간 동안 속도가 가속도만큼 커짐
        v2 = v1 + (g*t)

v3   v3 = v2 + (g*t)
        v3의 속도로 이동한 거리 = v3*t

v4   v4 = v3 + (g*t)
        v4의 속도로 이동한 거리 = v4*t

- **14행** : 단위 시간마다 이동한 거리를 눈으로 확인하기 위해 이동 명령어가 실행된 후 Entry.stamp() 명령어를 사용하여 도장을 찍어 줍니다. 간격이 너무 가까워서 차이를 확인하기 힘들다면, 단위 시간의 값을 좀 더 크게 수정해 주세요.

STEP
03 >>> 포물선 운동 시뮬레이션

앞에서 중력가속도에 의해 등가속도 운동을 하는 물체가 어떻게 움직이는지 간단한 시뮬레이션을 통해 살펴봤습니다. 그런데 물체를 대각선 위로 던져 올리면 어떻게 움직일까요? 이런 움직임을 시뮬레이션하려면 무엇을 고려해야 할까요?

1 문제 이해하기

대각선으로 던져 올린 물체는 위로 올라가다가 최고점에 도달한 후 떨어지기 시작합니다. 이러한 움직임을 포물선 운동이라고 합니다. 이번에는 포물선 운동을 시뮬레이션으로 표현해 보겠습니다.

2 전략 수립하기

포물선 운동은 어떤 힘의 영향을 받을까요? 자유낙하 운동과 마찬가지로 아래쪽으로 끌어당기는 중력가속도의 영향을 받습니다. 그래서 위로 올라가는 공은 아래로 작용하는 중력가속도 때문에 속도가 점점 느려지고, 최고점에 도달했을 때는 속도가 0이 되어 아래로 떨어지는 운동을 하게 됩니다.

포물선 운동을 할 때 중력가속도에 의한 등가속도 운동은 어떻게 표현할 수 있을까요? 여기서는 대각선의 속도를 위로 올라가는 속도와 앞으로 나아가는 속도로 나누어서 표현하는 방법을 사용해 보겠습니다.

시작하기
↓
처음 위치로 가기
↓
x축 속도, y축 속도 정하기
↓
그리기 시작하기
↓
계속 반복하기
y축 속도에 중력가속도만큼 더하기
x축, y축 이동 위치를 현재의 위치에서 이동한 거리로 정하기
오브젝트 이동시키기
땅에 닿으면 멈추기

그림 10-7 포물선 운동 시뮬레이션 절차

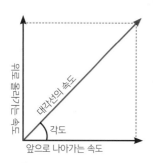

그림 10-6 대각선의 속도를 표현하는 방법

앞으로 나아가는 속도와 위로 올라가는 속도를 컴퓨터가 이해할 수 있도록 표현하려면 어떻게 해야 할까요? 오브젝트의 움직임과 연관시켜 생각해 봅시다. 앞으로 이동하는 속도는 x축의 좌표 변화로, 위로 움직이거나 아래로 떨어지는 움직임은 y축의 좌표 변화로 나타낼 수 있습니다. 또한 계속해서 변화하는 오브젝트의 x축과 y축 좌푯값은 변수를 활용하여 저장하면 효율적으로 관리할 수 있습니다.

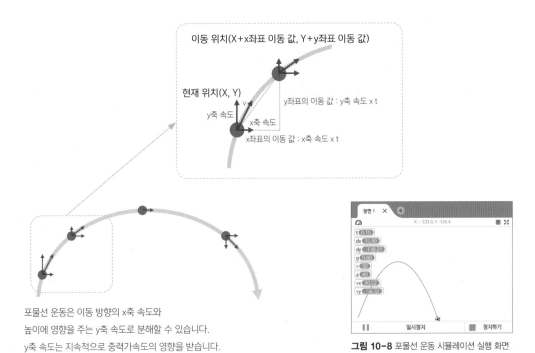

포물선 운동은 이동 방향의 x축 속도와
높이에 영향을 주는 y축 속도로 분해할 수 있습니다.
y축 속도는 지속적으로 중력가속도의 영향을 받습니다.

그림 10-8 포물선 운동 시뮬레이션 실행 화면

Q. math.cos(a)? math.sin(a)?

대각선의 속도를 분해하기 위해서는 삼각함수를 활용하는 것이 효율적입니다. 삼각함수란 직각 삼각형의 직각이 아닌 다른 각과 각 변의 비를 나타낸 것으로, 계산하기가 상당히 복잡합니다. 이런 계산은 수학모듈을 활용하면 쉽게 값을 구할 수 있습니다.

사인 : $sinA = \dfrac{a}{h}$

코사인 : $cosA = \dfrac{b}{h}$

탄젠트 : $tanA = \dfrac{a}{b}$

A의 각도로 대각선 속도 값을 가질 때	
x축 속도	v × cosA
y축 속도	v × sinA

③ 문제 해결하기

포물선 운동 시뮬레이션 프로그램의 코드는 다음과 같습니다.

예제 10-3 포물선 운동 시뮬레이션

오브젝트	엔트리 블록 프로그램
축구공	

엔트리파이선 프로그램

```
5     t = 0.1
6     dx = 0
7     dy = 0
8     g = 9.8
9     v = 60
10    a = 70
11    vx = 0
12    vy = 0
13
14    def when_start():
15        Entry.set_xy(-220, -125)
16        vx = (v * math.cos(a))
17        vy = (v * math.sin(a))
18        Entry.start_drawing()
19        while True:
20            vy += ((-1 * g) * t)
21            dy = (Entry.value_of_object("축구공", "y") + (vy * t))
22            dx = (Entry.value_of_object("축구공", "x") + (vx * t))
23            Entry.set_xy(dx, dy)
24            if (dy < -125):
25                Entry.stop_code("this")
```

- **5행~8행** : 등가속도 운동에서 단위 시간마다 이동한 거리를 좌표로 정했듯이 포물선 운동도 마찬가지로 좌표를 정해 주어야 합니다. 다만 포물선 운동은 Y축의 이동 값과 X축의 이동 값을 모두 변수로 만들어 주어야 하기 때문에 dx, dy라는 변수를 생성했습니다.

- **9행~12행** : 등가속도 운동은 멈춘 상태에서 이동을 시작했지만, 포물선 운동은 초기 속도와 날아가는 각도가 지정되어야 합니다. 따라서 초기 속도를 변수 v, 날아가는 각도를 변수 a로 설정했습니다. 마지막으로 속도 v와 각도 a에 의해 분해된 x축과 y축의 속도를 저장할 변수 vx와 vy를 생성했습니다.

- **14행~18행** : 변수 vx, vy에는 처음 속도를 나타내는 변수 v와 각도를 나타내는 변수 a, 삼각함수 계산을 해 주는 수학모듈로 계산된 값을 각각 저장합니다. 그리고 이동 명령어가 시작되기 전에 포물선 운동의 궤적을 쉽게 확인할 수 있도록 `Entry.start_drawing( )` 명령어로 그리기를 시작합니다.

- **19행~23행** : 등가속도 운동과 마찬가지로 Y축의 속도를 나타내는 변수 vy는 단위 시간 동안 중력가속도의 영향을 받도록 합니다. 포물선 운동은 X축의 이동과 Y축의 이동이 동시에 나타납니다. 따라서 변수 dx, 변수 dy에 각각의 이동된 좌푯값을 저장해 주어야 합니다. `Entry.value_of_object("축구공", "좌표")` 명령어를 통해 현재 축구공 오브젝트의 좌푯값을 구하고, 여기에 단위 시간 t 동안 각각 축의 속도 vx, vy로 이동한 거리를 더하여 저장합니다. dx, dy에 단위 시간마다 이동한 위치가 저장되었다면 `Entry.set_xy(X축값, Y축값)` 명령어에 각각의 변수를 넣어 오브젝트를 이동시킵니다.

- **24행~25행** : 포물선 운동은 언제 멈추게 될까요? 당연히 바닥에 닿았을 때입니다. 엔트리 실행 창에는 바닥이라는 개념이 없기 때문에 바닥 역시 좌표로 표현해 주어야 합니다. 현재 오브젝트의 Y축 좌푯값이 저장된 dy가 처음 던질 때의 Y축 좌표인 −125보다 작으면 코드를 멈추도록 if 문을 활용하여 코드를 작성합니다.

> **Q.** **중력가속도 9.8은 고정된 값인데, 왜 변수로 설정하나요?**
>
> 지구의 중력가속도는 변하지 않는 값($9.8m/s^2$)입니다. 그런데 중력가속도 수치가 다를 경우 어떤 결과가 나타나는지 알고 싶다면 어떻게 해야 할까요? 실제로 중력가속도를 바꾸는 실험 장치를 만들려면 엄청난 비용과 노력이 필요합니다. 시뮬레이션의 장점이 바로 여기에 있습니다. 프로그램의 중력가속도 값만 수정하면 결과를 손쉽게 확인할 수 있기 때문입니다. 중력가속도를 g라는 변수로 설정하면 다양한 중력가속도를 입력해서 실험을 해 볼 수 있게 됩니다. 간단한 프로그램에서는 불필요해 보일 수도 있지만, 복잡한 프로그램에서는 변수의 값을 변화시키는 것만으로 모든 설정 값을 변화시킬 수 있기 때문에 매우 유용합니다.

Q. 왜 변수 vy에만 중력가속도를 적용하나요?

포물선 운동을 나타내기 위해 속도를 X축 속도와 Y축 속도로 나누었습니다. X축 속도는 앞으로 나아가는 속도이고 Y축 속도는 위 또는 아래로 나아가는 속도입니다. 그런데 중력은 모든 물체의 운동에 있어서 수직으로만 작용하기 때문에 분해된 속도 중 vy에만 영향을 주게 됩니다. 중력은 아래로 잡아당기는 힘이기 때문에 시간이 흐를수록 vy는 점점 작아지고, 0이 되는 순간 가장 높은 위치에 도달합니다. 그 이후로는 0보다 작은 음의 값을 가지게 되어 아래로 떨어지기 시작합니다.

Q. 던지는 속도, 각도, 중력가속도에 다른 값을 저장하면 어떻게 될까요?

던지는 속도, 각도, 중력가속도에 다양한 값을 넣어 프로그램을 실행해 봅시다. 속도가 같을 때 가장 멀리 날아가는 각도를 찾거나 각 수치에 따라 궤적의 모양이 어떻게 변하는지 살펴볼 수 있습니다.

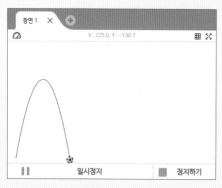

v = 60, a = 80, g = 9.8   v = 60, a = 45, g = 9.8

일반적으로 달의 중력은 지구의 1/6 정도라고 합니다. 같은 속도와 각도로 달에서 던질 경우 어떻게 날아가게 될까요? 중력가속도 변수 g에 9.8의 1/6에 가까운 값인 1.6을 입력하면 그 결과를 확인할 수 있습니다.

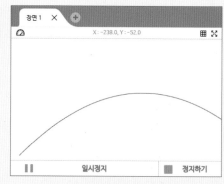

v = 30, a = 45, g = 9.8   v = 30, a = 45, g = 1.6

이처럼 시뮬레이션은 다양한 값을 넣어 쉽게 결과를 확인할 수 있고, 현실에서 직접 해보기 힘든 실험을 가상의 공간에서 간편하게 해볼 수 있다는 장점이 있습니다.

쉬어가는
페이지 : 다양한 시뮬레이션 프로그램

Processing(http://processing.org)

Processing은 MIT 미디어 연구소에서 개발한 프로그래밍 언어입니다. 누구든지 무료로 내려받아 활용할 수 있고, 오픈 소스이기 때문에 프로그램을 자유롭게 수정하는 것도 가능합니다. Processing은 시각 효과와 문자를 표현하는 데 매우 효과적이기 때문에 디자인 용도로도 사용되며 다양한 시뮬레이션에도 이용됩니다. 최근에는 정보 교육에도 자주 활용되고 있습니다.

Algodoo(http://www.algodoo.com)

Algodoo는 기본적인 물리 법칙을 포함하고 있는 다양한 템플릿을 이용하여 간단한 시뮬레이션을 해 볼 수 있는 소프트웨어입니다. Windows, Mac 등의 다양한 플랫폼을 제공하며 단순히 끌어다 놓는 것만으로 특정 물체를 만들거나 중력, 마찰력, 추진력, 힘의 관계 등의 물리 법칙을 구현할 수 있기 때문에 교육적인 활용도가 높습니다. 게임을 하듯이 다양한 물리 엔진의 시뮬레이션을 진행해 볼 수 있고, 익숙해지면 복잡한 물리 실험에도 도전해 볼 수 있습니다.

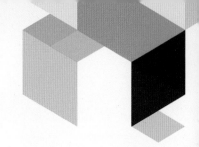

우리는 하루에도 몇 번씩 로그인을 합니다. 메일이나 SNS를 확인하기 위해, 게임을 하기 위해, 온라인 쇼핑을 하기 위해 아이디와 비밀번호를 입력합니다. 이때 비밀번호는 본인임을 확인하는 인증 수단이므로 다른 사람에게 노출되지 않도록 암호화 과정을 거쳐야 합니다.

'암호화(encryption)'는 알고리즘을 이용하여 특별한 권한을 소유한 사람들 외에는 읽을 수 없도록 정보를 변형해서 전달하는 것을 말합니다. 이런 과정을 통해 암호화된 정보인 암호문이 만들어집니다. 반대로 암호화된 정보를 우리가 읽을 수 있는 형태로 변경하는 과정을 '복호화(Decrytion)'라고 합니다.

이런 암호화와 복호화는 언제부터 사용되었을까요? 가장 널리 알려진 것은 고대 로마의 정치가인 줄리어스 시저의 이름을 딴 시저 암호판입니다. 두 개의 원판을 이용하여 알파벳 자리를 이동시키는 방식으로, 예를 들어 아래 그림의 암호판은 일곱 칸 뒤의 문자로 변경되도록 설정되어 있습니다. 이 방식에 의하면 'HI'라는 문자는 'AB'로 암호화됩니다.

시저 암호판

이번 장에서는 먼저 문자의 순서를 뒤집는 간단한 암호화 프로그램을 만들어 보고, 이를 발전시켜 일정한 간격만큼 문자를 이동시키는 시저 암호화 프로그램을 만들어 보겠습니다.

암호화
프로그램

01 >>> 글자 순서 뒤집기

가장 간단한 암호문은 어떤 형태일까요? 각 글자를 쉬운 기호나 그림으로 바꿔서 표현하는 방법도 있고, 숫자로 표현하는 방법도 있습니다. 글자의 일부를 지우거나 다른 모양으로 바꾸는 방법도 있겠죠. 이처럼 누구나 쉽게 적용할 수 있는 암호화 방법을 생각해 봅시다.

---

1 문제 이해하기

가장 간단한 암호문으로 각 글자의 순서를 뒤집는 것이 있습니다. 예를 들어, 'hello'라는 단어의 순서를 뒤집으면 'olleh'가 됩니다. 직접 한번 해 볼까요? 'hello'라는 단어의 마지막 글자인 'o'부터 종이에 적습니다. 그리고 뒤에서부터 차례로 적어 보세요. 그럼 암호문 'olleh'가 완성됩니다. 컴퓨터라면 이 과정을 어떻게 처리할까요? 프로그램으로 어떻게 표현할 수 있을지 고민해 봅시다.

2 전략 수립하기

우리는 'hello'라는 단어를 거꾸로 적을 때 마지막 글자인 'o'부터 종이에 적었지만, 컴퓨터는 약간 다른 방법을 사용합니다. 우선 암호화하고 싶은 단어인 'hello'를 대답이라는 변수에 저장합니다. 종이 대신 암호문이라는 이름의 변수 공간이 있고, 입력 받은 단어의 'o'부터 대답이란 변수에 입력하는 것입니다. 변수는 새로운 데이터를 저장하면 기존에 있던 데이터가 지워지는 특성이 있기 때문에 기존의 문자들과 새로운 문자들을 더해 주어야 합니다.

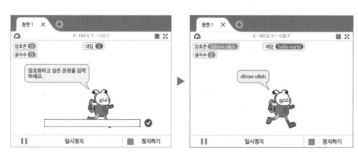

그림 11-1 글자 순서 뒤집기 암호화 프로그램 실행 화면

③ 문제 해결하기

글자 순서 뒤집기 암호화 프로그램의 코드는 다음과 같습니다.

예제 11-1 글자 순서 뒤집기 암호화 프로그램

오브젝트	엔트리 블록 프로그램
엔트리봇	

엔트리파이선 프로그램

```
5    암호문 = 0
6    글자수 = 0
7
8    def when_start():
9        Entry.input("암호화하고 싶은 문장을 입력하세요.")
10       암호문 = 0
11       글자수 = len(Entry.answer())
12       while (글자수 > 0):
13           암호문 = (암호문+Entry.answer()[글자수 - 1])
14           글자수 += -1
15       Entry.print(암호문[1:len(암호문)])
```

- **5행~6행** : 프로그램에서 사용되는 변수인 '암호문'과 '글자수'의 초깃값은 자동으로 표시됩니다. 암호문에는 문자가 입력되고 글자수에는 숫자가 입력되지만, 두 변수 모두 초깃값은 숫자 0이 입력되어 있습니다.

- **9행** : "암호화하고 싶은 문장을 입력하세요."라는 질문을 하고, 대답을 입력받습니다. 입력한 값은 대답이라는 변수에 저장됩니다.

- **10행** : 입력받은 문장의 순서를 뒤집어서 암호문을 만들어야 합니다. 뒤집어진 문자들이 저장될 공간이 필요하므로 '암호문'이라는 변수를 선언합니다. 암호문에 입력된 값이 아직 없으므로 초깃값으로 숫자 0을 입력합니다. 변수 암호문에 입력될 값이 문자형이므로 **암호문 =" "**이라고 입력해도 됩니다.

- **11행** : len(Entry.answer( ))는 대답이란 변수에 저장된 문장이 몇 글자인지 확인하는 함수입니다. 예를 들어 **글자수 = len("hi")**라고 입력할 경우 글자수라는 변수에 숫자 2가 입력됩니다. 예제에서는 대답으로 hello world를 입력하였으므로 **글자수 = len("hello world")**라고 입력한 것과 같습니다. 이때 글자수 변수에 입력되는 값은 숫자 11입니다. 문자는 10개인데 11이 입력되는 이유는 공백도 한 글자로 처리되기 때문입니다.

- **12행** : 변수 글자수에 저장된 값이 0보다 크면 아래 두 행의 명령이 반복으로 실행됩니다.

- **13행** : 변수 암호문에는 대답에 입력된 문장의 마지막 글자부터 첫 번째 글자까지 차례대로 입력해야 합니다. 먼저 Entry.answer( )[글자수 - 1]은 대답변수인 Entry.answer에 저장된 글자 중에서 마지막 글자를 찾습니다. 여기에서 엔트리파이선의 특징이 나타납니다. 지금까지 Entry.answer( )는 변수 대답이었지만, [ ] 기호가 추가되면서 리스트 대답이 되었습니다. 리스트의 특징은 입력된 데이터의 순서를 구분할 수 있는 인덱스(Index)를 활용할 수 있다는 것입니다. 입력받은 "hello world"는 아래와 같이 각 글자마다 번호가 붙게 됩니다.

h	e	l	l	o		w	o	r	l	d
0	1	2	3	4	5	6	7	8	9	10

Entry.answer( )[글자수 - 1]에서 글자수는 11이므로 Entry.answer( )[10]인 글자 'd'를 가리킵니다. 이제 전체 코드를 보겠습니다. **암호문 = (암호문 + Entry.answer( )[글자수 - 1])**은 **암호문 = (암호문 + 'd')**가 됩니다. 10행에서 암호문에 숫자 0이 입력되어 있으므로 **암호문 = 0 + 'd'**입니다. 따라서 변수 암호문에는 **'0d'**가 입력됩니다.

- **14행** : **글자수 += -1**은 **글자수 = 글자수 + (-1)**을 줄인 표현입니다. 지금까지 글자수 변수의 값은 11이었습니다. 그런데 **글자수 += -1**을 실행하면 변수 글자수의 값은 10이 됩니다. 여기서 변수 글자수의 값은 두 가지 중요한 기능을 합니다. 첫 번째는 반복 횟수를 정합니다. 변수 글자수의 값은 1씩 줄어들어 변수 글자수의 값이 0이 될 때까지 while( ) 구문이 반복됩니다. 두 번째는 리스트 대답의 글자를 지정합니다. 13행 코드에서 리스트의 인덱스가 기억 나시나요? Entry.answer( )[10]부터 Entry.answer( )[0]이 될 때까지 변수 글자수의 값이 11에서 1씩 변경되면서 앞에 있는 문자를 지정하게 됩니다.

- **15행** : 이제 변수 암호문에는 순서가 뒤바뀐 문자들이 저장되어 있습니다. 화면에 출력해서 확인하기 위해 Entry.print(암호문)을 실행해 봅시다. 그럼 hello world가 뒤집힌 dlrow looeh가 아닌 0dlrow looeh이 출력됩니다. 맨 앞의 숫자 0은 어디서 생겨난 걸까요? 코드 5행을 다시 확인해 봅시다. 변수 암호문을 선언하면서 임시로 숫자 0을 입력했습니다. 이 0이 계속 남아 있다

가 코드 13행의 **암호문 = (암호문 + Entry.answer( )[글자수 - 1])** 연산이 반복적으로 실행되면서 누적되어 입력된 것입니다. 만약 숫자만을 계속 더했다면 숫자 0은 남아 있지 않겠지만, 더하는 값이 문자이기 때문에 0dlrow looeh가 되는 것입니다. 여기서 필요 없는 0을 출력하지 않으려면 어떻게 해야 할까요? 암호문을 변수가 아닌 리스트로 변경하여 인덱스를 이용하면 됩니다. 암호문 뒤에 [ ]를 붙이면 인덱스를 이용할 수 있습니다. 암호문에는 다음과 같이 자료가 입력되어 있습니다.

0	d	l	r	o	w		l	o	o	e	h
0	1	2	3	4	5	6	7	8	9	10	11

우리는 암호문 리스트의 1번부터 11번까지의 문자를 출력해야 합니다. 그러므로 **Entry. print(암호문[1:len(암호문)])** 이라고 하면 **len(암호문)** 의 값이 11이므로 **Entry. print(암호문[1:11])** 이 됩니다.

Q. 암호문=0과 암호문=" "는 무엇이 다른가요?

변수에 입력되는 값이 문자인지 숫자인지에 따라 변수를 구분하는데, 이를 변수의 자료형이라고 합니다. **암호문=0**이라고 입력하면 암호문이란 변수에 정수나 실수 등의 숫자를 입력하겠다는 뜻이고, **암호문=""** 이라고 입력하면 문자 또는 문자열을 입력하겠다는 뜻입니다. 파이선의 경우 변수의 자료형을 미리 정할 필요가 없지만, C나 Java 등의 프로그래밍 언어에서는 변수의 자료형을 미리 정하고, 그 자료형에 적합한 값을 입력해야 합니다. 왜 이런 구분이 필요할까요? 문자인지, 실수형 숫자인지, 정수형 숫자인지에 따라 저장할 메모리 크기에 차이가 있기 때문입니다. 소수 자리를 포함하는 실수형은 정수형이나 문자형에 비해 비교적 많은 공간을 필요로 합니다. 물론 지금은 컴퓨터의 성능이 좋아져서 데이터를 저장할 공간과 시스템 메모리 부족을 신경 쓸 필요가 많이 줄었습니다. 하지만 아두이노, 라즈베리 파이 등의 소규모 컴퓨팅 장비는 부족한 메모리를 효율적으로 사용할 필요가 있기 때문에 자료형에 따라 필요한 변수 크기를 지정하는 언어로 프로그래밍을 합니다.

Q. A = A + 1이 어떻게 성립되나요?

프로그래밍에서 등호(=)는 같다는 뜻이 아니라 우측의 계산을 수행한 후 좌측에 대입하라는 의미입니다. 따라서 아래 코드를 실행하면 변수 A에 2가 저장됩니다.

```
A = 1        → 변수 A에 1을 입력
A = A + 1    → 1+1의 결과인 2를 변수 A에 입력
```

STEP
02 >>> 알파벳 자리 옮기기

앞에서 입력한 문장의 글자 순서를 뒤집어 암호문을 만드는 프로그램을 만들어 봤습니다. 그런데 단순히 뒤집는 것만으로는 효과적인 암호문을 만들기 어려울 것 같습니다. 이번에는 알파벳의 자리를 옮겨 특정 글자에서 시작하도록 만드는 프로그램을 만들어 봅시다.

1 문제 이해하기

알파벳 자리 옮기기는 a부터 z까지 26개의 알파벳을 모두 출력하되, 사용자가 입력하는 암호키 값에 따라 처음 시작하는 글자가 달라지도록 하는 방법입니다.

a	b	c	d	e	⋯	x	y	z
0	1	2	3	4	⋯	23	24	25

예를 들어 암호키 값이 1일 경우 시작하는 글자는 a가 아닌 b이므로 "bcdefg ⋯ xyza"와 같이 출력되어야 합니다.

```
Entry Console
자리 옮기기를 할 암호키 값을 입력하세요.
1
bcdefghijklmnopqrstuvwxyza
```

그림 11-2 암호키 값 1이 적용된 알파벳 출력

2 전략 수립하기

알파벳의 순서는 정해져 있으므로 입력 받은 암호키 값부터 순서대로 알파벳을 출력하면 됩니다. 앞에서 작성한 프로그램을 떠올려 봅시다. 변수 암호문에 특정 알파벳부터 순서대로 저장하고 이를 출력해야 합니다. **암호문 = (암호문 + 알파벳[암호키])**라고 코드를 작성하면 어떻게 될까요? 예를 들어 b부터 출력되도록 하려면 **암호문 = (암호문 + 알파벳[1])**이라고 작성하면 됩니다.

그런데 여기에는 문제가 있습니다. 암호문에는 알파벳 1개만 입력하는 것이 아니라 26개의 알파벳 모두를 누적해서 입력해야 합니다. 알파벳 순서가 1씩 커져야 하는데, 암호키 값이 0이 아닌 이상 무조건 26보다 큰 숫자가 됩니다. 그럼 **알파벳[27]**이 되면서 에러가 발생합니다.

```
for i in range(len(알파벳)):
    알파벳순서+= 1
    암호문 = (암호문 + 알파벳[암호키 + 알파벳순서])
```

이 문제를 어떻게 해결해야 할까요? 자세한 해결 방법은 코드를 설명하면서 소개하겠지만, 힌트는 '나머지 연산(%)'을 이용하는 것입니다.

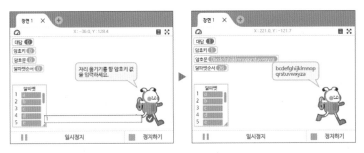

그림 11-3 알파벳 자리 옮기기 프로그램의 실행 화면

3 문제 해결하기

알파벳 자리 옮기기 프로그램의 코드는 다음과 같습니다.

예제 11-2 알파벳 자리 옮기기 프로그램

오브젝트	엔트리 블록 프로그램
엔트리봇	시작하기 버튼을 클릭했을 때 암호문 ▼ 를 0 로 정하기 자리 옮기기를 할 암호키 값을 입력하세요. 을(를) 묻고 대답 기다리기 암호키 ▼ 를 대답 로 정하기 알파벳 ▼ 항목 수 번 반복하기 알파벳순서 ▼ 에 1 만큼 더하기 만일 (알파벳순서 ▼ 값 + 암호키 ▼ 값) / 26 의 나머지 = 0 이라면 암호문 ▼ 를 (암호문 ▼ 값 + z) 로 정하기 아니면 암호문 ▼ 를 (암호문 ▼ 값 + 알파벳 ▼ 의 (알파벳순서 ▼ 값 + 암호키 ▼ 값) / 26 의 나머지 번째 항목) 로 정하기 (암호문 ▼ 값 의 2 번째 글자부터 암호문 ▼ 값 의 글자 수 번째 글자까지의 글자) 을(를) 말하기

엔트리파이선 프로그램

```
5      암호키 = 0
6      암호문 = 0
7      알파벳순서 = 0
8      알파벳 = ["a", "b", "c", "d", "e", "f", "g", "h", "i", "j", "k", "l", "m", "n", "o", "p", "q", "r", "s", "t",
       "u", "v", "w", "x", "y", "z"]
9
10     def when_start():
11         암호문 = 0
12         Entry.input("자리 옮기기를 할 암호키 값을 입력하세요.")
13         암호키 = Entry.answer()
14         for i in range(len(알파벳)):
15             알파벳순서 += 1
16             if (((알파벳순서 + 암호키) % 26) == 0):
17                 암호문 = (암호문 + "z")
18             else:
19                 암호문 = (암호문 + 알파벳[((알파벳순서 + 암호키) % 26) - 1])
20         Entry.print(암호문[1:len(암호문)])
```

- **5행~8행** : 변수인 암호키, 암호문, 알파벳순서는 프로그램 코드에서 선언하면 자동으로 생성되지만, 리스트 알파벳의 값은 a부터 z까지 직접 입력해 주어야 합니다.

- **11행** : 새롭게 만들어질 암호문이 저장될 변수를 선언합니다. 초깃값으로 숫자 0을 입력하거나 문자가 들어갈 빈 공간 " "을 입력합니다. 엔트리파이선에서는 둘 다 숫자 0으로 처리합니다.

- **12행** : "자리 옮기기를 할 암호키 값을 입력하세요."라는 질문을 하고, 대답을 입력 받습니다. 입력 받은 값은 대답이라는 변수에 저장됩니다.

- **13행** : 입력 받은 값을 변수 암호키에 저장합니다.

- **14행** : 15행~19행의 명령어를 26번 반복 실행합니다. 26번 반복하는 이유는 암호키의 값만큼 모든 알파벳 글자의 자리를 옮겨서 변수 암호문에 입력하기 위해서입니다.

- **15행** : 변수 알파벳순서를 1씩 증가시킵니다. 이 행이 모든 알파벳의 자리를 옮기는 핵심 코드입니다.

- **16행~17행** : 변수 알파벳순서와 암호키의 값을 더하고, 이것을 26으로 나눈 나머지가 0이 되면 변수 암호문에 문자 'z'를 추가합니다. 그리고 이 값을 다시 변수 암호문에 입력합니다. 즉, 암호문에 'xy'가 입력된 상태에서 조건을 만족한다면, **암호문 = 'xy' + 'z'**가 되어 암호문에는 'xyz'가 저장됩니다. (**알파벳순서 + 암호키**) **% 26 == 0**이 되어야 하는 이유는 다음 코드에서 살펴보겠습니다.

- **18행~19행** : 14행~19행 코드의 핵심은 알파벳을 암호키 값만큼 자리를 옮겨서 변수 암호문에 저장하는 것입니다. 차근차근 단계별로 생각해 보겠습니다. 먼저 리스트 알파벳에 입력된 문장을 순서대로 출력하는 코드는 다음과 같습니다.

```
알파벳순서 = 0
알파벳 = ['a', 'b', 'c', .... , 'z']
for i in range(len(알파벳))
    Entry.print(알파벳[(알파벳순서)])
    알파벳순서 += 1
```

변수 알파벳순서의 값이 리스트 알파벳의 인덱스로 사용되어 지정된 값이 출력됩니다. 그런데 우리가 하려는 것은 변수 암호키의 값만큼 자리를 옮겨서 순서대로 출력하는 것입니다. 따라서 변수 암호키를 다음과 같이 추가합니다.

```
알파벳순서 = 0
암호키 = 1
알파벳 = ['a', 'b', 'c', … , 'z']
for i in range(len(알파벳))
    Entry.print(알파벳[(알파벳순서 + 암호키)])
    알파벳순서 += 1
```

이렇게 작성해서 출력해 보면 암호키 값인 1만큼 자리를 옮겨 'b'부터 출력됩니다. 만약 'z'부터 출력되기를 원한다면 25를 입력합니다. 그런데 문제가 있습니다. 첫 실행에서는 `Entry.print(알파벳[1 + 25])`가 되어 리스트 알파벳의 26번째 값인 'z'가 출력됩니다. 두 번째 실행에서는 변수 알파벳순서의 값이 1 증가하여 `Entry.print(알파벳[2 + 25])`가 됩니다. 그런데 리스트 알파벳에는 27번째 값이 없기 때문에 에러가 발생합니다. 따라서 알파벳순서와 암호키를 더한 값이 27을 넘으면 자동으로 1부터 다시 시작하게 만드는 방법을 찾아야 합니다. 1~26까지의 숫자만 반복하게 만들기 위해서는 나머지 연산을 활용하면 됩니다. 나머지 연산은 모듈러 연산이라고도 하며, 파이선에서는 '**%**'로 표시합니다. 이제 16행과 19행에 나머지 연산이 사용된 이유를 알 수 있겠죠? 예를 들어 19행 코드에 암호키 값으로 '1'이 입력되었다고 가정하고, 알파벳순서 값 0부터 25까지의 값을 확인하면 다음과 같습니다.

알파벳순서	(알파벳순서 + 암호키) % 26	알파벳[ ]	암호문
0	(0 + 1) % 26	알파벳[1]	b
1	(1 + 1) % 26	알파벳[2]	c
2	(2 + 1) % 26	알파벳[3]	d
⋮	⋮	⋮	⋮
24	(24 + 1) % 26	알파벳[25]	z
25	(25 + 1) % 26	알파벳[0]	a

앞에서 배운 것처럼 파이선의 리스트는 인덱스 값이 0부터 시작하기 때문에 정상적으로 출력하기 위해 19행의 ((알파벳순서 + 암호키) % 26)에 - 1을 추가했고, 누락되는 'z'를 반영하기 위해 16행~17행을 별도로 작성했습니다.

· **20행** : 암호문에 저장된 값 중에서 초깃값으로 저장된 '0'을 제외하고, 2번째 값부터 마지막 값까지 출력합니다. 리스트 암호문의 2번째 값은 **암호문[1]**이라고 표현해야 하는 것, 잊지 마세요!

STEP 03 >>> 시저 암호화 프로그램

앞에서 입력한 문장의 글자 순서를 뒤집어 암호문을 만드는 프로그램을 만들어 봤습니다. 그런데 뒤집는 것만으로는 효과적인 암호문을 만들기 어렵습니다. 이번에는 알파벳의 자리를 옮겨 특정 글자부터 시작하게 만드는 프로그램을 만들어 봅시다.

① 문제 이해하기

사용자가 알파벳 문자로 이루어진 특정 단어를 입력하고 암호키를 지정하면 알파벳 자리 옮김을 하여 암호화하는 프로그램을 만들어 보겠습니다. 예를 들어 사용자가 'hello'를 입력하고, 암호키 값을 1로 지정했다면, 'ifmmp'가 출력됩니다. 말로 설명하면 어려워 보이지만, 두 개의 원판을 돌려 암호화하는 시저 암호판과 같은 원리입니다.

② 전략 수립하기

앞에서 **암호문 = (암호문 + 알파벳[((알파벳순서 + 암호키) % 26)** 코드를 사용했습니다. 암호키 값만큼 자리 이동된 알파벳을 암호문에 누적해서 저장하는 방식이었습니다. 이번에는 이 과정을 입력한 메시지의 각 문자에 수행합니다. 예를 들어 'hello'를 입력하고, 암호키 값을 1로 정했다면, 'hello'에서 첫 글자인 h가 리스트 알파벳에서 몇 번째 값인지 알파벳순서 값을 찾고, 여기에 암호키 값만큼 더한 값의 알파벳 문자를 암호문에 저장합니다. 입력된 메시지의 각 문자를 찾은 후 이 문자가 리스트 알파벳의 몇 번째 순서인지 찾아야 하므로 반복문을 중첩해서 사용해야 합니다.

그림 11-4 시저 암호화 프로그램 실행 화면

3 문제 해결하기

시저 암호화 프로그램의 코드는 다음과 같습니다.

예제 11-3 시저 암호화 프로그램

오브젝트	엔트리 블록 프로그램
엔트리봇	

엔트리파이선 프로그램

```
5   메시지 = 0
6   암호키 = 0
7   암호문 = 0
8   알파벳순서 = 0
9   메시지순서 = 0
10  알파벳 = ["a", "b", "c", "d", "e", "f", "g", "h", "i", "j", "k", "l", "m", "n", "o", "p", "q", "r", "s", "t",
    "u", "v", "w", "x", "y", "z"]
11
12  def when_start():
13      메시지순서 = 0
14      암호문 = 0
15      Entry.input("암호화할 메시지를 입력하세요.")
16      메시지 = Entry.answer()
17      Entry.input("자리 옮기기를 할 암호키 값을 입력하세요.")
18      암호키 = Entry.answer()
```

```
19        for i in range(len(메시지)):
20            메시지순서+= 1
21            알파벳순서 = 0
22            for j in range(len(알파벳)):
23                알파벳순서+= 1
24                if (메시지[메시지순서 - 1] == 알파벳[알파벳순서 - 1]):
25                    if (((알파벳순서+암호키) % 26) == 0):
26                        암호문 = (암호문+ "z")
27                    else:
28                        암호문 = (암호문+알파벳[((알파벳순서+암호키) % 26) - 1])
29        Entry.print(암호문[1:len(암호문)])
```

- **5행~10행** : 변수 암호키, 변수 암호문, 변수 알파벳순서와 리스트 알파벳은 앞에서 사용했던 것을 다시 사용하며, 변수 메시지와 변수 메시지순서가 새롭게 사용되었습니다. 초깃값으로는 숫자 0을 입력합니다.

- **15행~16행** : "암호화할 메시지를 입력하세요."라고 묻고 사용자가 입력한 대답을 변수 메시지에 저장합니다.

- **17행~18행** : "자리 옮기기를 할 암호키 값을 입력하세요."라고 묻고 사용자가 입력한 대답을 변수 암호키에 저장합니다.

- **19행~28행** : 이 코드에서 핵심은 24행의 메시지[메시지순서-1] == 알파벳[알파벳순서 - 1]입니다. 입력 받은 메시지의 특정 글자가 리스트 알파벳에서 몇 번째 순서인지 확인하는 코드입니다. 예시 문자 'hello'가 암호화되는 과정은 다음과 같습니다.

메시지순서	알파벳순서	메시지[메시지순서 - 1]	알파벳[알파벳순서 - 1]
1	1	h	a
1	2	h	b
⋮	⋮	⋮	⋮
1	8	h	h
⋮	⋮	⋮	⋮
1	26	h	z
2	1	e	a
2	2	e	b
⋮	⋮	⋮	⋮
2	5	e	e

⋮	⋮	⋮	⋮
5	26	o	z

변수 메시지순서의 값이 1일 때 변수 알파벳순서가 1부터 26까지 반복되므로 다섯 글자를 모두 알아내기 위해 총 130번(26*5) 반복문을 실행합니다. 효율성을 높이기 위해 일치하는 알파벳을 발견했을 때 반복을 중단하도록 할 수도 있습니다.

- **29행** : 암호문에 입력된 값을 출력합니다.

지금까지 시저 암호화 프로그램을 3단계로 나누어 작성해 보았습니다. 1단계에서는 입력된 문자들의 순서를 거꾸로 하여 변수 암호화에 누적해서 저장했습니다. 이때 리스트의 인덱스와 반복문이 사용되었습니다. 2단계에서는 처음 출력되는 문자를 변수 암호키 값만큼 변경한 후 26개 알파벳을 순서대로 출력했습니다. 이때 알파벳순서와 암호키를 더한 값이 리스트 알파벳의 인덱스 값보다 커지면 에러가 발생하기 때문에 1부터 26까지의 값만 반복되도록 %(나머지 연산)을 사용했습니다. 3단계에서는 입력된 메시지 각각의 글자 순서를 찾고, 이를 암호키 값만큼 자리 이동하기 위해 for문을 중첩 사용했습니다.

우리가 만든 것은 1개의 암호키 값에 따라 입력된 문자의 자리 옮김을 하는 간단한 프로그램이지만, 지금까지 배운 내용을 바탕으로 암호키 값을 다양하게 적용한 복잡한 암호화 프로그램에 도전해 보세요.

쉬어가는 페이지 : 좀 더 풀기 어려운 암호화 방법

지금까지 만들어 본 시저 암호는 암호학의 시초라 불릴 만큼 기초적이고 단순한 형태입니다. 처음에는 복잡해 보이지만, 자주 사용하는 영어의 빈도수를 계산하면 자연스럽게 알파벳 분포도가 그려집니다. 통계적으로 알파벳 e가 최다 빈도를 가집니다. 이것을 이용하면 시저 암호처럼 한 가지 패턴으로 만들어진 암호는 쉽게 풀립니다. 그렇다면 조금 더 복잡한 암호화 방법에는 어떤 것들이 있을까요?

다중 문자 암호화

예를 들어 암호문 SNAKE를 각 알파벳에 대응하는 숫자로 변경합니다. 알파벳 순서대로 'S N A K E'는 '19 14 1 11 5'가 됩니다. 이 특정 숫자를 반복해서 암호화하려는 문자 아래 배치하고 배치된 숫자만큼 문자를 이동시킵니다. 시저 암호화의 경우 단순히 정해진 숫자만큼 문자를 이동하지만, 다중문자 암호화의 경우 숫자에 일정한 패턴을 가진 숫자를 더해서 이동합니다. 이를 푸는 방법은, 이처럼 특정 패턴을 가진 숫자를 더해서 이동하는 방법을 사용했다고 예상하고 암호 문자 길이가 한 개일 때, 두 개일 때 등으로 계속 확장해가면서 알파벳 빈도수 계산을 하는 것입니다. 그러므로 암호문(SNAKE) 자체의 길이가 길수록 풀기가 어려워집니다.

공개키 암호화 방식

요즘 흔히 사용되는 디지털 서명이나 인터넷 개인정보 보호에 가장 많이 사용되는 방법은 공개키 암호화 방식입니다. 정보를 주고받는 송신자와 수신자가 각각 자신만의 비밀키를 가지고 있고, 그 공개키를 통해 각자 자신만이 알아 볼 수 있도록 정보를 암호화하는 방법입니다. 물론 공개키를 통해 비밀키를 유추할 수 있지만, 앞에서 설명한 다중 문자 암호화 방법과는 다르게 일정한 패턴이 들어나지 않기 때문에 좀 더 강력한 암호화가 가능합니다. 그 이유는 공개키를 생성하는 과정에서 암호화하려는 값에 특정 소수 값을 거듭제곱하고, 이 값의 나머지 값을 찾는 나머지연산을 하는데, 이때 나머지 값은 특정 값만 높은 빈도로 나타나는 것이 아니라 모든 값이 균일하게 생성되기 때문입니다.

자세한 내용을 알고 싶으면 인터넷에서 '디피-헬만 키 교환'과 수학자 세 사람이 완성한 'RSA 암호'에 대해 검색해 보세요.

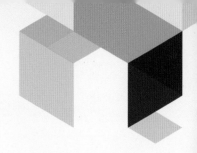

인터넷 공간에는 헤아릴 수 없을 정도로 많은 정보가 쌓여 있고, 지금 이 순간에도 엄청난 양의 새로운 정보가 추가되고 있습니다. 그 수많은 정보를 하나하나 살펴서 우리가 필요한 내용을 찾아내는 일은 몇 년이 걸려도 불가능합니다. 그런데 우리는 인터넷 검색 프로그램에 몇 가지 검색어를 입력하는 것만으로 단 몇 초 만에 필요한 정보를 찾아낼 수 있습니다. 이런 일이 가능한 것은 텍스트로 이루어진 수많은 문자열에서 우리가 필요한 정보만 찾아낼 수 있는 프로그램이 있기 때문입니다.

다양한 인터넷 검색 프로그램

이번 시간에는 친구들의 이름과 생일을 모아둔 문자열에서 원하는 정보를 검색하고, 해당 정보의 위치를 통해 주변에 있는 특정 문자를 찾아 출력하는 문자열 검색 프로그램을 만들어 보겠습니다.

문자열 검색
프로그램

STEP
01 >>> 내 친구의 생일을 출력하는 프로그램

인터넷 검색 프로그램은 인터넷의 관문이라고 불리는 각종 포털 사이트의 가장 중요한 서비스 중 하나입니다. 실제 구현은 매우 복잡하지만, 기본적인 원리는 텍스트로 이루어진 수많은 문자열에서 내가 찾고 싶은 내용을 찾고, 그 내용과 관련된 자료의 목록을 보여주는 문자열 검색 프로그램과 같습니다.

1 문제 이해하기

성훈이는 친구들의 생일에 축하 문자를 보내주기 위해 기회가 있을 때마다 생일을 물어 아래와 같이 텍스트로 저장했습니다.

"김철수0601, 오주희0401, 김아영0211, 서승희1121, 김슬기1201, 박성현0508, 주강희0915 "

아직은 몇 명 되지 않으니 특정 친구의 생일을 찾는 것이 그리 어렵지 않습니다. 하지만 친구가 점점 늘어날수록 찾는 데 시간이 좀 걸릴 것 같습니다. 더 늦기 전에 엔트리파이선을 이용해서 친구의 이름을 검색하면 생일을 알려주는 프로그램을 만들어 봅시다.

2 문제 해결하기

먼저 우리가 가지고 있는 자료의 형태를 관찰해 봅시다.

infor = "김철수0601, 오주희0401, 김아영0211, 서승희1121, 김슬기1101, 박성현0508, 주강희0915 "

변수 infor에 친구들의 이름과 생일이 연달아 저장되어 있습니다. 이 글자 하나하나에는 인덱스가 붙어 있습니다. 즉 각 글자의 위치를 구분할 수 있는 숫자가 붙어 있는 것입니다. 따라서 우리가 오주희의 생일을 알고 싶다면 11번부터 14번까지 출력하면 됩니다.

김	철	수	0	6	0	1	,	오	주	희	0	4	0	1
0	1	2	3	4	5	6	7	8	9	10	11	12	13	14

그렇다면 각 글자의 인덱스는 어떻게 알 수 있을까요? 지금은 문자열의 길이가 짧기 때문에 손가락으로 짚어가면서 하나하나 찾을 수 있겠지만, 문자열이 조금만 길어도 어려워집니다. 이런 경우에 사용할 수 있도록 엔트리파이선에서는 파이선과 동일하게 문자열을 검색할 수 있는 find 명령을 제공합니다. 검색할 문자열이 저장된 변수명 다음에 점을 찍고 find( ) 명령의 괄호 안에 찾고자 하는 문자를 넣어 줍니다. 예를 들어 오주희라는 친구의 이름이 시작되는 위치를 알고 싶다면 infor. find("오주희")라고 명령합니다. 그럼 결과 값으로 숫자 8을 돌려줍니다. 이는 '오주희'라는 문자가 시작되는 인덱스 값인 8을 의미합니다.

그럼 생일은 어떻게 찾을 수 있을까요? 생일은 이름으로부터 세 칸 뒤에서 여섯 칸까지에 있는 문자입니다.

오	주	희	0	4	0	1	.
8	9	10	11	12	13	14	15

⬆ 시작 위치   ⬆ 시작 위치 +3   ⬆ 시작 위치 +7

다시 말해서 시작 위치인 이름의 인덱스 값을 찾으면, 생일은 시작 위치 + 3부터 시작 위치 + 7 앞까지에 해당되는 내용임을 알 수 있습니다. 또는 일부분만 다른 변수에 저장해서 사용할 수도 있습니다.

그림 12-1 친구의 생일 찾기 프로그램 실행 화면

이제 코드를 통해 문제를 해결해 보겠습니다.

③ 문제 해결하기

친구의 생일을 찾는 프로그램의 코드는 다음과 같습니다.

예제 12-1 친구의 생일 찾는 프로그램

오브젝트	엔트리 블록 프로그램
엔트리봇	

엔트리파이선 프로그램

```
5      infor = "김철수0601,오주희0401,김아영0211,서승희1121,김슬기1201,박성현0508,주강희0915"
6      name = 0
7      index1 = 0
8      index2 = 0
9      friend = 0
10
11     def when_start():
12         Entry.input("찾을 이름을 입력하세요.")
13         name = infor.find(Entry.answer())
14         index1 = (name - 1)
15         index2 = (index1+7)
16         friend = infor[index1:index2]
17         Entry.print(friend)
18         Entry.print((((((friend[0:3]+"의 생일은 ")+friend[3:5])+"월")+ friend[5:7])+"일입니다."))
```

- **5행** : 변수 infor를 선언하고, 여기에 동아리 사람들의 정보를 입력합니다. 문자열을 입력할 때는 " "(큰따옴표) 또는 ' '(작은따옴표)를 문자의 양 끝에 붙여 주어야 합니다. 예제에서는 총 7명의 이름과 생일을 임의로 입력했습니다.

- **6행~9행** : 변수 name, index1, index2, friend를 선언하고, 초깃값으로 0을 입력합니다. 앞에서 소개한 예로 각 변수의 역할을 설명하겠습니다.

오	주	희	0	4	0	1	.
8	9	10	11	12	13	14	15

↑ 시작 위치

name

index1   index2

먼저 변수 name에는 생일을 알고 싶은 친구 이름의 첫 글자가 위치한 인덱스 값을 저장합니다. 위의 예에서는 8이 저장됩니다. 변수 index1과 index2에는 시작 글자의 인덱스 값과 마지막 글자의 다음 인덱스 값을 저장합니다. 이름부터 생일까지 모두 저장하고 싶다면 8부터 14까지 저장해야 하므로 변수 index1에는 8을 저장하고, 변수 index2에는 15를 저장해야 합니다. 마지막으로 변수 friend에는 우리가 찾는 사람의 이름과 생일을 저장하게 됩니다.

- **11행** : 시작하기 버튼을 누르면 아래의 명령어들이 실행됩니다.

- **12행** : "찾을 이름을 입력하세요."라는 문장을 출력하고, 대답을 기다립니다. 생일을 알고 싶은 친구의 이름을 입력하면, `Entry.answer( )`에 입력한 내용이 저장됩니다.

- **13행** : `infor.find(Entry.answer( ))` 명령어는 변수 infor에 저장된 문자열 중에서 `Entry.answer( )`의 텍스트와 동일한 문자가 위치한 문자열 인덱스 값 + 1을 반환합니다. 왜 1을 더한 값이 반환되는지 살펴볼까요? 앞서 설명한 변수 infor에 입력된 문자열 일부를 아래와 같이 나타낼 수 있습니다.

김	철	수	0	6	0	1	.
0	1	2	3	4	5	6	7

만약 우리가 찾을 이름으로 김철수를 입력했다면, 엔트리파이선의 경우 문자열의 인덱스 값이 0부터 시작되기 때문에 인덱스 값인 0이 변수 name에 입력되어야 합니다. 하지만 `find( )` 명령의 경우 시작 위치가 1부터 시작합니다. 그래서 변수 name에는 숫자 1이 저장 됩니다.

- **14행~15행** : 변수 infor의 문자열을 나누기 위해 사용될 인덱스 값을 선언합니다. 찾을 문자의 시작과 끝을 지정해야 하므로 2개의 값이 필요합니다. 예를 들어 변수 index1, index2를 다음과 같이 지정할 수 있습니다.

김	철	수	0	6	0	1	.
0	1	2	3	4	5	6	7

⬆ index1   ⬆ index2

앞에서 사용자가 입력한 이름의 시작 지점은 변수 name에 입력되어 있습니다. 그런데 `find( )` 명령은 문자열의 경우 1부터 시작되므로, 이 값을 index 값으로 사용하기 위해서는 변수 name 에서 숫자 1을 빼 주어야 합니다. 다음으로 index2는 위의 표에서 알 수 있듯이 변수 index1에 서 +7 만큼 떨어져 있으므로 index1 + 7을 합니다.

- **16행** : 찾은 값들을 이용하여 친구의 이름과 생일을 변수 friend에 저장합니다. `friend = infor[index1:index2]`는 변수 infor의 문자열 중에서 index1부터 index2 바로 앞까지의 문 자들을 변수 friend에 입력하라는 뜻입니다. 군이 별도의 변수에 이 값을 저장하는 이유는, 필요 에 따라 문자열을 다시 잘라서 사용할 수 있기 때문입니다.

- **17행** : friend에 저장된 문자열을 출력합니다.

- **18행** : 17행을 통해 찾는 사람의 이름과 생일을 출력했지만, 좀 더 친절하게 표현하기 위해 "김철 수의 생일은 6월 1일입니다."와 같이 출력해 봅시다. 변수 friend에 입력된 값을 활용하기 위해 다음과 같이 분리할 수 있습니다.

"**김철수** + 의 생일은 + **06** + 월 + **01** + 일입니다."

밑줄 친 부분은 고정된 텍스트로, 변수 friend에 입력된 값과 상관없이 출력됩니다. 박스 안에 있 는 값들은 변수 friend의 인덱스 값을 활용하여 이름, 월, 일로 나누어 아래와 같이 작성할 수 있 습니다.

김	철	수	0	6	0	1
0	1	2	3	4	5	6

`friend[0:3]` + "의 생일은 " + `friend[3:5]` + "월" + `friend[5:7]` + "일입니다."

`Entry.print( )` 명령어를 이용하여 위 내용을 출력합니다.

STEP
02 >>> 문자열을 분리해서 리스트에 담기

앞에서 find( ) 명령어를 이용하여 특정 문자의 인덱스 값을 찾고, 생일까지 확인할 수 있었습니다. 이제 입력받은 문자열에서 규칙을 발견하고, find( ) 명령어로 규칙에 따라 문자열을 분리해 봅시다. 분리된 문자열은 리스트에 저장하게 됩니다.

① 문제 이해하기

다시 한 번 우리가 가지고 있는 자료를 관찰해 봅시다.

"김철수0601, 오주희0401, 김아영0211, 서승희1121, 김슬기1101, 박성현0508, 주강희0915"

친구들의 이름과 생년월일이 띄어쓰기 없이 적혀 있습니다. 그리고 각각은 쉼표로 구분되어 있습니다. 문자열도 글자별로 인덱스가 있어서 쉽게 찾을 수 있습니다. 이런 규칙을 이용하면 이름별로 따로 저장할 수 있지 않을까요?

② 전략 수립하기

김	철	수	0	6	0	1	,	오	주	희	0	4	0	1
0	1	2	3	4	5	6	7	8	9	10	11	12	13	14

'김철수'를 출력하려면 문자열의 인덱스 번호 0부터 2까지 선택하면 됩니다. '오주희'를 출력하려면 8부터 10까지 선택하면 됩니다. 0과 2, 8과 10을 살펴보면, 8을 주기로 이름이 반복되는 것을 알 수 있습니다. 이 주기를 이용해서 문자열을 개인별로 나눌 수 있습니다. 분리한 문자열을 각각 변수에 저장해도 되지만, 리스트에 저장하면 데이터를 좀 더 편리하게 관리할 수 있습니다. 리스트의 append 기능을 이용하여 이름별로 리스트에 입력해 봅시다.

그림 12-2 문자열을 분리해서 리스트에 담는 프로그램 실행 화면

③ 문제 해결하기

문자열을 분리해서 리스트에 담는 프로그램의 코드는 다음과 같습니다.

예제 12-2 문자열을 분리해서 리스트에 담는 프로그램

오브젝트	엔트리 블록 프로그램
엔트리봇	

엔트리파이선 프로그램

```
5    name = 0
6    index1 = 0
7    index2 = 0
8    infor = "김철수0601,오주희0401,김아영0211,서승희1121,김슬기1201,박성현0508,주강희0915,"
9    list_infor = []
10
11   def when_start():
12       name = infor.find(",")
13       index1 = 0
14       index2 = (name - 1)
15       for i in range((len(infor) // name)):
16           list_infor.append(infor[index1:index2])
17           Entry.print(infor[index1:index2])
18           index1+= 8
19           index2+= 8
```

- **5행~7행** : 변수 name, index1, index2를 선언합니다. 초깃값으로 숫자 0을 입력합니다.

- **8행** : 변수 infor를 선언하고 여기에 친구들의 정보를 입력합니다. 문자열 입력이므로 " "(큰따옴표) 또는 ' '(작은따옴표)를 데이터 양 끝에 붙여야 합니다.

- **9행** : 분리한 문자열을 입력할 리스트 list_infor를 선언합니다. 프로그램이 실행되면 분리된 문자열이 입력될 예정이므로, 현재는 비어 있는 리스트임을 표현하기 위해 [ ](중괄호)만 표기합니다.

- **11행** : 시작하기 버튼을 눌렀을 때 아래의 명령어들이 실행됩니다.

- **12행** : 쉼표를 기준으로 입력된 문자열을 분리하기 위해 변수 name에 쉼표의 인덱스 값을 저장합니다. find( ) 명령어의 경우 문자열의 시작점이 0이 아닌 1부터 계산된다는 점에 주의하세요.

- **13행~14행** : 변수 infor의 문자열을 나누기 위해 사용할 인덱스 값을 선언합니다. 분리할 문자열의 시작과 끝을 지정해야 하기 때문에 2개의 값이 필요합니다. 변수 index1에는 이름 첫 글자의 인덱스 값인 0을 입력합니다. 분리할 문자열의 마지막 글자는 쉼표 앞에 있으므로, 변수 index2에는 쉼표의 인덱스 값인 7을 입력해야 합니다. 이 값은 12행에서 쉼표가 위치한 인덱스 값을 찾아 저장해 둔 변수 name-1을 입력하면 됩니다.

김	철	수	0	6	0	1	,	오	주	희	0	4	0	1
0	1	2	3	4	5	6	7	8	9	10	11	12	13	14

- **15행** : 이제 쉼표를 기준으로 추출한 정보를 리스트 list_infor에 저장해 봅시다. 이 과정은 변수 infor에 입력된 친구가 7명이므로 7번 반복되어야 합니다. 반복 횟수는 이름을 하나하나 세어 보면 알 수 있겠지만, 이 과정도 컴퓨터가 알아서 처리할 수 있도록 하는 게 좋습니다. 컴퓨터에게 어떻게 명령해야 할까요? 데이터를 보면서 규칙을 찾아봅시다.

김철수0601,오주희0401,김아영0211,서승희1121,김슬기1201,박성현0508,주강희0915

하나의 데이터는 쉼표까지 포함해서 8개의 글자로 이루어져 있습니다. 따라서 전체 문자 개수 나누기 8을 하면 몇 명의 데이터가 있는지 알 수 있습니다. 이를 코드로 나타내면 len(infor) // name입니다. 그런데 위 데이터에는 마지막에 쉼표(,)가 없기 때문에 우리가 생각한 값이 나오지 않는다는 문제가 있습니다. 이 문제를 해결하기 위해 데이터의 마지막에 쉼표(,)를 추가해 줍니다.

김철수0601,오주희0401,김아영0211,서승희1121,김슬기1201,박성현0508,주강희0915,

- **16행~19행** : 아래의 표는 변수 infor에 입력한 문자열 중 일부를 인덱스 번호와 함께 표시한 것입니다. 이 문자열을 쉼표를 기준으로 분리해서 리스트 list_infor에 저장해야 합니다.

김	철	수	0	6	0	1	,	오	주	희	0	4	0	1	,
0	1	2	3	4	5	6	7	8	9	10	11	12	13	14	15

첫 번째 데이터부터 나누어 봅시다. 인덱스 번호를 기준으로 0번부터 7번 앞까지를 리스트에 입력합니다. 두 번째 데이터는 8번부터 15번 앞까지를 리스트에 입력해야 합니다. 이것을 정리하면, 0~7과 8~15를 입력하는 것입니다. 규칙성이 보이나요? 각 자리의 값이 모두 8씩 커집니다. 따

라서 index1과 index2에 매번 + 8을 해 주면서 입력하면 모든 데이터를 입력할 수 있게 됩니다.

16행의 append는 리스트의 기능 중 하나로 특정 데이터를 리스트에 추가합니다. 입력되는 순서에 따라서 자동으로 인덱스 번호가 붙게 됩니다. 17행은 리스트에 입력되는 값을 콘솔창에서 확인할 수 있도록 출력해 줍니다.

STEP 03 >>> 생일을 챙겨야 하는 친구는?

앞에서 문자열에 입력된 값을 우리가 원하는 크기로 잘라서 리스트에 입력하는 방법을 배웠습니다. 이번에는 리스트에 입력된 값들을 이용하여 앞으로 생일 축하 문자를 보내야 할 친구들만 출력해 주는 프로그램을 만들어 봅시다. 예를 들어 지금이 11월이라면, 생일이 11월 또는 12월인 친구들만 출력됩니다.

1 문제 이해하기

생일을 챙겨야 하는 친구는 이번 달에 생일을 맞았거나 아직 생일이 지나지 않은 친구입니다. 이를 확인하기 위해서는 어떤 값이 필요할까요? 친구들의 태어난 달과 현재의 달을 비교해야 합니다. 즉, 두 값의 차를 구해주는 것입니다. 이 값이 0보다 작거나 같으면, 이번 달에 생일이거나 아직 생일이 지나지 않은 것입니다.

2 전략 수립하기

이번 달에 생일이거나 아직 생일이 지나지 않은 조건을 만족하는 친구들의 이름과 생일 문자열을 새로운 변수에 저장해 둡니다. 이렇게 리스트에 입력된 정보를 다시 불러와서 다른 값과 비교하고, 조건을 만족하는 값만 선별적으로 골라 새로운 변수에 저장하는 방식을 적용해 보겠습니다.

그림 12-3 생일을 챙겨야 하는 친구 찾기 프로그램 실행 화면

③ 문제 해결하기

생일을 챙겨야 하는 친구를 출력해 주는 프로그램의 코드는 다음과 같습니다.

예제 12-3 생일을 챙겨야 하는 친구 찾기 프로그램

오브젝트	엔트리 블록 프로그램
엔트리봇	

엔트리파이선 프로그램

```
5    infor = "김철수0601,오주희0401,김아영0211,서승희1121,김슬기1201,박성현0508,주강희0915,"
6    list_infor = []
7    name = 0
8    index1 = 0
9    index2 = 0
10   friend = 0
11   list_index = 0
12   mm = 0
13   birthday = 0
14
15   def when_start():
16       name = infor.find(",")
17       list_index = 0
18       index1 = 0
19       index2 = (name - 1)
20       for i in range((len(infor) // name)):
21           list_infor.append(infor[index1:index2])
```

```
22          index1+= 8
23          index2+= 8
24          friend = list_infor[list_index]
25          mm = (Entry.value_of_current_time("month") - friend[3:5])
26          if (mm <= 0):
27              birthday+= (friend+",")
28          list_index+= 1
29  Entry.print((("이번 달이 생일이거나 아직 지나지 않은 사람은"+birthday[1:(len(birthday)-1)])+"입니다."))
```

- **5행~9행** : 앞에서 작성한 것과 동일한 코드입니다.

- **10행** : 변수 friend에는 리스트 list_infor에 입력된 값들을 하나씩 불러와 입력합니다. 우선 초깃 값으로 0을 입력합니다.

- **11행** : 리스트 list_infor의 인덱스로 사용되는 변수 list_index를 선언합니다. 초깃값으로 0을 입 력합니다.

- **12행~13행** : 변수 mm에는 친구들이 태어난 월이 입력됩니다. 이 값은 현재 날짜에 해당하는 월 과 비교됩니다. 변수 birthday에는 생일을 챙겨야 하는 친구의 이름과 생일 문자열을 입력받습니 다. 둘 다 초깃값으로 0을 입력합니다.

- **15행~23행** : 앞에서 작성한 코드와 동일합니다. 다만 17행에 `list_index = 0`이 추가되었습니 다. 변수 list_index는 리스트 list_infor의 인덱스로 사용될 값이므로 재실행할 때마다 이전에 저 장된 값을 초기화해 주어야 합니다.

- **24행** : 리스트 list_infor에 입력된 값들을 인덱스 순서대로 불러와서 변수 friend에 입력합니다.

- **25행** : 변수 friend에 입력된 문자열 중에서 친구가 태어난 월과 프로그램을 실행하는 시점에 해 당하는 월을 비교합니다. `Entry.value_of_current_time("month")` 명령어는 현재 날짜에 해당하는 월을 숫자로 반환해 줍니다. 친구의 생일에 해당하는 월은 `friend[3:5]`로 찾을 수 있 습니다.

김	철	수	0	6	0	1	,
0	1	2	3	4	5	6	7

- **26행~27행** : 변수 mm에는 현재 달과 친구들이 태어난 달의 차가 기록되어 있습니다. 우리가 알고 싶은 것은 이번 달이 생일이거나 아직 지나지 않은 사람이기 때문에 두 값의 차가 0과 같거 나 작은 경우 생일이 지나지 않은 것입니다. 만약 변수 mm의 값이 0과 같거나 작지 않다면, 변수

birthday에 해당하는 문자열 값인 변수 friend를 더해 줍니다. 그런데 생일이 지나지 않은 사람이 여러 명일 수 있으므로, 구분을 위해 쉼표를 추가해서 변수 birthday에 입력합니다.

- **28행 :** 변수 list_index 값에 1을 더한 후 21행~27행을 반복합니다.

- **29행 :** 마지막으로 이번 달이 생일이거나 아직 지나지 않은 사람이 누구인지 확인할 수 있도록 변수 birthday에 입력된 값을 출력합니다. 만약 `Entry.print(birthday)`라고 명령한다면 숫자 '0'과 친구들의 생일 끝에 ,(쉼표)도 함께 출력됩니다. 처음에 나오는 숫자 '0'과 마지막에 붙어 있는 ,(쉼표)를 제거하고 싶다면 지금까지 배운 문자열의 특징을 이용하여 출력할 문자열 시작과 끝을 지정해 주면 됩니다. 그래서 인덱스 번호의 시작을 0이 아닌 1로 시작하고, 끝을 마지막 글자의 바로 앞까지를 의미하는 `(len(birthday)-1)`로 정해 줍니다.

지금까지 문자열 검색 프로그램을 3단계로 나누어 작성해 봤습니다. 지금까지 배운 내용을 정리해 볼까요? 1단계에서는 입력된 문자열에서 특정 문자열로 시작되는 값의 위치를 찾고, 이 위치를 중심으로 주변 문자들을 출력했습니다. 이때 특정 문자열의 인덱스 값을 반환해 주는 `find()` 명령이 사용되었습니다. 2단계에서는 입력된 문자열에서 특정 문자를 기준으로 문자를 나누어 리스트에 입력해 보았습니다. 이때 리스트의 `append()` 명령이 사용되었습니다. 마지막으로 3단계에서는 분류된 리스트 값을 다시 불러와서 현재 시점과 비교한 후 이번 달이 생일이거나 아직 지나지 않은 사람만 선별하여 변수에 저장했습니다. 이때는 현재 시점을 알 수 있는 시간 명령과 지금까지 학습한 문자열의 인덱스 값을 이용한 문자 나누기를 모두 사용하여 프로그램을 완성했습니다.

이 책에서는 원리를 이해하기 위해 정형화된 데이터를 이용하여 프로그램을 만들었지만, 좀 더 다양한 형태의 데이터를 분류하고 정리하여 필요한 내용을 추출할 수 있도록 탄탄한 실력을 쌓으시기 바랍니다.

: 웹 크롤링

웹 크롤링이란?

'웹 크롤링(Web Crawling)'이란 웹 사이트들에서 원하는 정보를 추출하는 것을 의미합니다. 예를 들어 인기 있는 영화가 무엇인지 알기 위해 영화 순위 차트가 필요하다고 가정해 봅시다. 우리는 여러 영화 순위 사이트를 방문해서 정보를 확인하고 순위를 직접 기록해야 합니다. 한두 개 사이트라면 직접 방문해서 살펴볼 수 있겠지만, 수백 개에 달하는 영화 순위 사이트를 방문해야 한다면 어떨까요? 많은 시간과 노력이 필요한 힘든 일이 될 게 분명합니다. 웹 크롤링은 이런 과정을 프로그램에 의해 자동으로 수행하는 것을 의미합니다. 그리고 이런 웹 크롤링을 수행하는 프로그램을 웹 크롤러라고 합니다.

웹 크롤링의 원리는?

우리가 사용하는 웹은 기본적으로 HTML 형태로 작성되어 있습니다. 따라서 유사한 규칙에 의해 웹페이지의 내용이 작성되어 있습니다. 지금이라도 아무 사이트나 방문해서 '페이지 소스 보기' 또는 '검사' 메뉴를 클릭하면 HTML 규격에 따라 제시된 정보의 형태를 확인할 수 있습니다. 여기에서 규칙성을 발견할 수 있는데, 이런 규칙에 따라 우리가 필요한 정보만 선별하도록 하는 것입니다. 물론 단 한 번의 정보 검색을 위해 힘들게 규칙을 발견하고 자동화하는 것은 아닙니다. 웹 크롤링은 지속적으로 정보를 확인하고 데이터를 최신 상태로 유지하는 데 사용됩니다.

활용되는 분야는?

웹 크롤러는 대체로 방문한 사이트의 복사본을 생성하는 데 사용됩니다. 검색 엔진은 이렇게 생성된 페이지를 보다 빠른 검색을 위해 인덱싱해 둡니다. 웹 크롤러는 링크 체크나 HTML 코드 검증과 같은 웹 사이트의 자동 유지 관리 작업을 위해 사용되기도 하며, 자동 이메일 수집과 같은 특정 형태의 정보를 수집하는 데에도 사용됩니다.

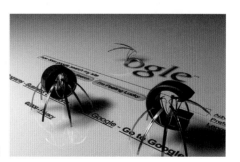

구글의 웹 크롤링을 묘사한 가상 이미지

사람이 많거나 시끄러운 음악이 들리는 곳에서 전화를 하면, 주변 소음 때문에 상대방에게 정확한 정보를 전달하기 힘들고, 때로는 원래의 의도와 다르게 전달될 수 있습니다. 컴퓨터로 정보를 전달할 때도 마찬가지입니다. 특정 홈페이지에 회원 가입을 하려고 모든 사항을 입력했는데, 뭔가가 빠져 있거나 엉뚱한 내용이 저장되어 다음 단계로 넘어가지 않는 경험을 해 본 적이 있을 거예요. 컴퓨터로 정보를 전송할 때 사용하는 전선이 낡았거나 날씨 등의 영향으로 전파가 제대로 전달되지 못했을 경우에도 데이터에 오류가 생길 수 있습니다. 이렇게 데이터에 의도치 않은 잘못된 정보가 포함되어 있는 것을 '데이터 오류'라고 하고, 이런 데이터 오류를 발견하기 위해 검사하는 것을 '오류 검출'이라고 합니다.

가장 간단한 오류 검출 방법으로 '패리티 비트'가 많이 사용됩니다. 패리티 비트(Parity bit)는 정보의 전달 과정에서 오류가 생겼는지 검사하기 위해 전송하고자 하는 데이터의 각 문자에 1비트를 더하여 전송하는 방법입니다. 예를 들어 13자리의 숫자로 이루어진 주민등록번호는 각 자릿수마다 의미하는 값이 있는데, 이 중에서 패리티 비트의 원리가 적용된 것은 13번째 마지막 자리 값입니다.

애니메이션 캐릭터인 둘리에게 발급된 주민등록증

이번 장에서는 간단한 오류 검출 방법 중 하나인 패리티 비트의 원리를 알아보고, 이것이 적용된 주민등록번호 오류 검출 프로그램을 만들어 봅시다.

주민등록번호
오류 검출
프로그램

01 >>> 패리티 비트 프로그램

데이터를 전송할 때 전송된 비트들에 오류가 발생했는지 확인할 수 있도록 하는 패리티 비트(Parity bit)는 확인 과정이 매우 단순하기 때문에 하드웨어의 다양한 곳에서 사용됩니다. 이번 시간에는 패리티 비트의 원리를 이해하고, 이를 구현한 간단한 프로그램을 만들어 봅시다.

1 문제 이해하기

패리티 비트에는 '짝수' 패리티 비트 방식과 '홀수' 패리티 비트 방식이 있습니다. 이것은 데이터에서 '1'의 갯수를 짝수로 맞출 것인지, 홀수로 맞출 것인지로 구분한 것입니다. 예를 들어 컴퓨터에서 문자 'A'의 2진수 코드는 '1000001'입니다. 여기에 짝수 패리티 비트 1개를 맨 끝에 추가하면 코드는 '10000010'이 됩니다. 이미 '1'의 개수가 짝수였기 때문에 패리티 비트에 '1'을 추가하지 않은 것입니다. 컴퓨터에서 문자 'C'의 2진수 코드는 '1000011'입니다. 여기에 짝수 패리티 비트 1개를 추가하면 코드는 '10000111'이 됩니다. '1'의 개수가 홀수였기 때문에 패리티 비트에 '1'을 추가해서 짝수로 만들었습니다. 컴퓨터가 패리티 비트를 확인해서 만약 데이터에 오류가 발생한 것을 알게 되면, 컴퓨터는 받은 데이터를 삭제하고 데이터 재전송을 요청합니다.

2 전략 수립하기

[그림 13-1]에서 이진수 1000001을 입력하면, 1의 개수가 짝수이기 때문에 패리티 비트 값으로 0을 추가하여 10000010을 출력합니다. 이를 구현하기 위해 가장 중요한 것은 입력받은 값에서 1의

개수가 짝수인지 홀수인지 확인하는 것입니다. 이를 위해 일의개수라는 변수를 선언하고, 입력받은 값의 각 자릿수가 1이면 변수 일의개수에 1을 더합니다. 그리고 변수 일의개수의 값이 홀수인지 짝수인지 확인합니다.

홀수와 짝수를 확인하는 방법에는 어떤 것이 있을까요? 다양한 방법이 있겠지만, 여기서는 나머지 연산을 사용해 봅시다. 변수 일의개수를 2로 나눈 나머지가 0이라면 1의 개수는 짝수입니다.

그림 13-1 패리티 비트 프로그램 실행 화면

③ 문제 해결하기

패리티 비트 프로그램의 코드는 다음과 같습니다.

예제 13-1 패리티 비트 프로그램

오브젝트	엔트리 블록 프로그램
엔트리봇	
엔트리파이선 프로그램	

```
5       패리티비트 = 0
6       순서 = 0
7       일의개수 = 0
8
9       def when_start():
10          Entry.input("패리티 비트를 추가하고 싶은 이진수 값을 입력하세요.")
11          for i in range(len(Entry.answer())):
12              if (Entry.answer()[순서] == 1):
13                  일의개수 += 1
14              순서 += 1
15          if ((일의개수 % 2) == 0):
16              Entry.print_for_sec("1의 개수가 짝수입니다.", 2)
17              패리티비트 = (Entry.answer() + "0입니다.")
18              Entry.print(("짝수 패리티 비트로 변경하면 " + 패리티비트))
19          else:
20              Entry.print_for_sec("1의 개수가 홀수입니다.", 2)
21              패리티비트 = (Entry.answer() + "1입니다.")
22              Entry.print(("짝수 패러티 비트로 변경하면 " + 패리티비트))
```

- **5행~7행** : 변수로 패리티비트, 순서, 일의개수를 선언하고, 초깃값으로 숫자 0을 입력합니다.

- **10행** : "패리티 비트를 추가하고 싶은 이진수 값을 입력하세요."라는 질문을 하고, 대답을 입력받습니다. 입력한 값은 대답이라는 변수에 저장됩니다.

- **11행** : 입력받은 데이터의 길이만큼 반복을 실행합니다. 함수 len( )은 괄호 안의 데이터 길이를 숫자로 반환합니다. 예를 들어 1000001을 입력하면, 반복을 7번 실시하게 됩니다.

- **12행~13행** : 입력받은 이진수의 각 자릿수가 1인지 순서대로 확인합니다. 만약 1이라면 변수 일의개수에 1을 더합니다. 같은 방법으로 Entry.answer( )의 0번째부터 마지막 값까지 확인합니다. 예를 들어 1000001을 입력하면 변수 일의개수에 2가 저장됩니다.

- **14행** : 변수 순서의 값을 1씩 증가시킵니다. 반복 횟수만큼 값이 증가하게 됩니다.

- **15행~16행** : 입력받은 이진수 값의 1의 개수가 홀수인지 짝수인지 확인하기 위해 변수 일의개수의 값을 2로 나눈 나머지를 구합니다. 나머지가 0이면 짝수이므로 "1의 개수가 짝수입니다."를 2초 동안 출력합니다.

- **17행~18행** : 입력 받은 이진수 값에 "0입니다."를 결합한 후 텍스트 "짝수 패리티 비트로 변경하면 " 뒤에 붙여서 출력합니다. 만약 **패리티비트 = (Entry.answer( ) + "0")**이라고 입력하면, "0"이 문자 0이 아닌 숫자 0으로 인식되어 1000001+0의 결과 값인 1000001이 출력됩니다. 이는 엔트리파이선의 명령이 블록형 모드인 엔트리로 전환되면서 문자 "0"이 자동으로 숫자 0으로 전환되기 때문입니다.

- **19행~22행** : 변수 일의개수가 홀수일 때 실행됩니다. 예를 들어 알파벳 C의 이진수 값인 1000011을 입력하면 1의 개수가 홀수이므로 "1의 개수가 홀수입니다."가 2초 동안 출력되고, 이어서 "짝수 패리티 비트로 변경하면 10000111입니다."라고 출력됩니다.

STEP 02 >>> 주민등록번호 정보 확인 프로그램

패리티 비트의 원리를 다시 한 번 정리해 봅시다. 전송하려는 데이터 각각에 약속된 알고리즘에 따라 계산한 값(패리티 비트)을 함께 전송합니다. 이 값이 맞으면 제대로 전송된 것이고, 틀릴 경우 전송에 오류가 있는 것입니다. 우리 생활 속에서도 패리티 비트와 유사한 오류 검출 기술이 사용되고 있습니다. 바로 주민등록번호입니다. 13자리의 숫자로 이루어진 주민등록번호의 정보를 확인하는 프로그램을 만들어 봅시다.

1 문제 이해하기

다음은 만화 주인공인 둘리의 주민등록번호입니다. 각 숫자의 위치가 의미하는 것은 다음과 같습니다.

1	2	3	4	5	6	–	7	8	9	10	11	12	13
8	3	0	4	2	2	–	1	1	8	5	6	0	0
출생 연도		출생 월		출생 일			성별	출생 신고지		읍·면·동 주민센터	신고 순서	오류 검증	

① 앞의 6자리는 생년월일을 나타냅니다. 둘리는 1983년 4월 22일에 태어났습니다.

② 7번째 번호는 홀수일 경우 남성, 짝수일 경우 여성을 의미합니다. 둘리는 1이므로 남성입니다.

번호	구분		출생 연도
9	남성		1800~1899
0	여성		
1	남성		1900~1999
2	여성		
3	남성		2000~2099
4	여성		
5	외국인	남성	1900~1999
6		여성	
7		남성	2000~2099
8		여성	

③ 8~11번째 번호는 출생 신고를 한 지역의 코드를 나타냅니다. 8, 9는 시도를 나타내고, 10, 11은 읍·면·동 주민센터의 번호입니다. 출생 신고지의 시도별 고유 번호는 다음과 같습니다. 둘리의 경우 18이므로 태어난 곳은 경기도입니다.

고유 번호	지역
00~08	서울특별시
09~12	부산광역시
13~15	인천광역시
16~25	경기도
26~34	강원도
35~39	충청북도
40	대전광역시
41~47	충청남도
44, 96	세종특별자치시

고유 번호	지역
48~54	전라북도
55~66	전라남도
55, 56	광주광역시
67~69, 76	대구광역시
70~75, 77~81	경상북도
82~84, 86~92	경상남도
85	울산광역시
93~95	제주특별자치도

④ 12번째 번호는 태어난 날 주민센터에서 출생 신고를 한 순서입니다.

⑤ 13번째 번호는 오류 검증을 위한 번호입니다.

② 전략 수립하기

주민등록번호를 입력받아 변수 주민등록번호에 저장합니다. 그리고 입력된 주민등록번호에서 성별과 생년월일, 출생 신고 지역에 관한 정보를 확인해서 출력합니다. 이를 위해 인덱스 값을 지정한 후 필요한 부분만 선택적으로 비교해야 합니다.

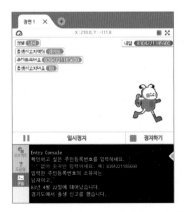

그림 13-2 주민등록번호 정보 확인 프로그램 실행 화면

③ 문제 해결하기

주민등록번호의 정보를 확인하는 프로그램 코드는 다음과 같습니다.

예제 13-2 주민등록번호 정보 확인 프로그램

엔트리파이선 프로그램

```
5    성별 = 0
6    출생신고지역명 = 0
7    주민등록번호 = 0
8    출생신고지번호 = 0
9
10   def 출생신고지역명(param1):
11       출생신고지번호 = param1[7:9]
12       if ((출생신고지번호 >= 0) and (출생신고지번호 <= 8)):
13           출생신고지역명 = "서울"
14       if ((출생신고지번호 >= 9) and (출생신고지번호 <= 12)):
15           출생신고지역명 = "부산광역시"
     :
42       if (출생신고지번호 == 85):
43           출생신고지역명 = "울산광역시"
44       if ((출생신고지번호 >= 93) and (출생신고지번호 <= 95)):
45           출생신고지역명 = "제주특별자치도"
46
47   def when_start():
48       Entry.print_for_sec("확인하고 싶은 주민등록번호를 입력하세요.", 2)
49       Entry.input("'-' 없이 숫자만 입력하세요. 예) 8304221185600")
50       주민등록번호 = Entry.answer()
51       if ((주민등록번호[6] % 2) == 1) :
52           성별 = "남자"
53       else:
54           성별 = "여자"
55       출생신고지역명(주민등록번호)
56       Entry.print_for_sec("입력한 주민등록번호의 소유자는  ", 2)
57       Entry.print_for_sec((성별+"이고,"), 2)
58        Entry.print_for_sec((((주민등록번호[0:2]+"년 ")+((주민등록번호[2:4] + "월 ")+(주민등록번호[4:6]+"일
     에 태어났습니다.")))), 2)
59       Entry.print_for_sec((출생신고지역명+"에서 출생 신고를 했습니다."), 2)
```

※ 코드가 길어서 엔트리 블록 프로그램의 이미지와 16행~41행은 생략했습니다. 한빛아카데미 홈페이지 자료실에서 예제를 내려받아 확인해 보세요.

- **5행~8행 :** 프로그램에 사용할 변수인 성별, 출생신고지역명, 주민등록번호, 출생신고지번호를 선언하고, 초깃값으로 문자 '0'을 입력합니다.

- **10행~45행** : 주민등록번호 중 출생 신고지의 시도별 고유 번호를 나타내는 8~9번째 값을 변수 출생신고지번호에 저장합니다. 그리고 이 값이 속하는 지역명을 변수 출생신고지역명에 입력합니다. 책에는 일부 생략되었지만, 예제에서는 함수 출생신고지역명 코드 전체를 확인할 수 있습니다.

- **48행~49행** : "확인하고 싶은 주민등록번호를 입력하세요."라고 2초 동안 출력하고, 이어서 "'-' 없이 숫자만 입력하세요. 예) 8304221185600"라는 단서와 함께 대답을 입력 받습니다. 사용자가 입력한 값은 Entry.answer( )에 저장됩니다.

- **50행** : 입력 받은 값을 변수 주민등록번호에 저장합니다.

- **51행~52행** : 성별을 확인하기 위해 주민등록번호의 7번째 값이 홀수인지 짝수인지 확인합니다. 만약 주민등록번호[6]의 값을 2로 나눈 나머지가 1이면 홀수이기 때문에 변수 성별에 "남자"를 입력합니다. 엔트리파이선의 인덱스 값은 0번부터 시작이므로 7번째 값을 확인하기 위해 주민등록번호[6]을 호출합니다.

- **53행~54행** : 만약 주민등록번호[6]의 값을 2로 나눈 나머지가 1이 아니라면 짝수이기 때문에 변수 성별에 "여자"를 입력합니다.

- **55행** : 함수 출생신고지역명을 호출합니다. 사용자가 입력한 주민등록번호를 매개 변수로 하여 출생 신고 지역을 찾아주는 함수입니다. 함수의 내용은 10~45행 코드를 참고하세요.

- **56행~59행** : "입력한 주민등록번호의 소유자는 "을 2초 동안 출력하고, 변수 성별의 값과 "이고,"를 결합한 문장을 2초 동안 출력합니다. 이어서 주민등록번호에서 생년월일을 출력합니다. 단, 태어난 연도에서 앞의 두 자리는 표시되지 않고, 세 번째 자리가 0일 경우도 생략된 채로 출력됩니다. 마지막으로 변수 출생신고지역명과 "에서 출생 신고를 했습니다."를 결합한 문장을 2초 동안 출력합니다.

STEP 03 >>> 주민등록번호 오류 검증 프로그램

앞에서 주민등록번호를 통해 성별과 생년월일, 출생 신고 지역 등의 기본 정보를 확인하는 프로그램을 작성했습니다. 이때 사용하지 않은 주민등록번호의 마지막 숫자는 오류 검출 코드로, 해당 주민등록번호에 오류가 있는지 확인하는 값입니다. 지금부터 이 값을 이용하여 입력한 주민등록번호의 오류를 검증하는 프로그램을 만들어 보겠습니다.

① 문제 이해하기

주민등록번호의 13번째 숫자를 이용하여 해당 번호에 오류가 있는지 확인하는 방법은 다음과 같습니다.

① 1~12번째의 각 숫자에 정해진 값을 곱하고, 그 값을 모두 더해 줍니다.

주민등록번호	8	3	0	4	2	2	–	1	1	8	5	6	0	0
곱하는 값	2	3	4	5	6	7		8	9	2	3	4	5	오류 검증
곱한 결과	16	9	0	20	12	14		8	9	16	15	24	0	
합	143													

② 합을 11로 나눈 나머지를 11에서 뺍니다. 11−(143÷11의 나머지)=11이므로, 검증 번호는 11입니다. 이 값이 10을 넘을 경우에는 일의 자리 값만으로 오류를 확인합니다. 따라서 둘리의 오류 검증 값은 1입니다. 그런데 주민등록번호의 13번째 숫자가 0이므로 이 주민등록번호는 잘못된 것임을 알 수 있습니다. 사실 둘리는 실존 인물이 아니므로 이 주민등록번호가 오류라고 확인되는 것은 당연한 일입니다. 주민등록번호는 중요한 개인정보이므로 예제에서 진짜 주민등록번호를 소개할 수는 없습니다. 각자 자신의 주민등록번호를 입력해서 확인해 보세요.

② 전략 수립하기

주민등록번호의 1~12번째 숫자들을 정해진 규칙에 따라 연산하여 합한 값을 변수 합에 입력합니다. 이때 12개의 숫자를 모두 처리해야 하므로 변수 순서를 하나씩 늘려가며 반복해서 계산합니다. 이렇게 계산한 값을 변수 검증번호에 입력하고, 주민등록번호의 13번째 값인 오류 검증 번호와 비교하여 올바른 주민등록번호인지 확인합니다. 주민등록번호의 오류 검증 번호를 계산하는 공식은 다음과 같습니다. 예를 들어 주민등록번호가 ABCDEF－GHIJKLM이라고 가정할 때, M=11－{(2×A+3×B+4×C+5×D+6×E+7×F+8×G+9×H+2×I+3×J+4×K+5×L) mod 11}입니다. 여기서 mod란 module(모듈러, 나머지) 연산을 의미합니다.

그림 13-3 주민등록번호 오류 검증 프로그램 실행 화면

③ 문제 해결하기

주민등록번호의 오류를 검증하는 프로그램의 코드는 다음과 같습니다.

예제 13-3 주민등록번호 오류 검증 프로그램

오브젝트	엔트리 블록 프로그램
엔트리봇	시작하기 버튼을 클릭했을 때 확인하고 싶은 주민등록번호를 입력하세요. 을(를) 2 초 동안 말하기 '-' 없이 숫자만 입력하세요. 예) 8304221185600 을(를) 묻고 대답 기다리기 주민등록번호▼ 를 대답 로 정하기 8 번 반복하기 　순서▼ 에 1 만큼 더하기 　합▼ 에 (순서▼ 값 + 1) × (주민등록번호▼ 값 의 (순서▼ 값) 번째 글자) 만큼 더하기 4 번 반복하기 　순서▼ 에 1 만큼 더하기 　합▼ 에 (순서▼ 값 - 7) × (주민등록번호▼ 값 의 (순서▼ 값) 번째 글자) 만큼 더하기 검증번호▼ 를 11 - (합▼ 값 / 11 의 나머지) 로 정하기 만약 (검증번호▼ 값 / 10 의 나머지 = 주민등록번호▼ 값 의 13 번째 글자) 이라면 　올바른 주민등록번호입니다. 을(를) 말하기▼ 아니면 　잘못된 주민등록번호입니다. 을(를) 말하기▼

엔트리파이선 프로그램

```
5     주민등록번호 = 0
6     순서 = 0
7     합 = 0
8     검증번호 = 0
9
10    def when_start():
11        Entry.print_for_sec("확인하고 싶은 주민등록번호를 입력하세요.", 2)
12        Entry.input("'-' 없이 숫자만 입력하세요. 예) 8304221185600")
13        주민등록번호 = Entry.answer()
14        for i in range(8):
15            순서 += 1
16            합 += ((순서 + 1) * 주민등록번호[순서 - 1])
17        for j in range(4):
18            순서 += 1
19            합 += ((순서 - 7) * 주민등록번호[순서 - 1])
20        검증번호 = (11 - (합 % 11))
21        if ((검증번호 % 10) == 주민등록번호[12]):
22            Entry.print("올바른 주민등록번호입니다.")
23        else:
24            Entry.print("잘못된 주민등록번호입니다.")
```

- **5행~8행** : 변수 주민등록번호, 순서, 합, 검증번호를 선언합니다.

- **11~12행** : "확인하고 싶은 주민등록번호를 입력하세요."라고 2초 동안 출력하고, 이어서 "'–' 없이 숫자만 입력하세요. 예) 8304221185600 "이라는 단서와 함께 대답을 입력 받습니다. 사용자가 입력한 값은 Entry.answer( )에 저장됩니다.

- **13행** : Entry.answer( ) 값을 변수 주민등록번호에 저장합니다.

- **14행~16행** : 주민등록번호로 합을 구하는 과정을 살펴봅시다. 첫 번째 줄은 순서를 의미합니다. 0번부터 11번까지 총 12개 값입니다. 다음은 둘리의 주민등록번호이고, 마지막 줄은 각 자리에 곱해야 할 값입니다.

0	1	2	3	4	5		6	7	8	9	10	11	⬅ 순서
8	3	0	4	2	2	–	1	1	8	5	6	0	⬅ 주민등록번호
2	3	4	5	6	7		8	9	2	3	4	5	⬅ 곱해야 할 값

어떤 규칙성을 발견할 수 있나요. 순서는 0~11까지 1씩 커집니다. 곱하는 수는 2에서 9까지 커지다가 8번째 자리에서 2로 작아졌다가 다시 1씩 커집니다. 먼저 0~7번째 숫자의 계산을 나열하

면 다음과 같습니다.

2 * 주민등록번호[0] + 3 * 주민등록번호[1] + ... + 9 * 주민등록번호[7]

15행에서 변수 순서에 1을 더했기 때문에 점점 커지는 값을 변수 순서로 대입하면, ((순서 + 1) * 주민등록번호[순서 − 1])로 표현할 수 있습니다. 순서는 0부터 7까지 커져야 하므로 8번 반복하고 ((순서 + 1) * 주민등록번호[순서 − 1])을 변수 합에 누적하여 더해 줍니다. 이때 순서는 1씩 커져야 합니다.

- **17행~19행** : 이번에는 초록색 부분인 순서 8부터 계산을 해 봅시다.

0	1	2	3	4	5		6	7	8	9	10	11
8	3	0	4	2	2	−	1	1	8	5	6	0
2	3	4	5	6	7			8	9	2	3	4	5

2 * 주민등록번호[8] + 3 * 주민등록번호[9] + 4 * 주민등록번호[10] + 5 * 주민등록번호[11]

이때 주의할 점은 이미 변수 순서에 누적하여 입력된 값이 있다는 것입니다. 14행~16행 코드에서 8번 반복하여 변수 순서에 1씩 더했으므로 8이 입력되어 있습니다. 그리고 18행에서 1을 또 더했기 때문에 변수 순서에는 9가 저장되어 있습니다. 따라서 **2 * 주민등록번호[8]**이 되기 위해서는 (순서 − 7) * 주민등록번호[순서 − 1]이 되어야 합니다.

- **20행** : 오류 검증 값을 구하는 공식에 따라 11에서 변수 합을 11로 나눈 나머지를 뺍니다. 그리고 계산 결과를 변수 검증번호에 입력합니다. 예제에서는 11이 저장됩니다.

- **21행~24행** : 오류 검증 값의 일의자리 숫자를 구하기 위해 검증번호를 10으로 나눈 나머지 값을 구합니다. 만약 오류 검증 값의 일의자리 숫자와 주민등록번호의 마지막 값인 오류 검증 번호가 일치하면 주민등록번호에 오류가 없는 것이므로 "올바른 주민등록번호입니다."를 출력합니다. 일치하지 않으면 "잘못된 주민등록번호입니다."를 출력합니다.

지금까지 컴퓨터를 통해 전달 받은 데이터에 오류가 있는지 확인하는 방법 중 하나인 패리티 비트에 대해서 알아보았습니다. 정해진 규칙에 따라 주고받은 데이터를 연산하여 올바른 값인지 확인할 수 있는 값을 마지막에 추가하는 것을 '패리티 비트'라고 하며, 주민등록번호 외에도 바코드, ISBN 등 다양한 용도로 사용되고 있습니다. 패리티 비트의 원리를 이해했다면, 여러분만의 규칙을 가진 오류 검출 알고리즘을 만들고, 이를 검증할 수 있는 프로그램을 제작해 보세요.

쉬어가는 페이지 : 오류 검출과 오류 정정의 중요성

컴퓨터에서 오류를 찾아내는 것이 왜 중요할까요?

은행 계좌로 100만 원을 보낸다고 가정해 봅시다. 은행 창구에 있는 직원이 해당 금액과 계좌번호를 입력하여 돈을 전송합니다. 그런데 돈이 전송되는 도중에 인터넷 선에 잡음이 발생해서 100만 원이 아닌 1,000만 원으로 전송될 수도 있습니다. 이런 경우에 잘못 이체된 900만 원을 돌려받기 위해 엄청난 수고를 해야 할지도 모릅니다. 이런 불상사를 방지하기 위해 데이터를 수신한 컴퓨터는 중간에 어떤 방해로 인해 수신한 데이터에 손상을 입지 않았는지 확인해야 합니다. 만약 오류가 발생했다면 해당 데이터를 삭제하고, 다시 보내달라고 요청합니다.

하지만 어떤 경우에는 이런 확인이 불가능할 수도 있습니다. 예를 들어 디스크나 테이프가 자석이나 방사선, 또는 열에 의해 훼손될 경우 원래의 데이터를 되찾을 가능성은 거의 없습니다. 우주탐사선에서 지구로 보낸 데이터에 오류가 발생하면, 데이터를 재전송해서 다시 받기 위해 정말 오랜 시간을 기다려야 합니다. 지구에서 48억 킬로미터 떨어진 명왕성 근처에서 우주탐사선 뉴호라이즌스 호가 보낸 데이터가 지구에 도착하는 데에는 4시간 30분이 걸린다고 합니다. 만약 중간에 오류가 발생해서 다시 받아야 한다면, 꼬박 9시간을 더 기다려야 합니다.

따라서 전송된 데이터에 오류가 있는지 확인하는 것(오류 검출)도 중요하지만, 오류가 있는 데이터를 원래 데이터로 재구성하는 것(오류 정정)도 못지 않게 중요합니다.

우주탐사선 뉴호라이즌스 호

알고리즘이란 프로그램을 설계할 때 사용되는 다양한 문제해결 전략을 말합니다. 다양한 알고리즘 중에서도 재귀(recursion), 또는 재귀함수라고 불리는 방법이 있습니다. '재귀(再歸)'의 사전적 의미는 원래의 자리로 되돌아가거나 되돌아온다는 뜻입니다. 재귀함수 역시 함수를 정의할 때 자기 자신을 다시 불러서 사용한다는 특성이 있으며, 같은 행위를 반복할 때 자주 사용됩니다.

재귀함수를 언급할 때 주로 인용되는 하노이 탑이라는 퍼즐이 있습니다. 하나의 기둥에 크기가 다른 원반이 큰 원반부터 차례로 쌓여 있는데, 제3의 기둥을 이용하여 한 번에 한 장씩 움직여 작은 원반 위에 큰 원반이 놓이지 않도록 다른 기둥으로 원반을 이동시키는 문제입니다.

하노이 탑 퍼즐

이번 장에서는 재귀함수를 이용하여 신비스런 전설을 가진 하노이 탑 문제를 해결해 보겠습니다.

하노이 탑
프로그램

STEP
01 >>> 다음에 옮길 원판은?

하노이 탑 퍼즐의 목표는 막대 A에 있는 원판 모두를 막대 C로 옮기는 것입니다. 이때 반드시 아래의 조건을 따라야 합니다.

1. 한 번에 하나의 원판만 옮길 수 있습니다.
2. 큰 원판(숫자가 클수록 큰 원판)이 작은 원판 아래에 있어야 합니다.

---

1 문제 이해하기

먼저 두 개의 원판을 옮기는 경우부터 생각해 봅시다.

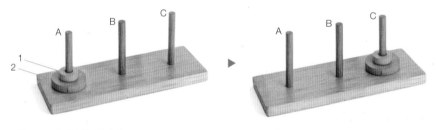

그림 14-1 두 개의 원판 옮기기

① A에서 B로 1번 원판 이동

② A에서 C로 2번 원판 이동

③ B에서 C로 1번 원판 이동

두 개의 원판을 이동하는 과정을 아래와 같이 세 단계로 구분하여 생각해 봅시다.

최종 목표	단계별 목표	과정
두 개의 원판을 A에서 C로 이동	A에서 B로 1번 원판 이동	A에 있는 1번 원판을 B로 옮깁니다.
	A에서 C로 2번 원판 이동	A에 남은 2번 원판을 C로 옮깁니다.
	B에서 C로 1번 원판 이동	B로 옮겼던 1번 원판을 C로 옮깁니다.

이번에는 세 개의 원판을 옮기는 경우를 생각해 봅시다.

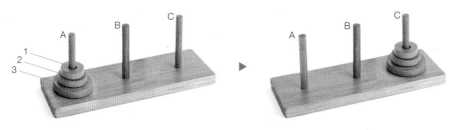

그림 14-2 세 개의 원판 옮기기

① A에서 C로 1번 원판 이동

② A에서 B로 2번 원판 이동

③ C에서 B로 1번 원판 이동

④ A에서 C로 3번 원판 이동

⑤ B에서 A로 1번 원판 이동

⑥ B에서 C로 2번 원판 이동

⑦ A에서 C로 1번 원판 이동

어떤 규칙성을 발견할 수 있을까요?

최종 목표	단계별 목표	과정
세 개의 원판을 A에서 C로 이동	A에서 C로 1번 원판 이동 A에서 B로 2번 원판 이동 C에서 B로 1번 원판 이동	A에서 B로 2개의 원판을 옮깁니다. 이때 1번 원판은 C를 거쳐서 옮기게 됩니다.
	A에서 C로 3번 원판 이동	A에 남은 3번 원판을 C로 옮깁니다. 마지막 남은 원판을 옮기는 것입니다.
	B에서 A로 1번 원판 이동 B에서 C로 2번 원판 이동 A에서 C로 1번 원판 이동	B로 옮겼던 2개의 원판을 C로 옮깁니다. 이때 1번 원판은 A를 거쳐서 옮기게 됩니다.

② 전략 수립하기

하노이 탑 퍼즐의 규칙은 다음과 같은 3단계로 정리할 수 있습니다.

[n개의 원판을 A에서 B를 거쳐 C로 옮기는 방법(단, n은 0보다 크다.)]

· 1단계 : n-1개의 원판을 A에서 B로 옮긴다. 이때 C를 거칠 수 있다.

· 2단계 : A에 남아 있는 n번째 원판을 C로 옮긴다.

· 3단계 : B로 옮겼던 n-1개의 원판을 C로 옮긴다. 이때 A를 거칠 수 있다.

이것을 프로그래밍 용어에 가깝게 표현해 보겠습니다.

함수 하노이탑(n개 원판, A, B, C)을 정의한다.

    만일 원판의 개수 > 0 이라면,

        함수 하노이탑(n-1개 원판, A, C, B)

        A에서 C로 n번 원판을 옮긴다.

        함수 하노이탑 (n-1개 원판, B, A, C)

이렇게 표현해 두면 프로그램을 작성할 때 도움이 됩니다.

그림 14-3 세 개의 원판을 옮기는 프로그램 실행 화면

③ 문제 해결하기

하노이 탑 퍼즐에서 세 개의 원판을 옮기는 프로그램의 코드는 다음과 같습니다.

예제 14-1 3개의 원판 옮기기

오브젝트	엔트리 블록 프로그램
엔트리봇	시작하기 버튼을 클릭했을 때 하노이탑 3 A B C 함수 정의하기 하노이탑 문자/숫자값 1 문자/숫자값 2 문자/숫자값 3 문자/숫자값 4 만일 문자/숫자값 1 > 0 이라면 하노이탑 문자/숫자값 1 - 1 문자/숫자값 2 문자/숫자값 4 문자/숫자값 3 문자/숫자값 2 + 에서 + 문자/숫자값 4 + 로 + 문자/숫자값 1 + 번 원반 이동 을(를) 1 초 동안 말하기▼ 하노이탑 문자/숫자값 1 - 1 문자/숫자값 3 문자/숫자값 2 문자/숫자값 4

엔트리파이선 프로그램
```
5      def 하노이탑(param1, param2, param3, param4):
6          if (param1 > 0):
7              하노이탑((param1 - 1), param2, param4, param3)
8              Entry.print_for_sec(((param2 + "에서 ") + (param4 + ("로 " + (param1 + "번 원반 이동")))), 1)
9              하노이탑((param1 - 1), param3, param2, param4)
10
11     def when_start():
12         하노이탑(3, "A", "B", "C")
```

- **5행** : 〈전략 수립하기〉에서 정리한 내용을 엔트리파이선 문법에 맞게 작성해 봅시다. 먼저 함수 하노이탑를 선언합니다. 함수를 선언하는 방법은 'def' 뒤에 한 칸을 띄우고 함수명을 적습니다. 함수명은 하노이탑으로 정했습니다. 매개 변수는 4개가 필요합니다. 옮겨야 할 원판의 개수와 막대들입니다. 앞에서 정리한 것처럼 매개 변수명을 작성하면 알아보기 편하겠지만, 엔트리파이선에서는 매개 변수명을 임의로 지정할 수 없습니다. 대신 매개 변수를 뜻하는 parameter의 줄임말인 param1부터 순서대로 숫자가 매겨집니다. 기억하기 어려울 수 있지만, 이제부터 param1은 옮겨야 할 원판의 개수이고, param2~param4는 각각 막대 A, B, C라고 생각합시다.

의사코드	함수 하노이탑 매개 변수
param1	옮겨야할 n개의 원판
param2	A(에서)
param3	B(를 거쳐)
param4	C(로 옮긴다.)

- **6행** : 원판을 언제까지 옮겨야 할까요? 물론 옮겨야 할 원판이 더 이상 남아 있지 않을 때까지 옮겨야 합니다. 따라서 옮겨야 할 원판의 개수를 나타내는 매개 변수인 param1이 0보다 클 때 아래의 명령을 실행해야 합니다. 이 조건은 재귀함수에서 매우 중요합니다. 왜 그럴까요? 재귀 함수는 탈출 조건을 반드시 정해줘야 하기 때문입니다. 그렇지 않으면 호출되는 함수 데이터가 계속 쌓이게 되어 스택 오버 플로우 현상이 발생하고, 결국 메모리 부족으로 프로그램이 멈추게 됩니다. 그렇기 때문에 많은 데이터를 다루거나 재귀 호출 횟수가 많다면 반복문으로 대체하는 것이 좋습니다.

- **7행** : 이제 n개의 원판을 옮겨야 합니다. A에서 C로 옮기기 위해서는 먼저 n-1개의 원판을 A에서 B로 옮기는 작업을 해야 합니다. 앞에서 이 내용을 정리한 부분은 다음과 같습니다.

함수 하노이탑 (n-1개 원판, A, C, B)

자기 자신을 다시 호출하는 부분입니다. 다른 점은 n개의 원판이 아닌 n-1개의 원판을 옮기고, A에서 C가 아닌 A에서 B로 옮긴다는 것입니다. 앞에서 약속했던 것을 다시 적용해 봅시다.

옮겨야 할 원판의 개수를 적는 첫 번째 매개 변수에는 param1 - 1을 적고, 옮기는 순서는 A → C → B이므로 param2, param4, param3 순서로 매개 변수에 입력합니다.

· **8행** : 7행에서 n-1개의 원판을 A에서 B로 옮겼습니다. 그렇다면 이제 A에는 n번의 가장 큰 원판만 남아 있습니다. 이제 이것을 A에서 C로 옮겨야 합니다. 그래서 `param2 + "에서 " + param4 + "로 " + param1 + "번 원반 이동"`을 1초 동안 출력해 줍니다.

· **9행** : 이제 B막대에는 n-1개의 원판들이 기다리고 있습니다. n-1개의 원판을 B에서 C로 옮겨야 합니다.

함수 하노이탑 (n-1개 원판, B, A, C)

n-1개의 원판을 옮기는 것이므로 param1 - 1을 첫 번째 매개 변수로 하고, 옮기는 순서는 B → A → C이므로 param3, param2, param4 순서로 매개 변수에 입력합니다.

· **11행** : 앞에서 정의한 함수를 실행하기 위해 실행 조건을 작성합니다. 시작 버튼을 눌렀을 때 아래의 명령어를 실행합니다.

· **12행** : 5행~9행에서 정의한 함수 하노이탑에 매개 변수를 입력하여 사용합니다. 옮겨야 할 원판의 개수는 숫자 3으로 하고, 옮겨야 할 막대는 문자 A, B, C로 지정합니다. 이제 실행을 하면 3개의 원판을 A에서 C로 옮기기 위해 어떤 과정을 거쳐야 하는지 출력해 줍니다.

STEP
02 >>> 리스트에 저장된 원판 움직이기

앞에서 하노이 탑 원판들이 어떻게 움직여야 하는지 텍스트로 출력해서 확인할 수 있었습니다. 이번에는 이 과정을 직접 눈으로 확인할 수 있도록 원판이 움직이는 과정을 리스트를 이용하여 구현해 보겠습니다.

---

1 문제 이해하기

앞에서 함수 하노이탑을 아래와 같이 정의했습니다.

```
def 하노이탑(param1, param2, param3, param4):
    if (param1 > 0):
        하노이탑((param1-1), param2, param4, param3)
        Entry.print_for_sec(((param2+"에서 ")+(param4+("로 "+(param1+"번 원판 이동")))), 1)
        하노이탑((param1-1), param3, param2, param4)
```

재귀함수는 스스로를 호출하여 가장 작은 문제 단계까지 내려갑니다. 이 프로그램에서는 param1 값이 1이 되어 parma1-1이 0이 될 때 멈추게 됩니다. 앞에서는 몇 번째 원판을(param1) 어디에서(parma2) 어디로(parma4) 옮겨야 하는지 텍스트로 출력했습니다. 이번에는 이 매개 변수 값을 이용하여 리스트의 값을 추가하거나 삭제하여 마치 하노이 탑의 원판이 움직이는 것처럼 보이게 만듭니다.

2 문제 해결하기

리스트 A막대, B막대, C막대를 만들어 A막대의 인덱스 값이 0인 가장 위의 값부터 제거하고, 이 값을 다른 리스트에 추가하는 식으로 리스트간의 값을 삭제하거나 추가합니다. 메인이 되는 엔트리 봇 오브젝트가 삭제 또는 추가의 신호를 보내면, 각각의 막대 오브젝트들은 자신이 해당되는지 확인한 후 해당될 경우 리스트에 값을 추가하거나 삭제하게 됩니다.

예를 들어 원판이 세 개일 때의 움직임을 생각해 봅시다. 처음 시작되는 움직임은 "A에서 C로 1번

막대를 이동"하는 것입니다. 즉, A막대에서 1번 원판을 제거한 후 C막대에 값을 추가합니다. 이 과정을 프로그램 실행에 맞게 나누어 생각해 봅시다.

먼저 앞에서 완성한 엔트리봇 오브젝트의 동작 과정입니다.

1단계, 현재 옮기려는 원판이 무엇인지 확인합니다. 1번 원판을 옮겨야 합니다.

2단계, 삭제해야 하는 원판이 A~C 중 어느 막대에 있는지 확인하고, 1번 원판을 리스트 A막대에서 삭제하도록 신호를 보냅니다.

3단계, 리스트 C막대에 1번 원판을 추가하도록 추가 신호를 보냅니다.

다음은 신호를 받은 막대 오브젝트들의 동작 과정입니다.

막대 오브젝트들은 모두 엔트리봇 오브젝트의 삭제 또는 추가 신호를 받습니다. 그리고 해당되는 막대가 어느 것인지 확인한 후 그 막대만 실행합니다.

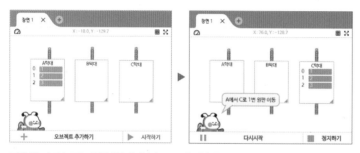

그림 14-4 리스트에 저장된 원판 움직이기 프로그램 실행 화면

③ 문제 해결하기

[+오브젝트 추가하기] 버튼을 클릭하여 쇠자 오브젝트를 추가하고, 마우스 오른쪽 버튼으로 클릭하여 두 번 복제한 후 나란히 배치합니다. 오브젝트의 이름을 각각 A막대, B막대, C막대로 수정하고, 리스트 박스를 옮겨 해당하는 막대 위에 올려 놓으세요.

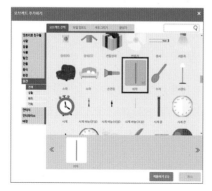

그림 14-5 오브젝트 추가하기

리스트에 저장된 원판 움직이기 프로그램의 코드는 다음과 같습니다.

예제 14-2 리스트에 저장된 원판 움직이기

오브젝트	엔트리 블록 프로그램
엔트리봇	

엔트리파이선 프로그램

```
5     현재원판 = 0
6     해당되는막대 = 0
7     A막대 = [1, 2, 3]
8     B막대 = []
9     C막대 = []
10
11    def 움직이기(param1, param2, param3):
12        현재원판 = param1
13        해당되는막대 = param2
14        Entry.send_signal("삭제하기")
15        Entry.wait_for_sec(0.5)
16        해당되는막대 = param3
17        Entry.send_signal("추가하기")
18
19    def 하노이탑(param1, param2, param3, param4):
20        if (param1 > 0):
21            하노이탑((param1 - 1), param2, param4, param3)
22            움직이기(param1, param2, param4)
23            Entry.print_for_sec(((param2 + "에서 ")+((param4+"로 ")+(param1+"번 원판 이동"))), 1)
24            하노이탑((param1 - 1), param3, param2, param4)
25
26    def when_start():
27        하노이탑(3, "A", "B", "C")
```

• **5행~6행** : 변수 현재원판은 해당되는 원판의 번호를 기록합니다. 변수 해당되는막대는 A, B, C 막대 중에서 신호를 받아 원판 번호를 삭제하거나 추가할 막대가 어느 것인지 알려줍니다. 두 변수 모두 초깃값을 0으로 지정합니다.

• **7행~9행** : 원판 번호가 기록되는 리스트입니다. 초깃값이므로 A막대에는 원판 3개를 의미하는 숫자 1, 2, 3을 입력합니다. 나머지 막대는 비어 있는 상태로 둡니다.

• **11행** : 함수 움직이기를 선언합니다. 몇 번 원판을 어디에서 어디로 옮겨야 하는지 알려줘야 하기 때문에 매개 변수 3개를 선언합니다.

• **12행** : 옮기려는 원판의 번호가 무엇인지 저장해 둡니다. 이후 리스트 A~C막대 중 해당되는 리스트에 변수 현재원판에 입력된 숫자를 삭제하거나 추가하게 됩니다.

• **13행~14행** : 원판을 옮긴 후에는 원래 있던 곳에서 삭제해야 합니다. 이를 위해 삭제할 막대가 A, B, C 중 어느 막대인지 변수 해당되는막대에 저장하고, '삭제하기' 신호를 보냅니다.

• **15행** : 다른 오브젝트들이 신호를 받은 후 명령을 수행할 시간을 주기 위해 0.5초 기다리게 합니다.

• **16행~17행** : 13행~14행 코드에서 옮겨야 할 번호의 원판을 원래 있던 리스트에서 삭제했습니다. 이제 이 원판을 옮겨야 할 리스트에 추가해야 합니다. 변수 해당되는막대에 새로운 막대를 의미하는 param3을 입력하고 '추가하기' 신호를 보냅니다. 아직 함수를 선언하는 과정이라 매개 변수 값은 임의로 정한 것입니다.

• **19행~24행** : 앞에서 작성한 코드에 22행이 추가되었습니다. 11행~17행에서 정의한 함수 움직이기를 추가한 것입니다. 인자 값으로 23행 코드의 인자 값 순서대로 대입합니다.

• **26행~27행** : 새롭게 정의한 함수 하노이탑에 인자값으로 숫자 3과 문자 A, B, C를 대입합니다.

오브젝트	엔트리 블록 프로그램
A막대	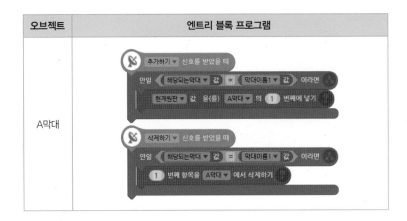

```
                        엔트리파이선 프로그램
   5      현재원판 = 0
   6      해당되는막대 = 0
   7      self.막대이름1 = "A"
   8      A막대 = [1, 2, 3]
   9      B막대 = []
   10     C막대 = []
   11
   12     def when_get_signal("추가하기"):
   13         if (해당되는막대 == self.막대이름1):
   14             A막대.insert(0, 현재원판)
   15
   16     def when_get_signal("삭제하기"):
   17         if (해당되는막대 == self.막대이름1):
   18             A막대.pop(0)
```

- **5행~6행 :** 엔트리봇 오브젝트에서 선언한 전역변수이므로 동일하게 나타납니다. 추가로 입력하지 않아도 자동으로 보이게 됩니다.

- **7행 :** 원판이 옮겨질 막대가 어디인지 변수 해당되는막대가 나타냅니다. 그럼 A, B, C 막대 각각은 자신이 해당되는 막대인지 확인합니다. 이를 위해 각 막대에게 이름을 지어 주어야 합니다. 이 이름은 다른 오브젝트에서는 사용되지 않기 때문에 지역변수로 선언합니다. 지역변수 막대이름1을 문자 A로 선언합니다.

- **8행~10행 :** 엔트리봇 오브젝트와 동일하게 사용하는 리스트입니다.

- **12행~14행 :** 추가하기 신호를 받았을 때 변수 현재원판에 저장된 숫자를 리스트에 추가해야 합니다. 만약 변수 해당되는막대에 입력된 값이 "A"라면 **A막대.insert( )** 기능을 이용하여 해당되는 숫자를 추가합니다.

- **16행~18행 :** 삭제하기 신호를 받았을 때 변수 현재원판에 저장된 숫자를 리스트에서 삭제해야 합니다. 만약 변수 해당되는막대에 입력된 값이 "A"라면 **A막대.pop( )** 기능을 이용하여 해당되는 숫자를 삭제합니다.

오브젝트	엔트리 블록 프로그램
B막대	

엔트리파이선 프로그램

```
5      현재원판 = 0
6      해당되는막대 = 0
7      self.막대이름2 = "B"
8      A막대 = [1, 2, 3]
9      B막대 = []
10     C막대 = []
11
12     def when_get_signal("추가하기"):
13         if (해당되는막대 == self.막대이름2):
14             B막대.insert(0, 현재원판)
15
16     def when_get_signal("삭제하기"):
17         if (해당되는막대 == self.막대이름2):
18             B막대.pop(0)
```

- **7행** : 지역변수 막대이름2를 문자 B로 선언합니다.

- **12행~14행** : 추가하기 신호를 받았을 때 변수 현재원판에 저장된 숫자를 리스트에 추가해야 합니다. 만약 변수 해당되는막대에 입력된 값이 "B"라면 **B막대.insert( )** 기능을 이용하여 해당되는 숫자를 추가합니다.

- **16행~18행** : 삭제하기 신호를 받았을 때 변수 현재원판에 저장된 숫자를 리스트에서 삭제해야 합니다. 만약 변수 해당되는막대에 입력된 값이 "B"라면 **B막대.pop( )** 기능을 이용하여 해당되는 숫자를 삭제합니다.

오브젝트	엔트리 블록 프로그램
C막대	

엔트리파이선 프로그램

```
5       현재원판 = 0
6       해당되는막대 = 0
7       self.막대이름3 = "C"
8       A막대 = [1, 2, 3]
9       B막대 = []
10      C막대 = []
11
12      def when_get_signal("추가하기"):
13          if (해당되는막대 == self.막대이름3):
14              C막대.insert(0, 현재원판)
15
16      def when_get_signal("삭제하기"):
17          if (해당되는막대 == self.막대이름3):
18              C막대.pop(0)
```

- **7행** : 지역변수 막대이름3을 문자 C로 선언합니다.

- **12행~14행** : 추가하기 신호를 받았을 때 변수 현재원판에 저장된 숫자를 리스트에 추가해야 합니다. 만약 변수 해당되는막대에 입력된 값이 "C"라면 **C막대.insert( )** 기능을 이용하여 해당되는 숫자를 추가합니다.

- **16행~18행** : 삭제하기 신호를 받았을 때 변수 현재원판에 저장된 숫자를 리스트에서 삭제해야 합니다. 만약 변수 해당되는막대에 입력된 값이 "C"라면 **C막대.pop( )** 기능을 이용하여 해당되는 숫자를 삭제합니다.

지금까지 재귀함수를 활용한 하노이 탑 프로그램을 2단계로 나누어 작성해 봤습니다. 1단계에서는 함수에 자기 자신을 호출해서 사용하는 재귀함수의 특징을 이용했습니다. 이때 주의할 사항은 메모리 부족 현상으로 프로그램이 정지할 수 있으므로 반드시 탈출 조건을 지정해 주어야 한다는 점입니다. 2단계에서는 함수 움직이기를 추가하여 리스트에 숫자를 추가하거나 삭제하는 방식으로 하노이 탑이 옮겨지는 과정을 눈으로 확인할 수 있게 표현했습니다. 이때 오브젝트마다 별도의 신호를 주는 것이 아니라 동일한 신호를 받은 오브젝트들이 각자 자신이 해당되는지 아닌지를 비교하여 실행 여부를 결정할 수 있도록 만들었습니다. 이런 방식은 흔히 사용되는 플래그 값으로 복잡한 분기 구조를 사용해야 하는 프로그래밍 설계에 주로 활용됩니다.

재귀함수의 개념은 복잡해 보이지만 손으로 경로를 찾아가며 몇 번 확인해 보면 복잡한 반복문을 중첩해서 사용하는 것보다 훨씬 간결하게 프로그래밍할 수 있습니다. 하지만 자신을 호출하는 과정에서 가장 작은 단위인 탈출 조건을 만족할 때까지 반환되지 않은 함수들이 메모리에 쌓여가는 구조이므로 무분별하게 사용해서는 안 됩니다.

> ## Q. 하노이 탑 프로그램을 파이선으로 작성하면?
>
> 앞에서 완성한 하노이 탑 프로그램을 파이선으로 구현하면 다음과 같이 작성할 수 있습니다.
>
> ```python
> def hanoi(num, from, by, to):
>     #탈출조건 작성(엔트리파이선은 함수에서 return 명령을 사용할 수 없음)
>     if (num>1):
>         print(from+"에서 "+to+"로 "+num+"번째 원반 이동")
>         return
>
>     hanoi(num-1, from, to, by)
>     print(from+"에서 "+to+"로 "+num+"번째 원반 이동")
>     hanoi(num-1, by, from, to)
> ```
>
> 엔트리파이선과 비교해 보면, 탈출 조건을 작성할 때 옮겨야 할 총 원판의 개수를 의미하는 첫 번째 매개 변수인 num을 이용한 탈출 조건이 다름을 알 수 있습니다. 이것은 엔트리파이선의 함수에는 함수 처리 결과 값을 반환하는 return 명령이 없기 때문입니다. 매개 변수를 지정할 수 없다는 불편함이 있지만, 엔트리파이선과 동일한 알고리즘으로 프로그램을 완성할 수 있습니다. 엔트리파이선을 통해 파이선에 좀 더 익숙해질 수 있기를 바랍니다.

: 하노이 탑

하노이 탑의 전설

인도의 베나레스에 있는 한 사원에는 세상의 중심을 나타내는 큰 돔이 있고, 그 안에는 세 개의 다이아 몬드 바늘이 동판 위에 세워져 있습니다. 바늘의 높이는 1큐빗(약 50cm)이고, 굵기는 벌의 몸통 정도 입니다. 세 개의 바늘 중 하나에는 신이 64개의 순금 원판을 끼워 놓았습니다. 가장 큰 원판이 바닥에 놓여 있고, 나머지 원판들이 점점 작아지며 꼭대기까지 쌓여져 있습니다. 이것은 신성한 브라흐마의 탑 입니다. 브라흐마의 지시에 따라 승려들은 모든 원판을 다른 바늘로 옮기기 위해 밤낮 없이 차례로 제 단에 올라 규칙에 따라 원판을 하나씩 옮깁니다. 이 일이 끝나면 탑이 무너지고, 세상은 종말을 맞이하 게 됩니다.

(출처: https://ko.wikipedia.org/wiki/하노이의_탑)

하노이 탑은 프랑스의 수학자인 에두아 르 뤼카(Édouard Lucas)가 클라우스 교 수(professeur N. Claus)라는 필명으로 1883년에 발표했습니다. 참고로 원판이 n 개일 때, 2^n-1번의 이동으로 원판을 모두 옮길 수 있습니다(2^n-1을 메르센 수라고 부릅니다).

이 공식에 따르면 64개의 원판을 옮기기 위해 약 18,446,744,073,709,551,615번 을 움직여야 하고, 한 번 옮길 때 걸리는 시 간을 1초로 가정했을 때 5849억 4241만 7355년이 걸립니다.

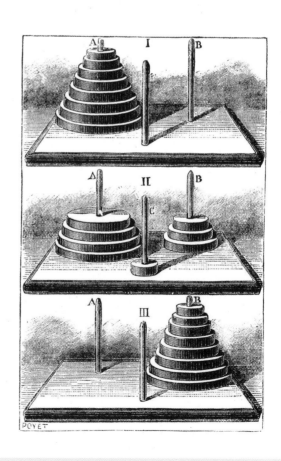

POYET